解靈籤

天上聖母六十甲子聖籤戲解

蔡振名——著

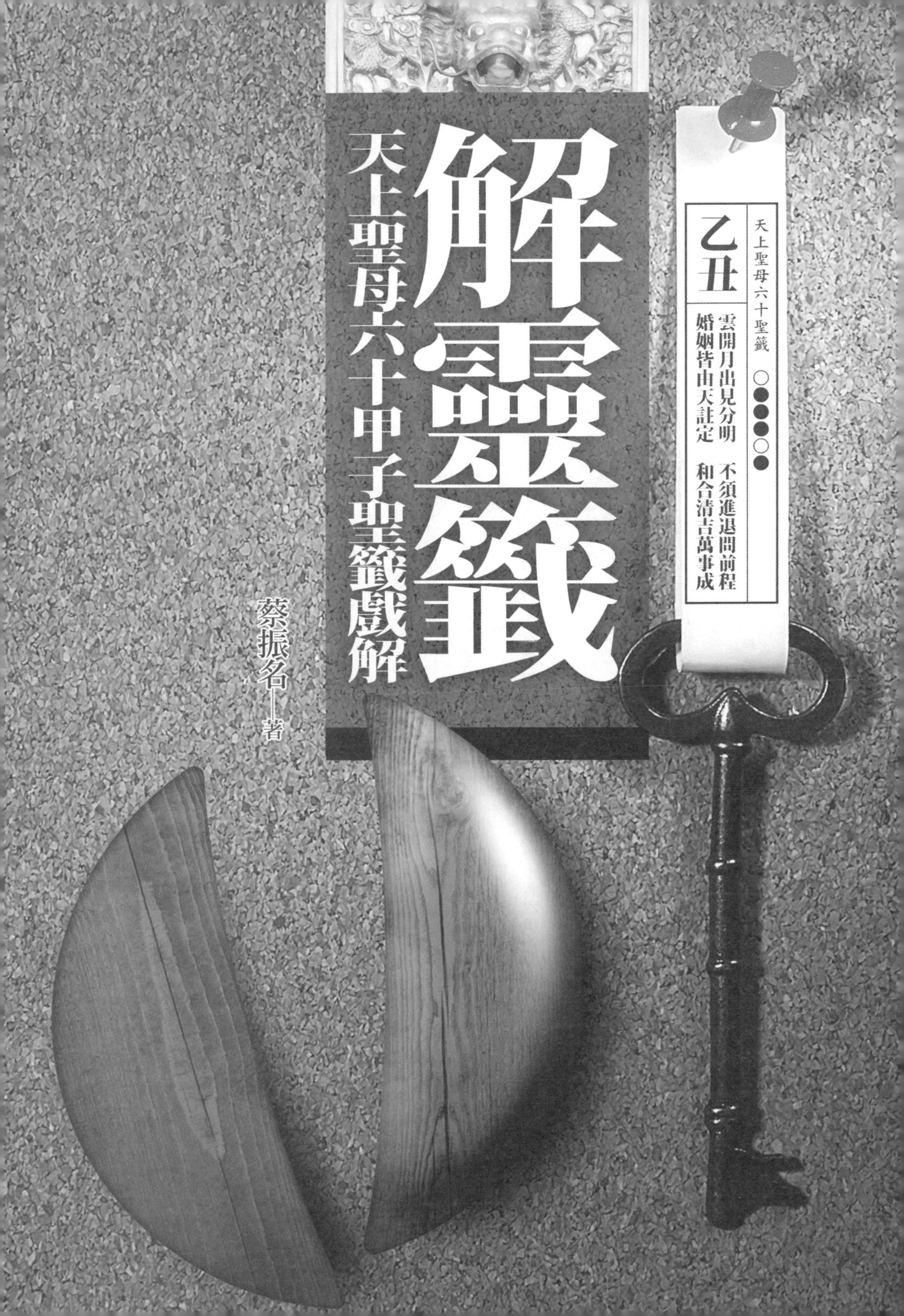
天上聖母六十聖籤
乙丑
雲開月出見分明　不須進退問前程
婚姻皆由天註定　和合清吉萬事成

如何使用本書正確求籤解籤？

此解籤本從戲文出處到考訂，共參閱四百多本古典文學與梨園戲等劇本，只為了給予有興趣於解籤的先進們一本統整資料的工具書而已。

其實求籤不難，現在先介紹如何抽籤的動作：

基本的求籤方法，一般必須先瞭解所參拜的廟宇內有多少個香爐，然後由主神所在的殿宇開始參拜（本人特別主張什麼都不要說與祈求），再到天公爐參香，後依順時針方向（由右手邊的偏殿開始）繞行寺廟參拜，待整座廟都參拜完，先休息約五分鐘，再至神殿的神明座前開始稟訴（以天上聖母廟，男人信徒為例）——

稟示文：

（帝君與聖母稱謂要自稱弟子，王爺與城隍土地要自稱信士）弟子○○○，民國○○年○月○日建生（男人稱建生，女人稱瑞生），生肖屬○，家住○○市○○街○○○號，現在心中有一件事無法自行裁決，所以特別到○○宮天后聖母的聖駕前，恭請天后聖母能給予參考的解答，如果天后聖母現在有在本宮，請賜給弟子一個聖杯。（擲杯）

一、如果沒有聖杯（兩個都是正面或反面），即表示天后聖母不在廟中，可以等五分鐘後，再次燒香參拜，重複姓名、生日等稟示動作。

二、如果有聖杯（一正一反），即表示可以繼續下面的動作。

稟示文（請注意，稟示文都一樣）：

弟子○○○，民國○○年○月○日建生，家住○○市○○街○○○號，現在心中有一件事無法自行裁決（詳細敘述事情的原委），所以特別到○○宮天后聖母的聖駕前，恭請天后聖母能給予參考的籤詩，如果天后聖母垂憐應允，請賜給弟子一個聖杯。（擲杯）

一、如果沒有聖杯，是厭杯（兩個都是正面，有弧度的那一面），即表示此件事情不能得到天后聖母的認同，到此可以再想一想說辭，再重複一次稟示文。

二、如果沒有聖杯，是笑杯（兩個都是反面，平面的那一面），即表示此件事情的說法沒有完全表達，到此可以再想一想說辭，再重複一次稟示文。

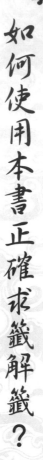

三、如果有聖杯（一正一反），則開始抽籤的動作，一般通行的有下面三種求籤法，現在開始一個一個的分解不同的地方。

第一種方法：

請至籤桶前搖動籤支，找最突出的籤支，此籤支就是天后聖母所要給予建議的籤支，抽出後拿在左手，然後再到天后聖母前再說一次事情原委後，用右手拿聖杯再次茭杯，如果有連續出現三個聖杯，即是天后聖母所要給予你建議的籤支，便可憑著這一支籤支的編號到解籤台拿籤詩；如果沒有連續三個聖杯，請將左手的籤支放回籤桶，然後再搖一搖抽出一支，再到天后聖母前再說一次事情原委，再擲一次茭杯，直到連續出現三個聖杯為止，不然請連續這個動作。

第二種方法：

請至籤桶前搖動籤支，找最突出的籤支，此籤支就是天后聖母所要給予建議的籤支，抽出後拿在左手，然後再到天后聖母前再說一次事情原委後，用右手拿聖杯再次茭杯，如果有連續出現三個聖杯，即是天后聖母所要給予你建議的籤支，便可憑著這一支籤支的編號到解籤台拿籤詩；如果沒有連續三個聖杯，請將左手的籤支放在供桌上，再從籤桶裡面抽出一支籤，再到天后聖母前再說一次事情原委，再擲一次茭杯，直到連續出現三個聖杯為止，不然請連續這個動作。

第三種方法：（所謂真正的三聖杯。）

請至籤桶前搖動籤支，找最突出的籤支，此籤支就是天后聖母所要給予建議的籤支，抽出後拿在左手，然後再到天后聖母前再說一次事情原委後，用右手拿聖杯再次茭杯，如果有出現一個聖杯，即是天后聖母所要給予你建議的籤支，便可憑著這一支籤支的編號到解籤台拿籤詩，此時再回到天后聖母聖駕前，將籤詩文讀一遍給天后聖母聽，再茭一次神杯，如果出現聖杯，則這一張籤詩便是你所要的建議；如果沒有出現聖杯，請將左手的籤支放回籤桶，然後再搖一搖抽出一支，再到天后聖母前再說一次事情原委，再擲一次茭杯，直到出現聖杯為止，再拿籤詩於天后聖母前讀一遍，再茭一次神杯，直至出現聖杯為止，不然請連續這個動作。

而本書的參照內容，概區分為：

一、六十甲子納音與屬性。如果求籤的人不是當事人，則需經由納音來對照求籤者的生肖五行。如：求籤者屬虎（即寅），而當事者屬龍（辰），則以求籤者屬『虎』來配籤詩的納音五行，而不是以當事者的『龍』來配納音五行。依易經的說法是，心動而為占。

二、籤文。不鼓勵以直譯方式來翻譯，畢竟這樣有失公允（又不是國文課本），所以提出以下兩種方法來讓大家參考：

如：甲子籤之日出便見風雲散 ①↑春
光明清淨照世間 ②↑夏
一向前途通大道 ③↑秋
萬事清吉保平安 ④↑冬

1、以四季籤為分野。在此感謝嘉義縣朴子市配天宮前總幹事蔡信泉先生提供四季籤的解籤法。

如求籤時間為秋季，則為第③句。所以所問的事情現在正應③句（先看對不對），所問的事情過去所發生的歷程則應②句，所問的事情未來將發生的歷程則應④句，以此類推句中所要表達的含意。

2、以時間為分野。

如求籤者求籤時間為農曆八月十二日下午一點，則由『日』字為第一個字開始算到為八的『光』字，十二為『照』字，下午一時為午時，即第七個字『散』。用閩南語的諧音去念，即為『光照散』，再去推敲所問之事情。

再如上，十二日為『照』字，則可拆成『日、刀、口、火、召』等約略五個字彙，再由此推敲出所問之事。（此為拆字解籤法）

以戲文解籤，是民出耆老先賢的智慧；在此之前解籤，主要是以圖意為主要參照對象。現在分別拆解釋意（以甲子籤為例）：

先看求籤者之生肖，一般均以差六位為沖，如：子午沖、丑未沖、寅申沖、卯酉沖、辰戌沖、巳亥沖。舉凡相沖則不吉。

三、圖意。在此感謝雲林縣北港鎮朝天宮文化組組長紀仁智先生所提供，此籤解與圖，為現今所見日據時代的解籤本所抄錄下來，特此銘謝，為最早的解籤文字。

以圖意解籤：此甲子籤之圖意為—金烏，屬性為—屋上之鼠。（對午年生的人，一切正好相反。）

此籤白天抽較好，下午至晚上抽較不好，因為金烏是太陽的意思，當然日正當中是較好的情形。

此籤如果是求財：早上是財路漸亨，中午是財源大進，下午是財源漸減，晚上是不賺反賠（因為有小人在暗中作怪）。

家運：早上是漸入佳境，中午是鴻運當頭，下午是運勢漸減，晚上是奸小當道。

官事：分被告與原告。

被告：早上是申告無門，中午是需青天在世，下午是稍有勝算，晚上是虛驚一場。原告則相反。

治病：分重症與一般。

重症：早上是醫藥枉然，中午是需求貴人，下午是症狀稍減，晚上是康復有望。一般則相反。

婚姻：早上是白頭偕老，中午是相敬如賓，下午是一切平平，晚上是相恨怨偶。而離婚則相反。

四、戲文。在此感謝屏東縣東港鎮東隆宮蔡振成先生提供以早中晚的解籤法。

可參照後面所附之戲文大綱，經過精簡之後，應該能更簡單傳達出大意。即當事者為戲文中之主角。但要注意的是，所謂戲文是看當下那一段戲，與整齣結局無關。

以戲文解籤：此甲子籤之戲文為—包文拯審張世真。（大意為魚籃觀音收鯉魚精。）

此籤如果是求財：因鯉魚精為與張世真私奔，而使張世真辭卻館教一職；所以有陰私之横財可得。

家運：因鯉魚精誘使張世真以為與小姐同結連理，共同私逃，等到僕奴為找牡丹而東窗事發；所以先吉而後小兇。可求觀音神祉，幫扶家運。

官事：因事到包文拯出堂判審；所以自會遇到好法官來幫忙審明。

治病：後因小姐死昏，需有緣生人幫扶，自會甦醒；所以貴人早已出現，需自我留意曾看過診的醫師。

婚姻：因鯉魚精色誘，但是後仍娶到小姐；所以要先交往一段日子才能洽談婚事。

五、易經卦解與爻辭六親。提供另一種的解籤法。以大成卦旁的數字加上求籤時為動爻，予以解釋。

六、屬。為本籤所屬月份之宜利。當然，在秋天求到冬天之籤為洩氣，求到土籤為生氣，求到夏天籤為大不利，求到當月籤與春天籤最好。

七、評。本籤八卦大意，僅供參考之用。

八、月卦。與屬互補參照用。

九、斷易大全。此卦象在歷史上被何人所卜得，所發生的結果。

十、四季運與相與飛、伏。解易經卦用。

但就算百密也有一疏，如有錯誤之處，也請多予支持與指教，希望諸君不吝下教。

而這本解籤本與現行市面上的版本不同的地方有下列幾點：

擁有絕跡已久的籤圖與釋意，看圖就知道籤文的意思。

將戲文與籤文完全的對照與契合，解籤只需要將自己幻化為主角就好。

有易經的解釋與斷易大全的卦例，不用再找其他的資料配合。

六十甲子的五行與生肖屬性，輕鬆的運用民間想像力來解籤。

就算在家也能求籤：

將右手平放於封面，冥想心中所尊奉的神靈，將自己的姓名等基本資料輕聲的在心中細細的說一遍，再要神靈給予建議的事情原委說一次，憑直覺翻開書頁，如果翻到籤詩文的那一頁，便是神靈給予的建議；如果不是，請再將事情原委說一遍再翻，直到翻到籤文那一頁為止。（有一點類似易經的心易占卜一樣）

目錄

如何自己解籤？

拿到籤文以後，絕對不要單純的用白話翻譯的方法來解釋你手上的籤詩，因為這常會發生「文不對題」的情形。所以，以下就要來簡略的解說一下構成籤詩的要件。

一、籤文：

一般都是以七言絕句為主體詩，而這部分便是顯示求籤者在所求事件上的解答方向，只要心中懷抱著誠意與信心，通常這籤文絕對能契合你所問的事；千萬不要懷著試探與好玩的心態，這樣別說是神，連人都不會給你答案。

二、評：

就是籤詩下邊小字的部分，一般用漢語來表達意涵。一般求籤的人那麼多，所以就約略的來解釋你所需問的事情，看你問求什麼事，就去那一項看看。例如：求財、耕作、移居、出外、六畜、功名、治病……等等。但實際上，這只是約略的說明而已。

三、圖意：

這是本書特別的其中一項解籤工具，是所有籤詩的始祖。古時候的先賢們就是用圖意來解籤。如：棋子，要問孕胎，他的解釋是：添丁；因為棋子是一子一子的。

四、戲文：

假如還要打破沙鍋問到底，那就是本書特別的第二項解籤工具：戲文的用處，只要將自己幻化為戲文中的主角，就可明白所求之事的關聯，甚至於連破解法都能讓你在無意中明瞭。

戲文　籤文　易經爻辭　籤文　納音　屬性　易經卦爻　五行六親　解易經卦用　圖意

甲子籤

甲子（海中金）【屋上之鼠】籤

12

天上聖母六十聖籤（○○○○○○）

甲子

日出便見風雲散
光明清淨照世間
一向前途通大道
萬事清吉保平安

包文拯審張世真

求財	先大進後小利
耕作	甚得利
經商	如意
歲君	清考
六甲	頭胎男二胎女
婚姻	允成
家運	平安大吉
失物	在東急尋能還
六畜	好
築室	清吉光明
移居	得安
墳墓	地穴大吉
出外	平安
行船	有大財
凡事	大吉昌
治病	未日痊安
作事	難成成者大吉
功名	望後有成
官事	理斷分明
家事	無事
求兒	大吉
求雨	尚在
年冬	月光在
來人	平常

屬：金利在秋天，宜其西方。

乾為天：乾者健也。乾金八純卦。

評曰：六龍御天之課，廣大包容之象，萬物資始之意。

斷易大全：高祖與呂后在芒碭山時卜得；餘人難壓也。

四月卦：春吉、夏凶、秋平、冬吉。

四季運：春比劫、夏食傷、秋官煞、冬印。

四季相：春囚、夏死、秋旺、冬休。

飛：壬戌土。　伏：癸酉金。

天上聖母六十聖籤

☰ **乾為天**（乾上乾下）

乾：元亨利貞。

初九：潛龍勿用。

九二：見龍在田。利見大人。

九三：君子終日乾乾。夕惕若。厲無咎。

九四：或躍在淵。無咎。

九五：飛龍在天。利見大人。

上九：亢龍有悔。

金烏圖意：

風調雨順。金城湯池。財源鞏固。客路雍熙。應試如意。結婚齊眉。首簽既得。事事咸宜。

子水	寅木	辰土	午火	申金	戌土
━━	━━	━━ 應	━━	━━	━━ 世
子孫	妻財	父母	官鬼	兄弟	父母

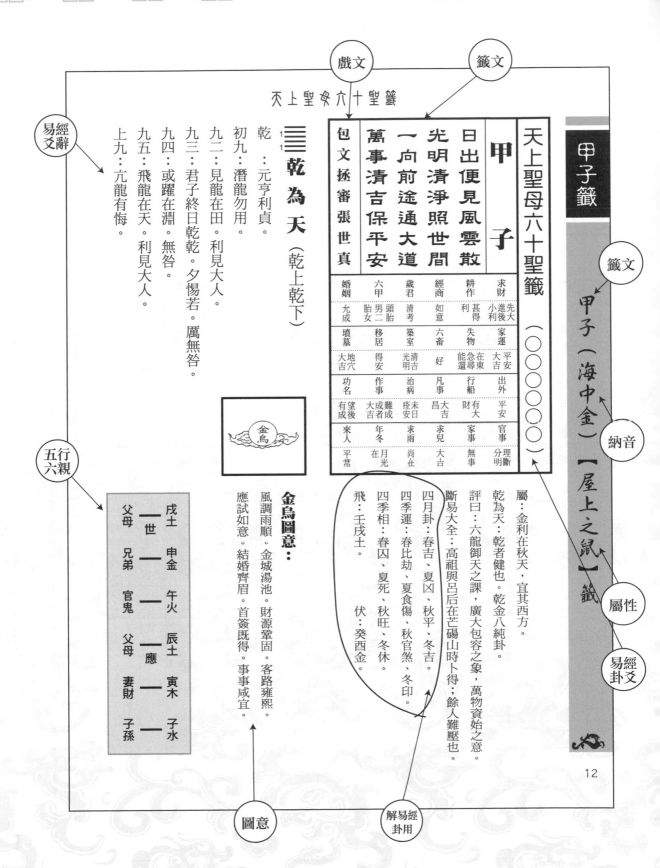

卦象	涵義	解說
乾為天	困龍得水	剛健旺盛
澤天夬	遊蜂脫網	排除決去
火天大有	砍樹摸雀	日麗中天
雷天大壯	工師得木	強壯盛大
風天小畜	密雲不雨	力量寡弱
水天需	明珠出土	濡待不前
山天大畜	陣勢得開	制止欲進
地天泰	喜報三元	通泰吉祥
天澤履	鳳鳴岐山	步履不安
兌為澤	兩澤相資	澤潤萬物
火澤睽	太公不遇	背道而馳
雷澤歸妹	緣木求魚	違反常理
風澤中孚	行走薄冰	信而有實
水澤節	斬將封神	適可而止
山澤損	損己利人	損盈益虛
地澤臨	發政施行	寬容相助
天火同人	仙人指路	與人親和
澤火革	旱苗得雨	轉移方針
離為火	天官賜福	附麗光明
雷火豐	古鏡重明	盛大豐滿
風火家人	關睢麟趾	家道興隆
水火既濟	金榜題名	由大而小
山火賁	喜氣盈門	文飾光明
地火明夷	過河拆橋	日入地中
天雷無妄	鳥被籠牢	順乎自然
澤雷隨	推車靠崖	隨順和同
火雷噬嗑	飢人遇食	強硬態度
震為雷	天下揚名	奮發圖強
風雷益	枯木開花	奮發有為
水雷屯	亂絲無頭	開始困難
山雷頤	渭水訪賢	謹言節食
地雷復	夫妻反目	生機復明
天風姤	他鄉遇友	陰長陽消
澤風大過	夜夢金銀	勢將顛覆
火風鼎	漁翁得利	因敗致功
雷風恒	魚來撞網	經常恆久
巽為風	孤舟得水	謙遜行事
水風井	枯井生泉	維持現狀
山風蠱	推磨岔道	事物敗壞
地風升	指日高陞	升騰上進
天水訟	二人爭路	違遠不親
澤水困	撮桿抽梯	受困窮乏
火水未濟	小狐汔濟	由小而大
雷水解	五關脫難	艱難化散
風水渙	隔河望金	災害渙散
坎為水	水底撈月	重險重陷
山水蒙	小鬼偷錢	蒙昧閉塞
地水師	馬到成功	憂勞動眾
天山遯	濃雲蔽日	逃避退隱
澤山咸	萌芽出土	交感和合
火山旅	宿鳥焚巢	飄搖不定
雷山小過	飛鳥遺音	陰順陽困
風山漸	鴻雁高飛	循序漸進
水山蹇	雨雪載途	踏步難行
艮為山	山脈重疊	停留阻止
地山謙	二人分金	謙和忍讓
天地否	虎落陷坑	閉塞不通
澤地萃	鯉魚化龍	聚合豐盛
火地晉	鋤地得金	日出地上
雷地豫	青龍得位	悅服快樂
風地觀	旱蓬逢河	周遊觀覽
水地比	船得順風	親比歡樂
山地剝	鷹鵲同林	剝削蝕爛
坤為地	餓虎得食	柔順靜守

籤號	北港朝天宮戲文	清水紫雲巖戲文
甲子	包文拯審張世真	包公請雷驚仁宗
甲寅	薛蛟薛葵房州過彩樓得繡球	陳東初祭梅趙子龍救阿斗
甲辰	崔文德胡鳳嬌到家空成姻緣	朱德武入寺相分明
甲午	趙子龍重圍救阿斗	盧龍王次子（女）招親
甲申	韓文公過秦嶺凍霜雪	王翦戰袁達
甲戌	劉知遠戰瓜精	烏精亂宋朝
乙丑	尉遲恭掛帥	薛仁貴回家
乙卯	朱弁回家	國公暗察白袍將
乙巳	龍虎相會	龍虎軍鬥
乙未	奉吟受災	岳飛掠秦檜
乙酉	高迷楊戩當權	韓文公過秦嶺湘子掃霜雪
乙亥	桃花女流勿太歲	智遠戰瓜精
丙子	三藏被紅孩兒燒	韋渡伯行船遇太歲傘
丙寅	曹公賜雲長馬袍贈金銀	桃園三結義
丙辰	渭水河釣魚武吉挑柴打死人	渭水河姜太公釣魚
丙午	李世民遊地府	李世民初遊地府
丙申	薛剛大鬧花燈驚死聖駕踢死太子	姜尚未卜吉凶事莊子破棺
丙戌	秦叔寶救李淵搬家	楊管醉玉仝坐馬
丁丑	范丹未出身丹妻殺九夫	紅孩兒截住路頭
丁卯	薛丁山著飛刀	孫悟空大難火災
丁巳	朱壽昌辭官尋母	朱壽昌尋母在長亭
丁未	周文王拖車	文王為姜太公拖車
丁酉	姜子牙送飯為武吉掩卦	周玉姐可遇陳春生
丁亥	孟良焦讚救宗寶	文秦叔寶救李淵
戊子	胡鳳嬌觀音寺行香求籤	鳳嬌觀音庵問籤中奸臣計
戊寅	薛丁山破收飛刀	范丹洗浴遇賢妻
戊辰	崔文德請鳳嬌	胡完救文氏母女
戊午	石存孝遇李克用收為誼子	李存孝打虎
戊申	關雲長斬蔡陽	古城會關公斬蔡陽
戊戌	薛丁山三請樊梨花	豬哥過柿山
己丑	董永皇都市仙女送孩兒	孟姜女招親
己卯	王翦入五雷	龍虎交會
己巳	劉備入東吳進贅	銅銀買紙靴
己未	曹操潼關遇馬超	曹公潼關遇馬超
己酉	吳漢殺妻為母救主	吳漢殺妻
己亥	李世民落海灘	薛仁貴救駕
庚子	正德君戲鳳姐	正德君看呼綠牡丹開
庚寅	三請孔明先生	劉備三請孔明茅蘆三分
庚辰	孔夫子答小兒	楊文廣被困柳州城
庚午	三元會喜葛其蔡坤賣書	三元會葛其量夫妻相會
庚申	闇雞拖木屐三伯探英台	王小姐為色事到禍審月英
庚戌	姜女送寒衣哭倒萬里長城	孟姜女送寒衣哭倒萬里長城
辛丑	三審報喜蘇秦假不第	偶才母子井邊相會
辛卯	洪益春留傘愛陳三	益春留傘
辛巳	薛仁貴困白虎關父子不相逢	孔夫子過番逢小兒
辛未	江中立遇永樂君	江中立欽賜狀元
辛酉	李三娘井邊會	劉永做官蔭妻兒
辛亥	蜻蜓誤入蜘蛛網	蜻蜓誤入蜘蛛網
壬子	蘇小妹答佛印	佛印稍婆答歌詩
壬寅	小兒遇三煞	小兒路遇惡鬼
壬辰	宋朝趙匡胤困河東	趙玄郎河東大戰龍虎關
壬午	上帝公收龜蛇	薛仁貴回家遇丁山
壬申	蘇秦回家假不第	蘇秦夫妻相會西方
壬戌	小姐求佛嫁良緣	念月英相國寺
癸丑	玉堂春求佛嫁良緣	郭華醉酒誤佳期
癸卯	楊戩得病	楊官得病在西軒
癸巳	龐涓孫賓學法	白蛇精遇許漢文
癸未	袁達入照國關	白蛇精詐言往南海遇漢文
癸酉	老鼠精亂宋朝	皇都市上有神仙
癸亥	楊六婿斬子	薛剛踢死太子驚崩聖駕

甲子（海中金）【屋上之鼠】籤

天上聖母六十聖籤（〇〇〇〇〇〇）

甲子

日出便見風雲散
光明清淨照世間
一向前途通大道
萬事清吉保平安

包文拯審張世真

求財	耕作	經商	歲君	六甲	婚姻
先大進後小利	甚得利	如意	清考	頭胎男二胎女	允成
家運	失物	六畜	築室	移居	墳墓
平安大吉	在東急尋能還	好	清吉光明	得安	地穴大吉
出外	行船	凡事	治病	作事	功名
平安	有大財	大吉昌	末日痊安	難成成者大吉	望後有成
官事	家事	求兒	求雨	年冬	來人
理斷分明	無事	大吉	尚在	月光在	平常

屬：金利在秋天，宜其西方。

乾為天：乾者健也。乾金八純卦。

評曰：六龍御天之課，廣大包容之象，萬物資始之意。

斷易大全：高祖與呂后在芒碭山時卜得；餘人難壓也。

四月卦：春吉、夏凶、秋平、冬吉。

四季運：春比劫、夏食傷、秋官煞、冬印。

四季相：春囚、夏死、秋旺、冬休。

飛：壬戌土。　伏：癸酉金。

☰ 乾為天（乾上乾下）

乾：元亨利貞。

初九：潛龍勿用。

九二：見龍在田。利見大人。

九三：君子終日乾乾。夕惕若。厲無咎。

九四：或躍在淵。無咎。

九五：飛龍在天。利見大人。

上九：亢龍有悔。

金烏圖意：

風調雨順。金城湯池。財源鞏固。客路雍熙。應試如意。結婚齊眉。首簽既得。事事咸宜。

戌土	世	父母
申金		兄弟
午火		官鬼
辰土	應	父母
寅木		妻財
子水		子孫

【包文拯審張世真】

寓龍頭紹仁堂編纂

話說揚州城東有一儒家，姓劉名真字天然。好讀書，因習舉業，為著父母雙亡，家道罄然，故未能結婚姻。篤志芸窗，一心只慕功名兩字。當宋仁宗皇佑三年，開科取士，劉真聞此消息，即備行囊往東京取試。怎奈盤纏稀少，將去到京都，科場已罷。劉真收拾餘資，尚有十來貫錢，就賃開元寺僧房肄業。

時光似箭，是上元佳景，京中放燈甚多。彼時地名碧油潭處，有隻千年金鯉魚成精。那夕正脫形出潭，聽得城裡放燈，即吐出一顆小珠，儼然是個十七八歲丫鬟，手執燈籠，隨之慢慢行入城來。那妖見天色欲曉，恐露其形，遂走入金丞相後花園內大池中，隱匿形跡。元宵已過，妖魚不思轉歸潭中，顧愛花園內百卉紅紫爭妍。恰遇丞相之女名金線小姐，帶侍女來園內，看見東架瓦盆上一叢紅白牡丹可愛，即著侍女摘來觀玩，倚著池閣欄杆畔飲酒，忽見池中有個金鯉魚，游於水面，小姐將飲殘那杯酒傾向池中，被妖魚一嗑而盡。妖魚因知小姐好看牡丹，每夜吐氣噴之，牡丹顏色愈鮮，引得小姐日日來花園摘玩不已。

劉秀才在僧舍住居日久，囊篋消然，沒奈何，乃寫下幾幅草字，往城中官宦家獻賣。來到金丞相府前，適因丞相出探鄉友回府，見劉秀才將字在手中，令取看之，稱羨連聲，乃留之於西館教子弟讀書，正近後花園東軒之側。一夕，劉真偶步入花園中，正值小姐與三四個侍女在花架下玩賞，劉真驀見，失口道：「久聞丞相有女，顏貌秀麗，果的不虛。使後小生若僥倖成名，得此佳人為配足矣！」常言：慾心一動，則邪便能觀之。妖魅正欲迷惑個男子，是夜探得劉真未寢，便脫小姐形跡，到真讀書所叩其戶。真視之，正是日間所見那小姐，愕然。妖魅道：「妾知君久寓，今夕敬來相陪。不依妾言，報知爹爹，那時將君仍趕離門矣。」真初則驚慮，又被言事所賺，只得從允。二人解衣就寢，天將明，妖魅攬衣先起。自此日去夜來。一夕，妖魅與真道：「君寓此處雖好，倘久後侍女報知父母，兩下弄醜。妾不如同君逃回汝家，長為夫婦，豈不美哉？」真依言，約定十四日夜，小姐收拾瑣碎銀兩，與真徑走回揚州。比及丞相知真走去，亦不究問。

自妖魅去後，那朵牡丹花即枯死矣！金小姐朝夕思憶，染成病症。母憂問其病因，小姐乃道為牡丹之故。母與丞相說知小姐病因，丞相即差家人往揚州買牡丹。

家人到揚州遍訪於人，皆言欲買此樣牡丹花，惟東角門劉秀才家植有數叢。及家人訪到，值真外出，只見簾子下立著一個女子，金家人自相疑似小姐，近前認之，果的是矣！女子亦自道是小姐。恰遇劉真回來，各癡呆半晌。家人難明，次日著一會走路的，漏夜回轉東京，報知丞相。丞相不信，差公吏來揚州取回小姐。小姐不推，與劉真隨家人等轉京都。入府見丞相，丞相看是小姐，驚疑未定。及其母出來道：「小姐在閨中尚未起，緣何又有在此？」丞相問劉真前因。劉真不隱，一一告知昔日東軒相會之由。丞相即乘轎入開封府來見包拯，道知其事。拯輒差張龍拘到二小姐並劉真於廳下。拯細視子果無異，乃命取軒轅所鑄照魔鏡定其真偽。及左右將鏡懸於堂上，頃刻間妖魚吐出黑氣，只聽得一聲響，待其黑氣散看時，堂下二小姐皆不見了。拯著劉真在外伺候，將榜文張掛：「有知妖精、小姐下落，給錢五十貫賞之。」

次日侵早，自往城隍廟中，將牒章焚訖。冥司直符領牒章遞送與城隍知之。城隍即遣陰兵遍處搜察是何妖孽。頃刻陰兵乃報碧油潭千年金鯉魚作怪。城隍具札通知五湖四海龍君，務要捉那妖魚解報。龍君亦遣水族神兵沿江湖捕捉，但妖魚有靈通，水族神兵已皆盡殺敗。無法，龍君奏於上帝，上帝遣天兵捉之。那妖越過八荒，如何拿得？怎禁著包太尹日久於城隍司裡追並，城隍只得再通龍君。龍君閉上各海門尋捉。妖魚被趕逐緊急，遂走入南海。

時都下有一鄭翁，家掛一張淡墨所畫觀世音形象。忽晚夢云：「汝明來河岸邊，引我見包太尹。」鄭翁次早直到河邊看，果見一中年婦人，手執竹籃，立在楊柳樹下。等著鄭翁來到，乃道：「昨日碧油潭金鯉魚為四海龍君追逼無投，奔入南海藏於瓊蕊蓮葉下，今被我哄入籃中罩定，走不得。即日包太尹有榜文，可引我去看他，給得賞錢來一應贈汝。」鄭翁悅之，忙引婦人到府衙。正值拯與金丞相在廳上議論是事，拯喚進問其來由。鄭翁將婦人所言復知於拯，即令當堂放下魚籃，拯詳問之。那妖為佛力所伏，在籃裡一一吐實迷人情由，及攝將小姐現在碧油潭山側巖穴中。拯欲將此妖魚取出烹之，婦人道：「此千年靈氣而成，縱烹之亦不死矣，老婦帶去自有發落。」拯然之，命庫中取過賞錢五十貫，給與婦人而去。婦人出門首，以賞錢度與鄭翁云：「報汝奉我三年之勤，煩將此事傳於世上。」言訖不見。鄭翁方憶家奉觀音一事，請畫工繪墨水觀音之像，手提魚籃。京都人效之，皆傳繪，即今所謂魚籃觀音是也。比及拯差人去巖穴中尋取得金小姐到衙，已死去了，只心頭略有微溫。待令醫者診視，皆言得有緣生人氣引之可蘇。拯猛省，謂丞相道：「小姐莫與劉秀才有夙緣，老夫今日當作媒人，成就此段親事。」乃喚過劉真，以氣去呵小姐，小姐果然醒來。拯歡悅，命送入丞相府中。是夕劉真與小姐成親，甚感包公之德。次年真登第優等，官至中書，生二女，各出仕。至今都下播揚是事，而奇此傳之異矣。

備　註：因小說與戲劇版本多所互參，故張世真又稱張珍、周欽與劉真，蓋因語言(地方腔調)上的差異而有所不同。

參考資料：小說《包公傳　第四十四回　金鯉魚迷人之異》。

甲寅（大溪水）【立定之虎】籤

天上聖母六十聖籤（●○●○●●）

甲寅

於今此景正當時
看看欲吐百花魁
若能遇得春色到
一洒清吉脫塵埃

薛蛟薛葵房州
過彩樓得繡球

求財	耕作	經商	歲君	六甲	婚姻
有如泉湧	春季如意	大吉利市	中和	生男貴氣	永偕伉儷
家運	失物	六畜	築室	移居	墳墓
福祉茂盛	緊得後覓	興旺大利	大吉	平平	光前裕後
出外	行船	凡事	治病	作事	功名
春夏好	有大財	春天到	老不好少平安	春成美	二次成秋進運中
官事	家事	求兒	求雨	年冬	來人
完局	必得進益	適宜	甲子日有得	早八分允九分	南方

屬：水利在冬天，宜其北方。

水山蹇：蹇者難也。兌金四世卦。

評曰：飛雁啣蘆之課，門前有陷之象，寒蟬悲風之意。

斷易大全：鍾離未將攻楚時卜得；乃知身不王矣！

八月卦：春凶、夏平、秋吉、冬病。

四季運：春比劫、夏食傷、秋官煞、冬印。

四季相：春休、夏囚、秋相、冬旺。

飛：戊申金。　伏：丁亥水。

67 水山蹇（坎上艮下）

蹇：利西南。不利東北。利見大人。貞吉。

初六：往蹇。來譽。

六二：王臣蹇蹇。匪躬之故。

九三：往蹇。來反。

六四：往蹇。來連。

九五：大蹇。朋來。

上六：往蹇。來碩吉。利見大人。

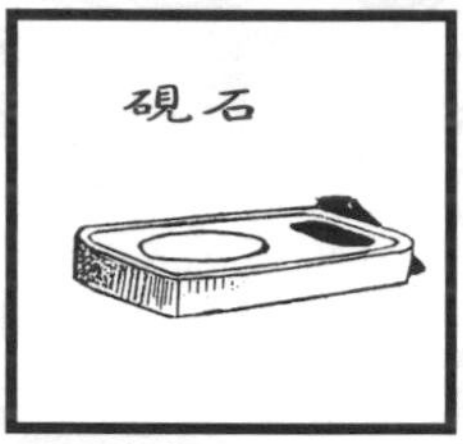

石硯圖意：

訟卜勝訴。作客安然。婚宜結也。財可求焉。家宅勿徙。墳墓勿遷。病託神庇。壽數能延。

子水	⚋		子孫
戌土	⚊		父母
申金	⚋	世	兄弟
申金	⚊		兄弟
午火	⚋		官鬼　卯妻
辰土	⚋	應	父母

【薛蛟薛葵房州過彩樓得繡球】

寓龍頭紹仁堂編纂

當下薛蛟與薛葵二人行近房州，離城止有數里，二人肚中饑餓，走入麵店坐下，叫拿麵來吃。小二應道：「來了。」只見又走進兩個人來，一個是鴛鴦臉、一個是五色臉，你道是誰，就是吳奇、馬贊，奉命來知會廬陵王，一時肚饑，也來吃麵。小二見了，先有三分害怕，他二人就在薛蛟、薛葵對面坐下，大叫：「小二，快拿麵吃來。」小二應聲就拿兩碗麵，先送在吳奇、馬贊面前，薛蛟與薛葵二人大怒，喝道：「我們先來到，不送麵來吃，倒送與後來吃，欺我們麼？」

薛葵伸手一拳，把小二打倒在地。吳奇二人喝道：「你這黑臉小子，打死人難道不償命麼？」薛葵大怒，走過來，雙手掇起兩碗熱麵，照吳奇二人臉上一潑，潑了吳奇、馬贊一臉麵湯。二人大怒，喝道：「小雜種！」吳奇照薛葵面上就是一拳。薛葵右手格開吳奇，左手一進，抓住吳奇肚皮，如提小雞一般，按在地下，掄拳便打。馬贊搶上來，薛蛟飛起左腳，正中馬贊後肩，覆身便倒，被薛蛟一腳踏住，掄拳便打，打得他二人宛如殺豬一般叫喊。

薛蛟道：「這樣沒本受打的東西，饒他去罷！」把馬贊夾頸一把提起，從店內直拋過街去，跌了一個發暈。薛葵把吳奇夾胸提起，也望外邊一拋，拋到過街，跌了一個半死、看的人都唬的目瞪口呆。吳奇、馬贊爬起來，好似殺不倒的小雞一般跑了。薛蛟與薛葵二人坐下，店主人陪笑把麵送來。二人吃了麵，還了錢，出店竟往房州城中，尋店住下。

次日起來，見街上人集三聚五，都是往教場中去看公主拋球招駙馬的，薛蛟、薛葵也就跟了眾人，往教場而來。一到教場，只見人山人海，擠擁不開，薛葵在前，把雙臂往前一抗，兩邊的人一齊裂開。薛蛟、薛葵擠至彩樓下一看，見樓高有三丈，四面皆用彩緞紮成。樓下坐著武國公馬登、大夫魯仲，吩咐作樂，吹打三通。樓上安陽公主把斗大彩球供在香几上，宮娥開了正富，燒起香來。公主倒身下拜，祝告天地神明：「弟子奉父王之命，今日在此拋球招親，只求拋中有緣，以定終身大事。」祝畢，再拜而起，雙手捧了彩球，步至窗口，望下一看，見有許多人，但不知誰是有緣，將球向上一拋。那些人都仰面望著那彩球，那球在空中滾到東，人擠到東，滾過西，人擠過西一齊伸手，都想接住彩球，那球卻「忽」的一聲，照薛蛟頭上打來。

薛蛟伸手接住，薛葵劈手便搶，兩下一奪，把彩球扯做兩半，兩人各拿半個。當下弟兄二人爭鬧不清，早有馬登、魯仲上前勸道：「此乃公主婚姻大事，打中那個，便是那個，搶奪如何使的！」薛蛟道：「明明打中我，我兄弟搶了半個去。」薛葵道：「你也伸手接球，我也伸手接球，一齊接住，你扯了半個去，我也有半個在此。雖然是兄弟手足，到了這婚姻大事，如何肯讓你！」馬登、魯仲道：「這事我兩個也做不得主，你二人同我去見千歲，聽千歲公斷。」說罷，遂帶二人來至王府。

馬登、魯仲先入內，將弟兄兩個各扯半個彩球，爭鬧不清，細細奏明，盧陵王吩咐召二人進見。二人聞召，即時走進來。朝見禮畢，薛蛟道：「千歲作主，一言公斷。」薛葵道：「一齊接住彩球，他扯了半個，我扯了半個，大家都有分。千歲若因他生的標致，招為女婿，我生的醜陋，不招為駙馬，這是不服的呢！」

盧陵王笑道：「彩球如今你弟兄各扯一半，孤也甚難定奪。我想當今之時，勇力為先，孤有鐵胎弓一張，重有萬鈞，你二人哪一個開得此弓，即招為駙馬，如都不能開，一起無分。」內侍遂把鐵胎弓先遞與薛蛟，薛蛟接弓，只一扯，輕輕扯滿，遂把弓放下，面不改色，盧陵王大喜。薛葵拿過弓來，盡力一拉，一聲響亮，把鐵胎弓折為兩段，盧陵王大驚。薛葵道：「這樣的弓，什麼重有萬鈞！如今他也開了，我也開了，且折斷了，卻怎生分斷？」

盧陵王道：「你二人姓甚名誰，何方人氏？說明了，孤自有個道理。」薛蛟道：「本州黑龍村人氏，姓薛名蛟，年十五歲。這是我兄弟，名叫薛葵，年十三歲。」馬登道：「我記得薛猛之子名叫薛蛟，當初法場中被大風刮去的，莫非就是你麼？」薛葵道：「你也太多心了！既我哥哥是薛猛之子，就不該有我是他兄弟。」馬登笑道：「你言也是，這是同名同姓的人了。」

盧陵王道：「孤有兩個公主，長名安陽，年十五歲，配薛蛟；次名端陽，年十三歲，配薛葵。等你二人長成了，即便成親。」二人大喜，山呼謝恩，盧陵王吩咐備宴款待。

參考資料：小說《薛剛反唐　第六十四回　兩兄弟彩球各半　廬陵王駙馬得雙》。

甲辰籤

甲辰（覆燈火）【伏潭之龍】籤

天上聖母六十聖籤（○○○●○●）

甲辰

勸君把定心莫虛
天註衣祿自有餘
和合重重常吉慶
時來終遇得明珠

崔文德胡鳳嬌到家空成姻嫁

求財	耕作	經商	歲君	六甲	婚姻
後遇貴人才興	下冬好	先利平後大財	安和	先男後女	大吉
家運	失物	六畜	築室	移居	墳墓
和氣得後祥瑞	月光必在	可納	大吉	得安	永裕後昆
出外	行船	凡事	治病	作事	功名
向南方遇貴人	漸得大財	吉	命不畏平安	二次成	後科連登尾有
官事	家事	求兒	求雨	年冬	來人
不畏破財	餘慶且喜	不畏	過日自有	八分	立即到

屬：火利在夏天，宜其南方。
天水訟：訟者論也。離火遊魂卦。
評曰：從膺逐鬼之課，水火相遠之象，田獵無獲之意。
斷易大全：漢高祖斬丁公疑惑時卜得；後果遭戮也。
二月卦：春凶、夏吉、秋吉、冬凶。
四季運：春比劫、夏食傷、秋官煞、冬印。
四季相：春相、夏旺、秋囚、冬死。
飛：壬午火。　伏：己酉金。

16 ䷅ **天水訟**（乾上坎下）

訟：有孚窒。惕中吉。終凶。
利見大人不利涉大川。
初六：不永所事。小有言。終吉。
九二：不克訟。歸而逋。其邑人三百戶。无眚。
六三：食舊德。貞厲。終吉。或從王事无成。
九四：不克訟。復即命。渝。安貞吉。
九五：訟。元吉。
上九：或錫之鞶帶。終朝三褫之。

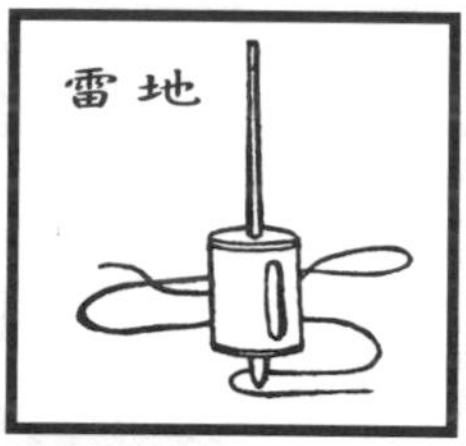

地雷圖意：
訟事勿染。最宜合婚。旅經歸里。財已臨門。
卜居向艮。失物在坤。病修陰德。壽保長存。

戌土	申金	午火	午火	辰土	寅木
⚊	⚊	⚊ 世	⚋	⚊	⚋ 應
子孫	妻財	兄弟	兄弟 亥官	子孫	父母

【崔文德胡鳳嬌到家空成姻緣】

寓鼇頭紹仁堂編纂

話說鳳嬌立志李旦而不改嫁，與崔文德同船，投江自盡，那時跳在江中，早有巡江水神托住，頃刻間不知去了多少路途，遇了一隻榮歸的官船，水神把船托住，那船一步也不能行。水手把火往江中一照，吶喊：「江中一個女子！」早驚動了船內夫人，披衣起來，吩咐：「快快打撈，救得上船，賞銀五兩！」眾水手忙救起上船。

此時船中男女盡皆起來，夫人叫丫環與他換了濕衣服，夫人一看，好一個絕色女子，問道：「何方人氏，姓甚名誰，為何尋此短見？」鳳嬌流淚道：「賤妾姓胡，名鳳嬌，通州人氏，父親早亡，同母文氏過活。自幼許進興，不料他去邊庭尋親，杳無音信。叔父胡發貪圖財帛，又受他人之聘，逼奴改嫁。奴守節不從，因此投江自盡，卻蒙夫人撈救，恩德如山！」夫人道：「原來是一個節女，可敬，可敬！我欲差人送你回去，又恐你叔叔通你。我對你說，我家相公陶仁，湘州人氏，現為潯陽知府。我生一男一女，男名陶泰，現為山海關總兵。我家相公告老回鄉，先打發家眷回家，在此救你。我女兒正少一人服侍，你不若在此伴我女兒，同往湘州，再打聽你丈夫的消息，不知你意下如何？」鳳嬌聞言下拜道：「妾願從命。」陶夫人道：「既如此，你就改名鳳奴罷。」遂指一人道：「這就是小姐。」鳳奴便拜了小姐。又指一人道：「這是小姐的乳母徐媽媽；你可拜他為母，到家去也好照管你。」鳳奴又拜徐媽媽為母，隨夫人往湘州去了不表。

且說文氏睡醒，不見了女兒，吃了一驚，忙披衣起來，見艙門已經開了，送大聲哭道：「不好了，我女兒不見了！」文德驚醒，忙起來叫家人取火，滿船照看，那有影兒，只見船頭有繡鞋一隻，分明是投江死了。文氏哭倒在船。文德放聲大哭，急叫數十隻船打撈屍首，江水滔滔，那裡去撈！文德遂吩咐家人，把帶來的祭禮排在船頭，文德哭拜船頭道：「賢妹，你身死江中，靈魂隨愚兄回去，姨母在我身上養老送終。」文氏望江哭叫：「兒呀，為娘的被你哄了，叫我苦命的娘親依靠何人？」哭了一回，燒化紙錢，祭畢，開船回家。

崔母聞知，也大哭一場。文德遂勸姨母入內房。文氏哭叫：「女兒，你去時還把箱子鎖好，就拿定主意不回來了！」一頭哭，一頭開鎖，忽見書一封，文德拆開一看，哭得發暈：「賢妹，原來你未出門就存了死心，難道我強通你不成！」哭哭啼啼，送出去，走到書房，倒在牀上，日夜啼哭。崔母來至書房，勸道：「你鳳妹已經死去，不能復生，何必如此啼哭！自我看來，只要你孝敬你姨母就是了。你出外去尋些朋友，散散心悶，待我吩咐媒婆，給你另尋一個如花似玉的妻子。」文德道：「我今娶親，不論容貌，只要個無父母的女子，為人賢惠，將來拜姨母為母，奉養送終，以代表妹，以表我心。」崔母道：「我就依你，快起來，出去走走。」文德起身出外，延請僧人，立招魂幡做道場，超度鳳嬌不題。

且說陶夫人並家眷船至湘州，俱下船坐轎進城，來到府中。有徐媽媽之子徐英，見鳳嬌美貌，忙問：「母親，這人是誰？」徐媽媽道：「是夫人江中撈救來的，拜我為母，就是你的妹子，你二人見了禮。」二人各各施禮。後來徐英悄地對他母親說道：「乾妹子生的標緻，孩兒又無有妻子，母親何不做主，配了孩兒？」徐媽媽道：「胡說！他因為守節投江，豈肯配你，休得胡想！」徐英諾諾而退，然此心終不放下。自此鳳嬌在陶府中，夫人小姐見他精巧伶俐，亦甚愛他，徐媽媽又十分照管他，頗不吃苦，按下不表。

參考資料：小說《薛剛反唐 第五十回 崔文德痛哭鳳嬌 李承業戰勝馬周》。

甲午籤

甲午（沙中金）【雲中之馬】籤

天上聖母六十聖籤（●●●●○○）

甲午

風恬浪靜可行舟
恰是中秋月一輪
凡事不須多憂慮
福祿自有慶家門

趙子龍重圍救阿斗

求財	耕作	經商	歲君	六甲	婚姻
在家好出外凶	有效	大吉利	平安	先男後女	和諧月半成
家運	失物	六畜	築室	移居	墳墓
大獲吉昌	月光在	興旺	門庭興盛	可慶	可得瑞氣
出外	行船	凡事	治病	作事	功名
求財求事如意	風平	成者大吉	近日痊癒	有成	光耀祖宗
官事	家事	求兒	求雨	年冬	來人
破財求貴人解	綿綿齊輝	好	月末即到	允收	即到

8
2
地澤臨（坤上兌下）

臨：元亨利貞。至于八月有凶。
初九：咸臨。貞吉。
九二：咸臨。吉。無不利。
六三：甘臨。旡攸利。既憂之。旡咎。
六四：至臨。旡咎。
六五：知臨。大君之宜。吉。
上六：敦臨。吉。旡咎。

屬：金利在秋天，宜其西方。
地澤臨：臨者大也。坤土二世卦。
評曰：鳳入雞群之課，以上臨下之象，黃花叢生之意。
斷易大全：蔡琰去和番時卜得；乃知必還故國也。
十二月卦：春平、夏凶、秋吉、冬吉。
四季運：春比劫、夏食傷、秋官煞、冬印。
四季相：春囚、夏死、秋旺、冬休。
飛：丁卯木。　伏：乙巳火。

通寶圖意：
訟勝有望。求財非艱。卜婚易得。失物重還。
福如東海。壽比南山。諸盤營謀。喜露于顏。

酉金	- -		子孫
亥水	- -	應	妻財
丑土	- -		兄弟
丑土	- -		兄弟
卯木	——	世	官鬼
巳火	——		父母

【趙子龍重圍救阿斗】

寓鼇頭紹仁堂編篡

卻說玄德引十數萬百姓，三千餘軍馬，一程程挨著往江陵進發。趙雲保護老小，張飛斷後。孔明曰：「雲長往江夏去了，不知若何。」玄德曰：「敢煩軍師親自走一遭。今若見公親至，事必諧矣。」孔明允諾，便同劉封引五百軍先往江夏求救去了。當日玄德自與簡雍、糜竺、糜芳同行。正行間，忽然一陣狂風在馬前刮起，塵土沖天，平遮紅日。玄德驚曰：「此何兆也？」簡雍袖占一課，失驚曰：「此大凶之兆也。應在今夜。主公若戀百姓而不棄，禍不遠矣。」玄德便教就此當陽縣景山紮住。時秋末冬初，至四更時分，只聽得西北喊聲震地而來。玄德大驚，急上馬引本部精兵二千餘人迎敵。正在危迫之際，幸得張飛引軍至，救玄德望東而走。奔至天明，聞喊聲漸漸遠去，玄德方才歇馬，隨行人止有百餘騎；百姓老小並糜竺、糜芳、簡雍、趙雲等一干人，皆不知下落。正淒惶時，忽見糜芳面帶數箭，踉蹌而來，口言：「趙子龍反投曹操去了也！」玄德叱曰：「子龍是我故交，安肯反乎？」張飛曰：「他今見我等勢窮力盡，或者反投曹操，以圖富貴耳。」玄德曰：「子龍從我於患難，心如鐵石，非富貴所能動搖也。」糜芳曰：「我親見他投西北去了。」玄德曰：「休錯疑了。豈不見你二兄誅顏良、文丑之事乎？我料子龍必不棄我也。」張飛那裡肯聽，引二十餘騎，至長坂橋。

趙雲自四更時分，與曹軍往來衝突，殺至天明，尋不見玄德，又失了玄德老小。雲自思曰：「主人將甘、糜二夫人與小主人阿斗，托付在我身上；今日軍中失散，有何面目去見主人？不如去決一死戰，好歹要尋主母與小主人下落！」回顧左右，只有三四十騎相隨。趙雲正走之間，見一人臥在草中，乃簡雍也。雲急問曰：「曾見兩位主母否？」雍曰：「二主母棄了車仗，抱阿斗而走。我飛馬趕去，爭鬥不得，故臥在此。」雲乃將從人所騎之馬，借一匹與簡雍騎坐；又著二卒扶護簡雍先去，報與主人：「我上天入地，好歹尋主母與小主人來。如尋不見，死在沙場上也！」說罷，拍馬望長坂坡而去。忽一人大叫：「趙將軍那裡去？恰才見甘夫人披頭跣足，相隨一夥百姓婦女，投南而走。」雲見說，也不顧軍士，急縱馬望南趕去。趙雲在百姓後面望見夫人，下馬插槍而泣曰：「使主母失散，雲之罪也！糜夫人與小主人安在？」甘夫人曰：「我與糜夫人被逐，棄了車仗，雜於百姓內步行。糜夫人與阿斗不知何往。我獨自逃生至此。」雲請甘夫人上馬，直送至長坂坡。只見張飛橫矛立馬於橋上：「子龍！你如何反我哥哥？」雲曰：「我尋不見主母與小主人，因此落後，何言反耶？」飛曰：「若非簡雍先來報信，我今見你，怎肯干休也！」雲謂糜竺曰：「糜子仲保甘夫人先行，待我仍往尋糜夫人與小主人去。」言罷，引數騎再回舊路。但逢百姓，便問糜夫人消息。忽一人指曰：「夫人抱著孩兒，左腿上著了槍，行走不得，只在前面牆缺內坐地。」

趙雲聽了，連忙追尋。只見一個人家，被火燒壞土牆，糜夫人抱著阿斗，坐於牆下枯井之傍啼哭。雲急下馬伏地而拜。夫人曰：「妾得見將軍，阿斗有命矣。望將軍可憐他父親飄蕩半世，只有這點骨血。將軍可護持此子，教他得見父面，妾死無恨！」雲曰：「夫人受難，雲之罪也。不必多言，請夫人上馬。雲自步行死戰，保夫人透出重圍。」糜夫人曰：「不可！將軍豈可無馬？此子全賴將軍保護。妾已重傷，死何足惜！望將軍速抱此子前去，勿以妾為累也。」乃將阿斗遞與趙雲曰：「此子性命全在將軍身上！」趙雲三回五次，請夫人上馬，夫人只不肯上馬。雲厲聲曰：「夫人不聽吾言，追軍若至，為之奈何？」糜夫人乃棄阿斗於地，翻身投入枯井中而死。趙雲見夫人已死，恐曹軍盜屍，便將土牆推倒，掩蓋枯井。將阿斗抱護在懷，綽槍上馬。張郃挺槍來刺，忽然一道紅光，從土坑中滾起；那匹馬平空一躍，跳出坑外。張郃見了，大驚而退。趙雲縱馬正走，背後忽有二將大叫：「趙雲休走！」趕的是馬延、張顗；前面阻的是焦觸、張南；都是袁紹手下降將。趙雲力戰四將，曹軍一齊擁至。雲乃拔青釭劍亂砍。手起處，衣甲透過，血如湧泉。殺退眾軍將，直透重圍。

曹操在景山頂上，望見一將，所到之處，威不可當，急問左右是誰。曹洪飛馬下山大叫曰：「軍中戰將可留姓名。」雲應聲曰：「吾乃常山趙子龍也。」曹洪回報曹操。操曰：「真虎將也！吾當生致之。」遂令飛馬傳報各處：「如趙雲到，不許放冷箭，只要捉活的。」因此趙雲得脫此難；此亦阿斗之福所致也。這一場殺：趙雲懷抱後主，直透重圍，砍倒大旗兩面，奪搠三條；前後槍刺劍砍，殺死曹營名將五十餘員。趙雲當下殺透重圍，已離大陣，血滿征袍。

參考資料：小說《三國演義 第四十一回 劉玄德攜民渡江 趙子龍單騎救主》。

甲申（泉中水）【過樹之猴】籤

天上聖母六十聖籤（●○○○●○）

甲申

只恐前途命有變
勸君作急可宜先
且守長江無大事
命逢太白守身邊

韓文公過秦嶺凍霜雪

求財	耕作	經商	歲君	六甲	婚姻
以待時來	內有不足	先利後遇貴人	平安	頭胎生女次生男	多口舌不吉
家運	失物	六畜	築室	移居	墳墓
先被邪後吉祥	謹尋在遲即無	不瑞	大吉	不好	先平後得佳氣
出外	行船	凡事	治病	作事	功名
下半年好	出外有風波災	待時機	月光瘉暗不吉	顚倒前凶後吉	必遇功德
官事	家事	求兒	求雨	年冬	來人
宜和拖尾	有貴人團圓	不佳	朝夕即有	平正	遲後到

屬：水利在冬天，宜其北方。

澤火革：革者改也。坎水四世卦。

評曰：豹變爲虎之課，改舊從新之象，賣金買物之意。

斷易大全：彭越戰項王絕糧時卜得；遂承恩改革也。

二月卦：春凶、夏平、秋凶、冬吉。

四季運：春比劫、夏食傷、秋官煞、冬印。

四季相：春休、夏囚、秋相、冬旺。

飛：丁亥水。　伏：戊申金。

䷰ 澤火革（兌上離下）

革：巳日乃孚。元亨利貞。悔亡。

初九：鞏用黃牛之革。

六二：巳日乃革之。征吉。无咎。

九三：征凶。貞厲。革言三就。有孚。

九四：悔亡。有孚。改命吉。

九五：大人虎變。未占有孚。

上六：君子豹變。小人革面。征凶。居貞吉。

溪船圖意：

訴訟須速。遷移不良。財利有限。疾病無傷。

音信遲緩。婚姻參商。遠行遭困。貴人西方。

未土	- -		官鬼
酉金	——		父母
亥水	——	世	兄弟
亥水	——		兄弟 午妻
丑土	- -		官鬼
卯木	——	應	子孫

【韓文公過秦嶺凍風雪】

寓龍頭紹仁堂編纂

韓湘子，字清夫，唐人韓文公之猶子也。生有仙骨，索性不羈，厭繁華濃麗，喜恬淡清幽。佳人美女，不能蕩其心；旨酒甘餚，不能溺其志。惟刻意修煉之法，潛心黃白之術。文公屢勉之學。湘曰：「湘之所學與公異。」文公怒而叱之。

一日，出外訪道尋師，正與純陽、雲房相遇，乃棄家從之遊，得傳其道。後到一處，見仙桃紅熟，湘子緣樹而摘之，忽枝斷墮地，身死而屍解。

湘子欲渡文公，因其人持正，故先以術動之。適其年天旱，帝命文公出南壇祈禱雨雪，久禱不得，將罷官。湘子化作道士，立一招牌曰：「出賣雨雪。」人報文公，文公使人請之祈禱，道人登臺作法，俄爾天大雪雨。文公未信其妙，謂道士曰：「此雪我所祈乎，汝所祈乎？」道士曰：「我所祈也。」公曰：「何以憑據？」道士曰：「平地雪厚三尺三寸。」公使人度之，果然，公略信其異。

一日，文公壽誕，親友盈門稱賀，設席大宴。忽湘子歸，與公祝壽。公且喜且怒，湘坐席間，公問曰：「汝久遊在外，不知所學何事，試作一詩，以觀汝志。」湘子啟口便吟，詩曰：

青山雲水隔，此地是吾家。手扳雲霞液，賓晨唱落霞。琴彈碧玉洞，爐煉白朱砂。寶鼎存金虎，芝田養白鴉。一瓢藏造化，三尺斬妖邪。解造逡巡酒，能開頃刻花。有人能學我，同共看仙葩。

公覽之曰：「子能奪造化之權耶？」公即命造酒開花。湘子取樽至庵前，以金盆蓋之。少頃開看，果成美酒。又聚土成堆，不移時開碧花一朵，似牡丹差大，顏色更麗。花開擁出金字二行云：「雲橫秦嶺家何在？雪擁藍關馬不前。」文公讀之，不解其意。湘曰：「他日自驗，天機不可預洩也。」眾皆稱異。於是飲酒極歡。飲罷，湘復辭公遊去。

卻說唐憲宗素性好佛，一日兩蕃僧進佛骨，其色紅潤光焰。憲宗惑之，欲迎之入宮，諸臣莫敢言其非。韓文公以為異端不祥之兆，乃上表諫之。以為：

佛乃夷狄之法，自黃帝以來，禹、湯、文、武皆享壽考，百姓安樂，當是時未有佛也。迨漢明帝時，始有佛法，亂亡相繼，運祚不長。宋、齊、梁、陳、元魏以下，事佛漸謹，年代尤促，惟梁武在位四十八年，三捨身為佛家奴，竟為侯景所迫，餓死台城。內此觀之，則佛不足信明矣。如其身在，奉命來朝，陛下容納，不過宣政一見，禮賓一設，賜衣一袋，衛而出境，不令惑眾。況其身死枯朽之骨，豈宜入宮？群臣不言其非，御史不舉其罪，臣實矜之。悉付有司，投諸水火，以斷天下之疑，絕後世之惑。佛如有靈，能作禍福，凡有災咎，宜加臣身。

表上，憲宗大怒，議降潮州，限日起行。文公別家，遂往潮州而去。行不數日，彤雲四起，寒風急飄，紛紛雪下。文公行至一處，雪深數尺，馬不能進，路不可知，又無人家可問。約馬退轉，亦無歸路。風緊雪飄，衣衫盡濕，凍餒難禁，愁苦無訴。忽一人沖寒尋路，掃雪而來，視之乃湘子也。向前謂公曰：「公憶昔日花間之語乎？」公問：「此地何處？」湘子曰：「此藍關耳。」公嗟歎久之，乃曰：「事固有數如此，吾為汝足前日之句。」詩曰：

一封朝奏九重天，夕貶潮州路八千。欲為聖明除弊事，肯將衰朽惜殘年！
雲橫秦嶺家何在？雪擁藍關馬不前。知汝遠來應有意，好收吾骨瘴江邊。

乃與湘至藍關傳捨中宿焉，公方信湘之言不誣也。是夜，公與湘論往來之事、修真其道，公深悅服。次日湘辭行，出藥一瓢與公曰：「服一粒，可以御寒暑。」公恍然。湘曰：「公不久即西歸，不惟無恙，且將復用於朝。」公曰：「此後復有相見之期乎？」湘曰：「前期未可知也。」乃飄然而逝。後復渡文公仙去。

參考資料：小說《東遊記 救叔藍關掃雪》。

甲戌籤

甲戌（山頭火）【棲護之狗】籤

天上聖母六十聖籤（○●○○○○）

甲戌

風雲致雨落洋洋
天災時氣必有傷
命內此事難和合
更逢一足出外鄉

劉知遠戰瓜精

項目	籤解	項目	籤解	項目	籤解	項目	籤解
求財	一事無成	家運	有怪必防	出外	無貴人	官事	了錢拖尾
耕作	無收	失物	運如此路難逢	行船	不好	家事	定庭相尾
經商	本錢耗散破財	六畜	不佳	凡事	待望	求兒	不可
歲君	月令不吉	築室	犯凶星	治病	邪作病險不及	求雨	不到則久
六甲	男高貴曉投枝	移居	且慢	作事	不成局	年冬	平平
婚姻	不宜	墳墓	地運不佳	功名	難望	來人	月光即到

火天大有（離上乾下）

3 1

大有：元亨。
初九：无交害。匪咎。艱則无咎。
九二：大車以載。有攸往。无咎。
九三：公用亨于天子。小人弗克。
九四：匪其朋。无咎。
六五：厥孚交如。威如吉。
上九：自天祐之。吉无不利。

屬：火利在夏天，宜其南方。
火天大有：大有者出現也。乾金歸魂卦。
評曰：金玉滿堂之課，日麗中天之象，深谷花開之意。
斷易大全：藺相如送趙璧往秦時卜得；後果還璧也。
正月卦：春吉、夏平、秋凶、冬吉。
四季運：春比劫、夏食傷、秋官煞、冬印。
四季相：春相、夏旺、秋囚、冬死。
飛：甲辰土。　伏：乙卯木。

花鞋圖意：
祈雨立驗。求財失時。婚姻不合。疾病堪悲。爭訟則敗。尋物已遲。惟有遠出。可以依持。

巳火	━━━	應	官鬼
未土	━ ━		父母
酉金	━━━		兄弟
辰土	━━━	世	父母
寅木	━━━		妻財
子水	━━━		子孫

【劉知遠戰瓜精】

寓龍頭紹仁堂編纂

劉皓，字知遠（一說智遠），本貫徐州沛縣沙陀村人氏。自幼父親早喪，隨母改嫁，把繼父潑天家業，盡皆花費，被繼父逐出在外。日間在賭坊中搜求貫百，夜宿馬鳴王廟安身。這苦怨天不得，恨自己難言。正是時運苦淹留，何須去強求？百花逢驟雨，萬木怕深秋。與郭彥威、史弘肇義結金蘭。

這天天寒大雪，梅花正開，李文奎，世居沙陀村住居。祖遺下田產，春種秋收，雖無千鍾之粟，頗有桑麻之樂。自家所生子女三人。長子洪一、次子洪信、次女三娘。今日這般天氣，瑞雪飄飄，梅花綻蕊，正宜賞玩。叫院子請太婆，叫春兒請三娘，一同出來賞玩。正在此時，門外一片宣嚷之聲，因今年馬鳴王廟社主是老員外為頭，故員外一家均到廟中祈求福願，巧遇劉知遠身上無衣，口中無食，風雪又大，無處趕趁，不免到馬鳴王廟中去躲避，把平昔心事，訴與馬鳴王知道。知遠道：「神聖聽啟，可憐知遠三日無糧米，只得撮土為香，拜告天和地。別人賭錢，十賭九贏，偏我知遠呵！蒲牌買快時，十番九遍輸，望神聖與我空中庇佑。」呀！你看旌幡隊隊，鼓樂喧天，想是賽會的來了。不免躲在供桌底下，取些福禮充飢，有何不可？正是一日不識羞，二日不忍餓。巧得是員外剛拜下去時，見神道靈異，只見滿殿紅光，神帳裡現出五爪金龍，把福雞攫去了。搞得廟內亂烘烘的，移開神桌後見知遠躲於桌下，廟公一見知遠偷了福雞兒，舉拳便將打這蠻子，員外道：「且住，不要打，這是我遠方來的侄兒。」因員外知道知遠一表人才，他日並非池中之龍，於是將知遠帶回莊內。

員外道：「看你堂堂貌美，因甚的不謀生理。家居那裡？姓名還是誰？聽吾語，你肯務農耕田地，帶你歸家作道理。」知遠回答：「祖居在沙陀村裡，字知遠，劉家嫡子。雙親早亡，此身無所倚，若蒙周濟，得太公收留取，結草啣環當報答。」於是知遠便留於莊內牧牛。

一日，小姐三娘正於繡房中做女工針指，遠遠望見臥牛崗邊，一道火光，透入天門，五色蛇兒墜紫青紅，以為牛欄失火，急急報與太公，員外等人趕到一看，只見知遠睡於牛欄蒿蓬之中，鼻息如雷振，氣如吐虹，身上有許多的蛇在他身上，員外道：「蛇穿五竅，五霸諸侯。蛇穿七竅，大貴人也。我家一窪之水，怎隱得真龍在家？孩兒，你未曾婚配，趁此漢未發達之時，將你配為夫婦，後來光耀李家莊。我欲招他為婿。你意下如何？」三娘道：「一切依爹爹作主。」於是便招知遠為婿。

日無雙福，敢有雙災，太公與太婆忽然感風寒而雙雙暴斃，洪一見父母死了，此時心下快活，與妻商量要知遠與三娘分開，意要霸佔田產，強逼知遠寫下休書，唸道：「大晉國沙陀村住劉知遠，只因身伴無依，每日在沙陀村裡放刁，勒要李太公女兒成親。成親之後，不合拜死丈人丈母，情知有罪。養贍妻子不活，情願棄離妻子前去，並無親人逼勒，各無番悔。如先悔者，甘罰花銀若干若干。若干年月日時，寫個花字。」但不知此時三娘有了半年身孕，隨後卻被三娘將休書撕得粉碎；不得已，只得把傢俬三分分開，洪一一分，兄弟一分，三娘一分。洪一道：「我如今把臥牛岡上六十畝瓜園，內有個鐵面瓜精。青天白日，時常出來現形，食啖人性命，白骨如山。著他去看瓜園。那個瓜精出來，把他吃了，那時著我妹子嫁人。」大嫂道：「好計！好計！」

於是洪一找知遠道：「妹子沒有陪嫁裝奩。臥牛岡上六十畝瓜園，一年四季有瓜，東瓜西瓜，南瓜北瓜。出產之所，爭奈四圍牆倒，常被小人偷瓜盜果。切莫要與三姑娘得知。」知遠道：「待我去看瓜園，拿幾個偷瓜的，才見手段。」再心想：「大舅吩咐我不要與三姐說。我夫妻同甘苦的，怎不要說？」於是找到三娘道：「大舅說臥牛岡上六十畝瓜園，常被小人偷瓜盜果，取護身龍過來，待我去看瓜。」三娘一想道：「不說起看瓜猶可，若說起看瓜，正中了哥嫂之計。那瓜園中有鐵面瓜精，害人性命。我爹爹在常時宰殺豬羊，祭賽瓜精。自從爹爹死後，無人祭賽他，日間現形，食啖人性命。官人，只怕你去時有路轉無門。」知遠道：「不說起瓜精猶可，若說起瓜精，就學古人漢高祖劉邦，徑奔北山，斬巨蟒，後來做了帝王之分。他也姓劉，我也姓劉，待要去平伏了瓜精，才見我手段。若被瓜精吃了，一來出脫你，二來免受你哥嫂之氣。你是個婦人家，說這般輸話。我為人平生不信邪，總然有鬼吾不怕。」

知遠往瓜園迤邐行來，已到臥牛岡上。瓜園門半開半掩，四野無人，怎麼沒有鬼？記得岳父母墳塋在高籐樹底下，不免把冷熱酒的事情，告訴與他知道。岳父母：「今晚望你保佑無事。」忽瓜精一躍而起，道：「好漢好漢。生吃你一半，死吃你一半。」知遠道：「拿住妖精，一刀兩段。」一陣殺伐下，連鬪了三十餘合，瓜精落荒而逃。知遠道：「業畜斷鬪俺不過，放一道火光，逕入地下去了。待我掘開來看，卻原來一塊石皮。下面石匣裡面，頭盔衣甲，兵書寶劍。我劉知遠喜的是兵書。明月之下，觀看則個。」卻見有幾行字在上：「此把寶刀，付與劉皓。五百年後，方顯英豪。」於是知遠將盔甲還藏在石匣內，把泥土蓋著。

天明時，三娘的叔公對知遠道：「我老夫打聽得太原并州岳節使，招軍買馬，積草聚糧。你有武藝過人，如何不去？倘然一刀兩劍，取個前程。有何不可？」

參考資料：梨園戲《白兔記》。

乙丑（海中金）【海內之牛】籤

天上聖母六十聖籤（〇●●●〇●）

乙丑

雲開月出見分明
不須進退問前程
婚姻皆由天註定
和合清吉萬事成

尉遲恭掛帥

求財	有成	耕作	有收	經商	成者大吉	歲君	好	六甲	一定生女	婚姻	月光成
家運	漸漸平安	失物	月光任月暗無	六畜	興旺	築室	月中好	移居	不吉	墳墓	地勢盛美
出外	滿路異香	行船	須當先防	凡事	後成	治病	女平男晚好少險老不畏	作事	月光成	功名	少有成老無
官事	破財完局	家事	冒險平安	求兒	好	求雨	初無月尾有	來人	月中到		

屬：金利在秋天，宜其西方。
山水蒙：蒙者昧也。離火四世卦。
評曰：人藏祿寶之課，萬物發生之象，花生未開之意。
斷易大全：王莽篡漢社稷時卜得；乃知漢中必有中興主也。
八月卦：春凶、夏平、秋不利、冬口舌。
四季運：春比劫、夏食傷、秋官煞、冬印。
四季相：春囚、夏死、秋旺、冬休。
飛：丙戌土。 伏：己酉金。

玉兔圖意：
孕兆熊夢。利涉大川。婚姻註合。疾病見痊。爭訟立勝。望信隨傳。所占事件。驗在月圓。

☶☵ 7 6 山水蒙（艮上坎下）

蒙：亨。匪我求童蒙。童蒙求我。初筮告。再三瀆。瀆則不吉。利貞。
初六：發蒙。利用刑人。用說桎梏。以往吝。
九二：包蒙吉。納婦吉。子克家。
六三：勿用取女。見金夫。不有躬。無攸利。
六四：困蒙。吝。
六五：童蒙吉。
上九：擊蒙。不利為寇。利禦寇。

寅木	⚊	父母	
子水	⚋	官鬼	
戌土	⚋	子孫 酉妻	世
午火	⚋	兄弟	
辰土	⚊	子孫	
寅木	⚋	父母	應

【尉遲恭掛帥】

寓鼇頭紹仁堂編纂

再講貞觀天子駕坐朝門，文武朝參已畢，魯國公程咬金催糧回京繳旨。又過了五日，王君可打表進京說，在山東登州府造完戰船一千五百號，望陛下速速發兵征東。朝廷看本大悅，說：「徐先生，催糧已足，戰船已完，未知張士貴招兵何日得見應夢賢臣？」茂公說：「陛下，只在五六天內。」果然過了五六天，黃門官呈上山西表章。朝廷說：「就擇日起兵征東。但秦王兄臥床半載，並無好意，缺了元帥，怎好征東？」茂公說：「平遼大事，陛下若等秦元帥征東，來不及了。且待尉遲將軍為帥，領兵征東，秦元帥病好隨後趕到東遼，原讓他為帥，領兵征東。」朝廷說：「倒也有理。但帥印還在秦王兄處，程王兄去走一遭。」咬金叫聲：「陛下差臣到那野裡去了？」天子道：「你往帥府望望秦王兄病恙可好些麼？看好得來的，不必提起；看形狀不能好，取了帥印來繳寡人。」程咬金應道：「領旨。」退出午門，心中暗想：「這顆帥印在秦哥哥手內，若秦哥哥有甚三長兩短，一定交與我掌看。若取帥印，被黑炭團做了元帥，倒要伏他跨下，白白一個元帥沒我分了。我偏不要去取印，只說秦哥哥不肯。」咬金詭計已定，不知到那個所塊去走這麼一轉，原上金鑾來了。朝廷道：「程王兄來了麼，秦王兄病恙可像好得來的麼？」咬金說：「陛下，秦哥此病十有八九好不來的，只有一分氣息，命在旦夕，不能夠了。」朝廷聽說，龍目下淚，大歎一聲：「咳，寡人天下，秦王兄輔唐，盡忠報國，今朝病在頃刻，可不慘心！程王兄，帥印可曾到來？」咬金道：「陛下不要說起，帥印沒有，反被他埋怨了一場。」朝廷說：「他怎樣埋怨你？」咬金道：「他說：『我當年南征北討，志略千端，掌了三朝元帥，從不有虧。今日臣病危，還有孩兒懷玉也可以掌得帥印的，就是孩兒年輕，還有程兄弟足智多謀，可以掌得帥印。尉遲恭雖是一殿功臣，與秦瓊並無瓜葛，怎麼白白把這顆帥印送他掌管起來？此印不打緊，日日在亂軍中辛苦，夜夜在馬背上耽驚，才能得此帥印，分明要逼我歸陰了。』竟大哭要死到金鑾殿上來。臣只得空手，前來見駕。」朝廷便說：「徐先生，為今之計便怎麼樣？」茂公說：「秦三弟病內，雖言降旨，決不肯聽。如非能駕親去走一遭。」朝廷道：「也使得。寡人早有此心，要去看望秦王兄病體，不如明日待寡人親往便了。」

明日清晨，朝廷降旨起駕出了午門，都到帥府。朝廷坐了龍椅，懷玉揭開帳子，叔寶睡在床上，明知天子在此，假作呼呼睡醒。叔寶說：「陛下征東之事，可曾定備麼？」朝廷說：「多完備了。但是王兄有恙未癒，無人掌管帥印，領兵前去，未定吉日。朕看起王兄來，是這樣容顏憔悴，就痊癒起來，也只好在家安享，那裡領得兵，受得辛苦前去征東？朕心到此耽憂。」叔寶說：「陛下若要等病好領兵征東，萬萬不能了。平遼事大，臣病事小，臣若有三長兩短，不去征東了不成，少不得要掌帥印去的。」朝廷說：「這個自然。但此印還在王兄處，交與朕就好率領兵先去征東。待王兄病癒，隨後到東遼，帥印原歸王兄掌管。王兄意下如何？」叔寶道：「噯！陛下又來了。但此印當初受盡千般痛苦，萬種機謀掙下這印，今日臣病在床，還將此印架在這裡，使我見見，曉得少年本事，消遣歡心。今陛下取去，叫臣睡在床上，看甚功勞？臣死黃泉，也不瞑目。」朝廷說：「這便怎麼處？沒有元帥，官兵三軍焉能肯伏？你如若放心不下，朕宮中銀瓶公主，王兄面前許配御侄，招為駙馬如何？」

叔寶接著道：「尉遲將軍，你且過來，俺有話對你說。」敬德連忙走到床前，叔寶假意合眼，尉遲恭候進身軀，秦瓊咳嗽一聲，把舌尖一抵，一口紅痰望著敬德面上吐來，要閃也來不及，正吐在鼻樑上，又不敢把袍袖來揩。叔寶假意說：「阿呀，俺也昏了。老將軍，多多有罪，帳子上揩掉了。」尉遲恭心內好不氣惱，要這顆帥印，耐著性子問道：「老元帥什麼話講？」秦瓊道：「你要為元帥？」敬德說：「正是。」叔寶道：「你要掌兵權，可曉得為帥的道理麼？」說：「某家雖不精通，略知一二。」叔寶說：「既如此，你說與我聽。」敬德說：「老元帥，那執掌兵權第一要有功必賞，有罪必罰，安營堅固，更鼓嚴明；行兵要槍刀銳利，隊伍整齊，鳴金則退，擂鼓則進；破陣要看風調將，若不能取勝，某就單騎衝殺，以報國恩；一槍要刺死驍將，一鞭要打倒能人，百萬軍中，殺得三回九轉，此乃掌兵權的道理。」叔寶大喝道：「呔！你滿口胡言，講些什麼話！老將軍，凡為將者，這叫做蓮花帳內將軍令，細柳營中天子驚。安營紮寨，高防圍困，低防水淹，蘆葦防火攻，使智謀調雄兵，傳令要齊心；逢高山莫先登，見空城不可亂行；戰將回馬，不可亂追。此數條，才算為將之道理，你且記著。接了印去。」敬德雙手來接，叔寶大喝一聲：「呔！此顆印乃我皇恩賜與我，我雖有病，你要掌兵權，當與萬歲求印。我交與萬歲，與汝何干？還敢雙手來接！」程咬金說：「走開些，不要惱我秦哥性子。」尉遲恭大怒，立起身來便走。秦瓊道：「陛下，帥印原交還我王。一世功勞，藏於太廟了。」朝廷說：「說那裡話來？王兄病癒，帥印原在。」天子接過，交與茂公藏好。

再表朝廷降下旨意，山西張士貴接了行軍旨意，就帶齊十萬新收人馬；天子當殿與眾卿議黃道吉日，就與尉遲恭掛了帥印，來至教場，點起五十萬大隊雄兵，祭過了旗，朝廷親奠三杯酒，發炮三聲，排開隊伍，一路行兵御駕親征。

參考資料：小說《說唐後傳　第二十四回　尉遲恭征東為帥　薛仁貴活擒董逵》。

乙卯（大溪水）【得志之兔】籤

天上聖母六十聖籤（○○●●○●）

乙卯

禾稻看看結成完
此事必定兩相全
回到家中寬心坐
妻兒鼓舞樂團圓

朱弁回家

求財	耕作	經商	歲君	六甲	婚姻
下半年好家利	下半年有收成	有利必得	和氣	先男後女	大吉必成
家運	失物	六畜	築室	移居	墳墓
平安	速尋必在	大吉	居中	大吉	地運有合
出外	行船	凡事	治病	作事	功名
不可	得財	和者得不和失	少不畏老不好	先難後興	二次得進
官事	家事	求兒	求雨	年冬	來人
二次完明了錢	進益完美	吉	月尾即有	允收	速到

屬：水利在冬天，宜其西方。
風水渙：渙者散也。離火五世卦。
評曰：順水行舟之課，大風吹物之象，順風駕帆之意。
斷易大全：漢武帝卜得；乃知李妃還魂也。
三月卦：春平、夏吉、秋不利、冬吉。
四季運：春比劫、夏食傷、秋官煞、冬印。
四季相：春休、夏囚、秋相、冬旺。
飛：辛巳火。　伏：己未土。

56 ䷺ 風水渙（巽上坎下）

渙：亨。王假有廟。利涉大川。利貞。
初六：用拯馬壯吉。
九二：渙奔其機。悔亡。
六三：渙其躬。无悔。
六四：渙其群。元吉。渙有丘。匪夷所思。
九五：渙汗其大號。渙王居。无咎。
上九：渙其血。去逖出。无咎。

棋子圖意：
音信立至。遠出不成。求財得利。卜子添丁。
福壽皆厚。水陸咸亨。所謀別事。如山崢嶸。

卯木	▅▅▅		父母
巳火	▅▅▅	世	兄弟
未土	▅ ▅		子孫 酉妻
午火	▅ ▅		兄弟 亥官
辰土	▅▅▅	應	子孫
寅木	▅ ▅		父母

【朱弁回家】

寓鼇頭紹仁堂編纂

朱弁，字少章，徽州婺源人。少穎悟，讀書日數千言。既冠，入太學，晁說之見其詩，奇之，與歸新鄭，妻以兄女。新鄭介汴、洛間，多故家遺俗，弁遊其中，聞見日廣。靖康之亂，家碎於賊，弁南歸。

建炎初，議遣使問安兩宮，弁奮身自獻，詔補修武郎，借吉州團練使，為通問副使。至雲中，見粘罕，邀說甚切。粘罕不聽，使就館，守之以兵。弁復與書，言用兵講和利害甚悉。

紹興二年，金人忽遣宇文虛中來，言和議可成，當遣一人詣元帥府受書還，虛中欲弁與正使王倫探策決去留，弁曰：「吾來，固自分必死，豈應今日覬幸先歸。願正使受書歸報天子，成兩國之好，蚤申四海之養于兩宮，則吾雖暴骨外國，猶生之年也。」倫將歸，弁請曰：「古之使者有節以為信，今無節有印，印亦信也。願留印，使弁得抱以死，死不腐矣。」倫解以授弁，弁受而懷之，臥起與俱。

金人迫弁仕劉豫，且訹之曰：「此南歸之漸。」弁曰：「豫乃國賊，吾嘗恨不食其肉，又忍北面臣之，吾有死耳。」金人怒，絕其餼遺以困之。弁固拒驛門，忍饑待盡，誓不為屈。金人亦感動，致禮如初。久之，復欲易其官，弁曰：「自古兵交，使在其間，言可從從之，不可從則囚之、殺之，何必易其官？吾官受之本朝，有死而已，誓不易以辱吾君也。」且移書耶律紹文等曰：「上國之威命朝以至，則使人夕以死，夕以至則朝以死。」又以書訣後使洪皓曰：「殺行人非細事，吾曹遭之，命也，要當舍生以全義爾。」乃具酒食，召被掠士夫飲，半酣，語之曰：「吾已得近郊某寺地，一旦畢命報國，諸公幸瘞我其處，題其上曰有宋通問副使朱公之墓，於我幸矣。」眾皆泣下，莫能仰視。弁談笑自若，曰：「此臣子之常，諸君何悲也？」金人知其終不可屈，遂不復強。

王倫還朝，言弁守節不屈，帝為官其子林，賜其家銀帛。會粘罕等相繼死滅，弁密疏其事及金國虛實，曰：「此不可失之時也。」遣李發等間行歸報。其後，倫復歸，又以弁奉送徽宗大行之文為獻，其辭有曰：「歎馬角之未生，魂消雪窖；攀龍髯而莫逮，淚灑冰天。」帝讀之感泣，官其親屬五人，賜吳興田五頃。帝謂丞相張浚曰：「歸日，當以禁林處之。」八年，金使烏陵思謀、石慶充至，稱弁忠節，詔附黃金三十兩以賜。

十三年，和議成，弁得歸。入見便殿，弁謝且曰：「人之所難得者時，而時之運無已；事之不可失者幾，而幾之藏無形。惟無已也，故來遲而難遇；惟無形也，故動微而難見。陛下與金人講和，上返梓宮，次迎太母，又其次則憐赤子之無辜，此皆知時知幾之明驗。然時運而往，或難固執；幾動有變，宜鑒未兆。盟可守，而詭詐之心宜嘿以待之；兵可息，而銷弭之術宜詳以講之。金人以黷武為至德，以苟安為太平，虐民而不恤民，廣地而不廣德，此皆天助中興之勢。若時與幾，陛下既知于始，願圖厥終。」帝納其言，賜金帛甚厚。弁又以金國所得六朝禦容及宣和禦書畫為獻。秦檜惡其言敵情，奏以初補官易宣教郎、直秘閣。有司校其考十七年，應遷數官。檜沮之，僅轉奉議郎。十四年，卒。

弁為文慕陸宣公，援據精博，曲盡事理。詩學李義山，詞氣雍容，不蹈其險怪奇澀之弊。金國名王貴人多遣子弟就學，弁因文字往來說以和好之利。及歸，述北方所見聞忠臣義士朱昭、史抗、張忠輔、高景平、孫益、孫谷、傅偉文、李舟、五台僧寶真、婦人丁氏、晏氏、小校閻進、朱勣等死節事狀，請加褒錄以勸來者。有《聘遊集》四十二卷、《書解》十卷、《曲洧舊聞》三卷、《續骫骳說》一卷，《雜書》一卷、《風月堂詩話》三卷、《新鄭舊詩》一卷、《南歸詩文》一卷。

參考資料：《宋史 列傳第一百三十二 朱弁》。

乙巳籤

乙巳（覆燈火）【出穴之蛇】籤

天上聖母六十聖籤（●●●○○○）

乙巳

龍虎相隨在深山
君爾何須背後看
不知此去相愛誤
他日與我卻無干

龍虎相會

求財	耕作	經商	歲君	六甲	婚姻
無益	無收了工	了錢	不吉	子媳虛	不可
家運	失物	六畜	築室	移居	墳墓
有邪難安	難尋	不可納	且慢也可	不佳	地勢適當
出外	行船	凡事	治病	作事	功名
不可	不美得失	謹慎	運深危險寅辰日過不畏	守己安分	不取
官事	家事	求兒	求雨		來人
不可破財	無有際會	切要不可	尙未自有		未日到

屬：火利在夏天，宜其南方。

地天泰：泰者通也。坤土三世卦。

評曰：天地交泰之課，小往大來之象，麟角有肉之意。

斷易大全：帝堯將禪位時卜得；乃得舜而遜位也。

正月卦：春吉、夏凶、秋凶、冬平。

四季運：春比劫、夏食傷、秋官煞、冬印。

四季相：春相、夏旺、秋囚、冬死。

飛：甲辰土。　伏：乙卯木。

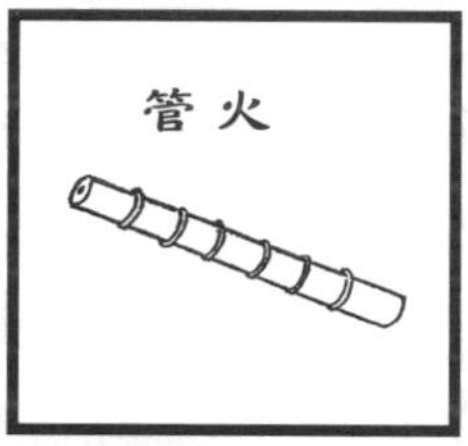

火管圖意：

音信杳杳。旅客無聊。婚姻雲散。懷孕冰消。爭訟力竭。謀利心憔。疾病壽算。如葉動搖。

81 ䷊

地天泰（坤上乾下）

泰：小往大來。吉亨。

初九：拔茅茹。以其彙。征吉。

九二：包荒。用馮河。不遐遺。朋亡。得尙于中行。

九三：無平不陂。无往不復。艱貞无咎。勿恤其孚。于食有福。

六四：翩翩不富以其鄰。不戒以孚。

六五：帝乙歸妹。以祉元吉。

上六：城復于隍。勿用師。自邑告命。貞吝。

酉金	⚋	應	子孫
亥水	⚋		妻財
丑土	⚋		兄弟
辰土	⚊	世	兄弟
寅木	⚊		官鬼　巳父
子水	⚊		妻財

【龍虎相會】

寓巃頭紹仁堂編纂

薛禮正與四個兄弟講究武略，只聽得中軍說大老爺傳，薛禮大家同了中軍來到帳前說：「大老爺在上，薛禮叩頭。不知傳小人到來，有何軍令？」張環說：「薛禮，方才平空坍此地穴，必有異寶在下。你下去探一探，是什麼寶物，拿起來獻上朝廷，也是一件大功，免得罪了。」周青說：「動也動不得的，大哥，你要死沒下去。」仁貴道：「不妨。生死乃命中所判，為兄下去得。」張環傳令手下人，將一隻竹籃繫了一條索子，搖動響鈴，我們就好收你起來。這根索子用了盤車，周青、姜、李四人執定盤車，慢慢墜將下去。彼時張環父子多在穴邊，看守仁貴起來回音。

單講薛禮悠悠放至下面，黑洞洞，就有陰風冒起，寒毛直豎。仁貴暗想：「不好啊！我不聽兄弟們的話，如今性命一定要斷送的了。」心內十分膽怯。摸索著走出竹籃，團團一摸，多是滿的。挨到東首，旁邊有些亮光，鑽進去挨出外邊，好似山洞內鑽出來模樣，又是一個世界了。上有青天雲日，下有地土樹木，回頭一看，出來之所，乃是一座高山洞裡鑽出來的。忽然間雲遮霧擁，好是陰雨天空一般，卻也明亮。兩旁花枝灼灼，松柏青青，好似仙家住所。居中一條磚砌街道，仁貴從此路曲曲彎彎行去。正去之間，聽得後面大叫：「呔！薛仁貴！你回轉頭來看！我與你有海底冤仇，三世未清，今被九天玄女娘娘鎖住，難以脫身。幸喜你來，快快放我投凡，冤仇方與你消清了。」仁貴回頭一看，只見西南上一根擎天大石柱，柱上蟠一條青龍，有九根鏈條鎖著。仁貴走將過來，把九條鏈條裂斷說：「汝去罷！」這條青龍擺尾一嘯，一陣大風望東北角騰空而去，回頭對薛禮看看，把眼一閉，頭一答，竟不見了。

仁貴回身又走，只見前面有座涼亭，走到亭內，有一座灶頭，好不奇異。灶門口又不燒，又沒有火，灶上三架蒸籠，籠頭罩著，雖不燒卻也氣出沖天。薛禮從早上下來地穴，又行了數里，肚中餓了，見了熱騰騰三架蒸籠，想是一定吃得的東西，待我拿開來看。仁貴團團一看，並沒有什麼人影，便將籠頭除下，只見一個麵做的捏成一條龍，盤在裡邊，拿起來團一團，做兩口吃了下去。又撥開底下一蒸，有兩隻老虎，也是麵做的，也拿在手中捏做一團，吞了下肚。又撥開第三架，一看有九條麵做的牛，立在蒸內，也拿起來捏攏了，做四五口吃在腹中，不夠一飽。將蒸原架在灶上，走出亭子，身上暴躁起來，肌膚皮肉紮紮收緊，不覺滿身難過。行不上半里，見一個大池，池水澄清，仁貴暗想：「且下去洗個浴罷。」將白將巾與戰襖脫下來，放在池塘上，然後將身走落池中，洗了一浴起來，滿身爽快，身子覺輕了一輕，連忙穿好衣服，隨大路而走。

忽聽後面有人叫道：「薛仁貴，娘娘有法旨，命你前去，快隨我來。」仁貴回頭一看，見一青衣童子，面如滿月，頂挽雙髻，一路叫來。仁貴道：「請問這裡什麼所在，因何曉得我名字？那個娘娘傳我？」那童子道：「此地乃仙界之處。我奉九天玄女娘娘法旨，說大唐來一員名將，名喚薛仁貴，保駕征東，快領來見我，有旨降他，所以叫你名字。」仁貴聽說，萬分奇異，說：「有這等事？」連忙隨了童子一路行去。影影見一座大殿，只聽鼓樂之聲來至殿前，童子先進內稟過了，然後仁貴走到裡邊，只見一尊女菩薩坐在一個八角蒲墩上，薛禮倒身下拜說：「玄女大聖在上，凡俗薛禮叩頭，未知大聖有何法旨？」娘娘說：「薛仁貴，你乃大唐一家梁棟，只因此去征東，關關有狠將，寨寨有能人，故而我衝開地穴，等你下來。有麵食三架，被你吃下腹內，乃上界仙食。你如今就有一龍二虎九牛之力，本事高強，驍勇不過，不夠三年就可以征服。咳，但是你千不是，萬不是，不該把這條青龍放去。若這龍降了凡，就要攪亂江山，干戈不能寧靜，所以我鎖在石柱上。如今被你放去，他就在東遼作亂，只怕你有一龍二虎九牛之力，也難服得青龍，便怎麼處？」仁貴說：「啊呀，大聖啊！弟子薛禮乃凡間俗子，怎知菩薩處天庭之事？所以放走了青龍。他在東遼作亂，攪擾社稷，今陛下御駕親征，若難平服，弟子之大罪了。望大聖娘娘賜弟子跨海征東，就能平定，恩德無窮。願娘娘聖壽無疆。」那玄女娘娘說：「若要平定東遼，只是如今三年內不能夠的了。除非過了十有餘年，才得回中原，干戈寧靜。我有五件寶物，你拿去就可以平遼。」叫童兒裡邊取出來。那青衣童子連忙進內，取出遞與薛禮。娘娘說：「薛仁貴，此鞭名曰白虎鞭，若遇東遼元帥青臉紅鬚，乃是你放的青龍，正用白虎鞭打他，可以平定得來。這一張震天弓，這五枝穿雲箭，你開兵掛於身畔。這青龍善用九口柳葉飛刀，著了青光就傷性命，你將此弓寶箭射他，就能得破，射了去把手一招，原歸手內。此件名曰水火袍，若逢水火災殃，即穿此袍，能全性命。」仁貴回頭看四椿寶物，霞光遍透。又有一本素書，並無半字在上。就問娘娘：「此書何用？」娘娘說：「此書乃是異寶，名曰〝無字天書〞。此四件呢，別人見得，這天書只可你一人知道，不可被人看見。凡逢患難疑難之事，即排香案拜告，天書上露字跡，就知明白。此五件異寶你拿去，東遼就能平服。不可洩露天機，去罷。」薛禮大悅，拜別玄女娘娘，將天書藏於懷內，手拿弓箭，一手拿了袍鞭，前面青衣童子領路，仁貴離了殿亭，一程走到兩扇石門邊，童子把門開了說：「你出去罷。」將薛禮推出門外，就把石門閉上，前去覆旨。不必去表。

參考資料：小說《說唐後傳 第二十四回 尉遲恭征東為帥 薛仁貴活擒董逵》。

乙未籤

乙未（沙中金）【敬重之羊】籤

天上聖母六十聖籤（●●○●●●）

乙未

花開結子一半枯
可惜今年爾虛度
漸漸日落西山去
勸君不用向前途

奉吟受災

求財	上半年空破財年九月過不畏
耕作	五分平平
經商	不好了錢
歲君	不順
六甲	貴氣
婚姻	不可難成
家運	難安
失物	難尋
六畜	大吉
築室	有災星
移居	不允
墳墓	必遷
出外	不可
行船	謹慎無害
凡事	拖尾難解難拖
治病	月半安月尾死
作事	難成
功名	枉費難得
官事	大了錢不好
家事	恐防短壽
求兒	不可
求雨	朝夕即到
年冬	順好
來人	月底間

屬：金利在秋天，四方皆宜。

雷地豫：豫者悅也。震木一世卦。

評曰：鳳凰生雛之課，雷地出奮之象，行止順時之意。

斷易大全：諸葛孔明討南蠻時卜得；便知必勝也。

五月卦：春平、夏吉、秋吉、冬凶。

四季運：春比劫、夏食傷、秋官煞、冬印。

四季相：春囚、夏死、秋旺、冬休。

飛：乙未土。　伏：庚子水。

䷏ 48 雷地豫（震上坤下）

豫：利建侯行師。

初六：鳴豫。凶。

六二：介于石。不終日。貞吉。

六三：盱豫悔。遲有悔。

九四：由豫。大有得。勿疑。朋盍簪。

六五：貞疾。恆不死。

上六：冥豫。成有渝。无咎。

剪刀

剪刀圖意：

財源不足。疾病離床。訟見重獄。旅滯他鄉。婚姻遇變。家宅遭殃。所謀諸事。難保禎祥。

戌土	--	妻財	
申金	--	官鬼	
午火	—	子孫	應
卯木	--	兄弟	
巳火	--	子孫	
未土	--	妻財 子父	世

【岳飛掠秦檜奉吟受災】

寓鼇頭紹仁堂編篡

話說陳摶老祖駕前，清風、明月二童一日無事，只見那西北角上黑氣漫天，將近東南，好生怕人。清風叫一聲：「師弟，不好了！想是天翻地覆了！」兩個慌慌張張走到雲床前跪下，大叫道：「師父，不好了！快些醒來，要天翻地覆了！」老祖正在夢酣之際，只得起來，一齊走出洞府。抬頭一看，老祖道：「原來是這個畜生，如此兇惡，也難免這一劫！」明月道：「師父，這是什麼因果？望師父指點。」老祖道：「這段因果，只為當今徽宗皇帝元旦郊天，那表章上原寫的是『玉皇大帝』，不道將『玉』字上一點，點在『大』字上去，卻不是『王皇犬帝』了？玉帝看了大怒道：『王皇可恕，犬帝難饒！』遂命赤須龍下界，降生於北地女真國黃龍府內，使他後來侵犯中原，攪亂宋室江山，使萬民受兵革之災，豈不可慘！」二童道：「師父，今日就是這赤須龍下界麼？」老祖道：「非也！此乃我佛如來恐赤須龍無人降伏，故遣大鵬鳥下界，保全宋室江山，以滿一十八帝年數。」此事前話不表。

再說到王能、李直二人，自從那年除夜岳元帥歸天之後，二人身穿孝服，口吃長齋。他說：「朝內官員皆懼秦檜，無處與岳元帥伸冤。陰間神道，正直無私，必有報應。」遂各廟燒香，虔心禱告。如此兩三年，並不見有一些影響。二人又惱又恨，就變了相，逢廟便打，遇神就罵。一日正值八月十八，乃是漲潮之日。那錢塘觀潮，當時王、李二人出了候潮門，來至江邊。誰知這日潮不起汛，乃是暗漲，只得沿江走走。走到一座神廟，上面寫著「潮神廟」三字。李直道：「我和你各廟神道都已求過，只有這潮神不曾拜過，何不與兄進去拜求拜求？」遂一同走進店來。細看牌位，那潮神卻就是伍子胥老爺。王能道：「別的神道，未受奸臣之害，你卻被伯嚭讒害而死。後來伯嚭過江，你卻立馬顯聖，自己也要報仇。難道岳爺為國為民，反被奸臣所害，你既為神，豈無靈感？難道岳家不應報仇的麼？」二人拿起磚頭石塊，將伍子胥老爺的神像並兩邊從人等盡皆打壞。二人道：「打得快活！這番稍出吾二人胸中之氣！」兩個遂出了廟門，一路行來，不覺腹中飢餓。只見臨河一座酒樓，二人走至店中，王能道：「有好酒好餚，只管取來，一總算錢還你。」兩個吃一回，哭一回，直吃到天晚。小二道：「可不晦氣！撞著這兩個癡子，這時候還不回去，哭哭笑笑的！」便上樓來問道：「二位相公，還是在城外住呢，還是要進城去的？」二人才想著是要進城的，隨即下樓，取出一錠銀子丟下，出了店門，趕至候潮門，城門早已關了。王能對著李直道：「城門已閉，不能回家。不如過了萬松嶺，到棲霞嶺下岳元帥墳上，去過了一夜罷。」兩個乘著酒興，一路來到岳墳，倒在草邊睡去了。

那王能、李直正在睡夢之中，聽得一聲：「岳飛接旨！」二人忙走前觀看，但見岳王父子等跪著迎接。伍王手捧玉旨開讀。大略云：金闕玄穹高上玉皇帝君詔曰：賞善鋤奸，乃天曹之法；陽施陰報，實地獄之常刑。茲據伍員所奏：宋相秦檜，陰通金虜，專權誤國。其妻王氏，私淫兀朮，奸詐助虐。

寺丞萬俟卨、羅汝楫求榮附惡，殘害忠良。咨爾岳飛，勤勞王事，能孝能忠，一門四德已全，誠為可嘉！許爾等陰魂，各尋覓主，顯靈預報。待其陽壽終時，再行勘問，著地獄官擬罪施行。王、李二生，誹謗神明，拆毀神像，本應處分；但念其忠義可嘉，姑置不究。欽哉！

岳王父子等謝恩畢，伍王即將「無拘霄漢牌」交與岳爺，辭別而去。那王、李二人驀然驚醒，想道：「方纔神道所言之事，我和你進城去打聽。若是岳爺果然在奸臣家中顯聖，便擇日重修伍王廟宇，再塑金身。」二人挨到天明，回城打聽，不表。

再說秦檜自從害了岳爺之後，心下想道：「岳飛雖除，還有韓世忠、張信、劉琦、吳璘、吳玠等，皆是一黨。若不早除，必有後患。」這一日，獨自一個坐在萬花樓上寫本，欲起大獄，害盡忠良。這一本非同小可！正寫之間，岳爺陰魂，同了王橫、張保正到萬花樓上，見秦檜寫這本章，十分大怒，將秦檜一錘打倒，大罵：「奸賊！罪惡貫盈，死期已近，尚敢謀害忠良！」秦檜看見岳爺，大叫一聲：「饒命呀！」岳爺吩咐張保：「在此吵鬧！我往萬俟卨、羅汝楫、張俊家去顯聖。」岳爺往各奸臣家，嚇得那些奸臣人人許願，個個求神，不表。

再說王氏聽得丈夫在萬花樓上叫喊，忙叫丫環上樓去看。那些丫環走上樓來，被張保盡皆打下，頭腦跌破，大叫：「樓上有鬼！」夫人叫何立往樓上觀看。何立走上樓來，張保就閃開了。何立見太師跌倒，昏迷不醒，只叫：「岳爺饒命！」何立驚慌，跪下求道：「岳爺！饒了小人的主人罷！明日在靈隱寺修齋拜懺，超度爺爺罷！」張保又往別處去了。秦檜醒轉，何立扶下樓來。王氏見了，問道：「相公何故叫喊？」秦檜道：「我方才在樓上寫本，被岳飛打了一錘，所以如此。」何立道：「小人上樓，見太師跌倒在地，小人許了靈隱寺修齋，太師方才醒轉。」秦檜就叫何立拿二百兩銀子，往靈隱寺修齋拜懺，道：「明日我與夫人到寺拈香。」何立領命而去。

那王能、李直聞知此事，又打聽得各奸臣家家許願，個個驚慌！二人十分歡喜，擇日與伍老爺修整廟宇，裝塑神像。

參考資料：小說《說岳全傳　第六十九回　打擂台同祭岳王墳　憤冤情哭訴潮神廟》。

乙酉籤

乙酉（泉中水）【唱午之雞】籤

天上聖母六十聖籤（●●○●○●）

乙酉

靈雞漸漸見分明
凡事且看子丑寅
雲開月出照天下
郎君即便見太平

高逑楊戩當權

求財	耕作	經商	歲君	六甲	婚姻
漸漸有收	平平半收	不到	順吉	先男貴氣	終成
家運	失物	六畜	築室	移居	墳墓
漸漸得居春風	子丑寅日尋在	可吉	好	平安	平安
出外	行船	凡事	治病	作事	功名
子丑寅日可行	不可	作不知了錢安	大命不好	子丑寅日抽成	苦了工八月好
官事	家事	求兒	求雨		來人
有人和吉三月完局	平好	不可	近有		近日好

屬：水利在冬天，宜其北方。
雷水解：解者散也。震木二世卦。
評曰：因人出獄之課，涉川未乾之象，雷雨緩散之意。
斷易大全：項羽受困垓下時卜得；後果士卒潰散也。
十二月卦：春平、夏吉、秋凶、冬不利。
四季運：春比劫、夏食傷、秋官煞、冬印。
四季相：春休、夏囚、秋相、冬旺。
飛：戊辰土。　伏：庚寅木。

皮鼓

皮鼓圖意：

求財頗有。貿易平常。病保康健。孕產兒郎。爭訟必吉。聯婚則昌。若逢歲暮。氣吐眉揚。

46 ䷧ **雷水解**（震上坎下）

解：利西南。无所往。其來復吉。有攸往。夙吉。

初六：无咎。
九二：田獲三狐。得黃矢。貞吉。
六三：負且乘。致寇至。貞吝。
九四：解而拇。朋至斯孚。
六五：君子維有解。吉。有孚于小人。
上六：公用射隼于高墉之上。獲之无不利。

戌土	--		妻財
申金	--	應	官鬼
午火	—		子孫
午火	--		子孫
辰土	—	世	妻財
寅木	--		兄弟 子父

【高俅楊戩當權】

寓鼇頭紹仁堂編纂

話說宋江征大遼多年，今日衣錦還鄉，還至東京，與眾弟兄相會，令其各人收拾行裝，前往任所。至今徽宗天子，至聖至明，不期致被奸臣當道，讒佞專權，屈害忠良，深可憫念。當此之時，卻是蔡京、童貫、高俅、楊戩四個賊臣，變亂天下，壞國、壞家、壞民。當有殿帥府太尉高俅、楊戩，因見天子重禮厚賜宋江等這夥將校，心內好生不然。兩個自來商議道：「這宋江、盧俊義皆是我等仇人，今日倒吃他做了有功之臣，受朝廷這等恩賜，卻教他上馬管軍，下馬管民。我等省院官僚，如何不惹人恥笑？自古道：『恨小非君子，無毒不丈夫！』」楊戩道：「我有一計，先對付了盧俊義，便是絕了宋江一隻臂膊。這人十分英勇，若先對付了宋江，他若得知，必變了事，倒惹出一場不好。」高俅道：「願聞你的妙計如何。」楊戩道：「排出幾個廬州軍漢，來省院首告盧安撫，招軍買馬，積草屯糧，意在造反，便與他申呈去太師府啟奏，和這蔡太師都瞞了。等太師奏過天子，請旨定奪，卻令人賺他來京師。待上皇賜御食與他，於內下了些水銀，卻墜了那人腰腎，做用不得，便成不得大事。再差天使卻賜御酒與宋江吃，酒裡也與他下了慢藥，只消半月之間，以定沒救。」高俅道：「此計大妙！」

兩個賊臣計議定了，著心腹人尋覓兩個廬州土人，叫他去樞密院首告盧安撫，在廬州即日招軍買馬，積草屯糧，意欲造反，使人常往楚州，結連安撫宋江，通情起義。樞密院卻是童貫，亦與宋江等有仇，當即收了原告狀子，逕呈來太師府啟奏。蔡京見了申文，便會官計議。此時高俅、楊戩俱各在彼，四個奸臣，定了計策，引領原告人，入內啟奏天子。上皇曰：「朕想宋江、盧俊義征討四方虜寇，掌握十萬兵權，尚且不生歹念。今已去邪歸正，焉肯背反？寡人不曾虧負他，如何敢叛逆朝廷？其中有詐，未審虛的，難以准信。」當有高俅、楊戩在旁奏道：「聖上道理雖然，人心難忖。想必是盧俊義嫌官卑職小，復懷反意，不幸被人知覺。」上皇曰：「可喚來寡人親問，自取實招。」蔡京、童貫又奏道：「盧俊義是一猛獸未保其心。倘若驚動了他，必致走透，深為未便，今後難以收捕。只可賺來京師，陛下親賜御膳御酒，將聖言撫諭之，窺其虛實動靜。若無，不必究問，亦顯陛下不負功臣之念。」上皇准奏，隨即差一使命逕往廬州，宣取盧俊義還朝，有委用的事。盧俊義聽了聖旨，便同使命同至東京東華門外，伺候早朝。時有太師蔡京、樞密院童貫、太尉高俅、楊戩，引盧俊義於偏殿，朝見上皇。天子道：「寡人欲見卿一面。廬州可容身否？」盧俊義再拜奏道：「托賴聖上洪福齊天。」上皇又問了些閒話，俄延至午，尚膳廚官奏道：「進呈御膳在此，未敢擅便，乞取聖旨。」此時高俅、楊戩已把水銀暗地著放在裡面，供呈在御案上。天子當面將膳賜與盧俊義。盧俊義拜受而食。上皇撫諭道：「卿去廬州，務要盡心，安養軍士，勿生非意。」盧俊義頓首謝恩，出朝回還廬州。高俅、楊戩相謂曰：「此後大事定矣！」再說盧俊義是夜便回廬州來，覺道腰腎疼痛，動舉不得，不能乘馬，坐船回來。行至泗州淮河，天數將盡，自然生出事來。其夜因醉，要立在船頭上消遣，不想水銀墜下腰胯並骨髓裡去，冊立不牢，亦且酒後失腳，落於淮河深處而死。從人打撈起首，具棺譎殯於泗州高原深處。

且說蔡京、童貫、高俅、楊戩四個賊臣，知盧俊義已死，只恐宋江心內設疑，別生他事。同見上皇曰：「乞陛下聖鑒，可差天使，御酒往楚州賞賜，以安其心。」上皇沈吟良久，欲道不准，未知其心，意欲准行，誠恐有弊。上皇無奈，終被奸臣讒佞所惑，片口張舌，花言巧語，緩裡取事，無不納受。遂降御酒二樽，差天使一人，往楚州，限目下便行。眼見得這使臣亦是高俅、楊戩二賊手下心腹之輩，天數只注宋公明合當命盡，不期被這奸臣們將御酒內放了慢藥在裡面，卻教天使擎了，逕往楚州來。當宋公明自從到楚州為安撫，到任之後，惜軍愛民，訟庭肅然，六事俱備。時是宣和六年首夏初旬，忽聽得朝廷降賜御酒到來，與眾出郭迎接。入到公廨，開讀聖旨已罷，天使捧過御酒，教宋安撫飲畢。宋江亦將御酒回勸天使，天使推稱自來不會飲酒。御酒宴罷，天使回京。宋江備禮，饋送天使，天使不受而去。宋江自飲御酒之後，覺道肚腹疼痛，心中疑慮，想被下藥在酒裡。宋江已知中了奸計，必是賊臣們下了藥酒，乃歎曰：「今日天子輕聽讒佞，賜我藥酒，得罪何辜。我死不爭，只有李逵現在潤州都統制，他若聞知朝廷行此奸弊，必然再去哨聚山林，把我等一世清名忠義之事壞了。只除是如此行方可。」連夜使人往潤州喚取李逵星夜到楚州，別有商議。且說李逵自到潤州，只是心中悶倦，與眾終日飲酒，只愛貪杯。聽得宋江差人到來有請，李逵便同干人下了船，直到楚州，逕入州治，拜見宋江罷。李逵道：「哥哥，甚麼大事？」宋江道：「你且飲酒！」宋江請進後廳，現成杯盤，隨即管待李逵，吃了半晌酒食。將至半酣，原來那接風酒內，已下了慢藥。李逵道：「哥哥幾時起義兵，我那裡也起軍來接應。」宋江道：「兄弟，你休怪我！前日朝廷差天使，賜藥酒與我服了，死在旦夕。我為人一世，只主張『忠義』二字，不肯半點欺心。今日朝廷賜死無辜，寧可朝廷負我，我忠心不負朝廷。我死之後，恐怕你造反，壞了我梁山泊替天行道忠義之名。因此，請將你來，相見一面。昨日酒中，已與了你慢藥服了，回至潤州必死。你死之後，可來此處楚州南門外，有個蓼兒，風景盡與梁山泊無異，和你陰魂相聚。我死之後，屍首定葬於此處，我已看定了也！」

參考資料：小說《水滸傳 第一百二十回 宋公明神聚蓼兒 徽宗帝夢遊梁山泊》。

乙亥（山頭火）【過往之豬】籤

天上聖母六十聖籤（●●○●○○）

乙亥

長江風浪漸漸靜
于今得進可安寧
必有貴人相扶助
凶事脫出見太平

桃花女流勿太歲

求財	好運得意	耕作	平平	經商	大吉	歲君	破財月不吉	六甲	生男高貴	婚姻	可合成者吉
家運	漸漸平安	失物	急得在遲難尋	六畜	可納	築室	慢即可	移居	平正	墳墓	地勢有合
出外	有貴一人	行船	大吉	凡事	月光好	治病	月光好老不痊	作事	進行有利	功名	難得
官事	了錢求貴人	家事	光耀門閭	求兒	吉	求雨	遠	年冬	平平	來人	近日好

屬：火利在夏天，宜其南方。

雷澤歸妹：歸妹者未吉也。兌金歸魂卦。

評曰：浮雲蔽日之課，少女追男之象，顛倒齟齬之意。

斷易大全：舜娶堯二位女兒時卜得；乃知卑幼不寧也。

七月卦：春凶、夏吉、秋凶、冬吉。

四季運：春比劫、夏食傷、秋官煞、冬印。

四季相：春相、夏旺、秋囚、冬死。

飛：丁丑土。　伏：丙申金。

42 ䷵ 雷澤歸妹（震上兌下）

歸妹：征凶。无攸利。

初九：歸妹以娣。跛能覆。征吉。

九二：眇能視。利幽人之貞。

六三：歸妹以須。反歸以娣。

九四：歸妹衍期。遲歸有時。

六五：帝乙歸妹。其君之袂不如其娣之袂良。月幾望。吉。

上六：女承筐无實。士刲羊无血。无攸利。

鐵錨圖意：

失物復返。財利汪洋。商賈有益。疾病無傷。婚雖得吉。訟則將凶。六畜興旺。遠客回鄉。

戌土	‒ ‒	應	父母
申金	‒ ‒		兄弟
午火	——		官鬼 亥子
丑土	‒ ‒	世	父母
卯木	——		妻財
巳火	——		官鬼

【桃花女流勿太歲】

寓龍頭紹仁堂編篡

商朝一家諸侯，姓周名卿，官拜上大夫之職，娶妻風氏。於五十歲上始生一子，起了名，喚叫周乾。及至七歲時，從天降下一個異人，賜他一部天書，便能知過去未來、請神召仙、駕霧騰雲之事。到了三十歲之上，周大夫妻亡故，周乾襲了父職，天下人都叫他做周公，因見商王無道，屢屢上諫表，致使心中悶悶不樂，修好了告退的本章，商王正厭他直諫，就准了他的本章。

那周公清閒了十來日，便叫過了一個老宰臣來吩咐。這老宰臣姓錢名彭剪。周公道：「今欲開一卜肆，指點愚人，使彼等不敢為匪作歹的意思。」周公就叫取了一片大竹板來，親提筆在手，寫了「卦理通神」四個字，左邊寫行小字道：「預定生死吉凶」，右邊寫行小字道：「卦資銀一兩，傳命代步銀三分」。又取一塊大竹板寫道：「若有問卜者，清晨到此，指點吉凶。每日限占十卦，過午不占。如不靈應，受罰銀十兩三錢！」。

這朝歌城裡有一個石寡婦，丈夫早年死了，止有一子，名喚石宗輔。因家道貧寒，積下了幾兩銀子，叫兒子到孟津去做些買賣。隨行之時，母子們約定，三個月之內回來。誰知一去半年，並無音信。石婆子每日思兒想子，終日倚門盼望，日復一日，並無些影兒，便去求神問卜，終是虛文，心中煩悶不過。便往周公卜肆而來。周公隨取卦筒晃了兩晃，起成一卦，把子午卯酉推算了一回，望著石婆子歎氣道：「孤若此不明言，豈不叫你白白盼望？你兒子今夜三更，就要命盡無常了！」

再講桃花小姐自五歲遇著一個化齋的道士，給他三卷天書、一丸丹藥食了，他就認得字了。每夜夢中，那道士又來叫他參解，又得仙術，不消一年，把三卷天書就念會了心中。此時見兩位爹娘伴著隔壁住的石婆子在那裡啼哭，心中也見詫異，任太太道：「女兒，你有所不知。只因石大娘的令郎在外經商，一去半年不回，石大娘往周國公那裡起卦，看看幾時回歸。不想公爺推詳爻理，決定他今夜三更必死，沒得解救的。」桃花小姐歎了一口氣道：「只當做什麼大事，原來為此！」便對石婆子道：「大娘不必苦切，那周國公也未必有這樣妙算神明。你且把哥哥的八字說來，奴也會算，看著命中果有救沒有救的？」石婆子只得把他兒子的八字，對桃花小姐說知。桃花小姐即伸出玉指尖尖掐一掐，不住的點頭道：「好個周國公！算的一些不錯，怪不得朝歌城裡人人敬服。果然今夜三更，定被破窯壓死。此乃白虎當頭，喪門守命，年頭、月令俱不利，決死無疑。按方向推來，只在城南十五里之遙，有一座破窯，明日在那裡就有他的屍骸了。」任太公對桃花女道：「我兒，你果有能力救得他時，就救他一救。」桃花道：「救是有道有一法必救得，只是不可在外面說出奴的名字來，切不可說我救你的兒子，叫周國公知道。倘若他知道了，豈肯與奴干休？一定來找奴，只恐兩下裡結成冤仇，豈不是大娘你恩將仇報了？奴卻也有一種仙法，能起死回生，破他的八卦。若不信法力，萬萬救不得他了！也不用別的，必須去買一張太歲星君的紙馬，一張火德星君的紙馬來，供在房內，點臘燭二枝，放在房中。只要擺一碗淨水與一個雞子，放桌子底下；要反扣一個篩箕，底下要添點一盞燈，名曰添壽燈，千萬不可吹滅。倘若吹滅了，你令郎就無救了。只看今夜風雨仍作仍止。倘止了，那天依然清朗，到時候可尋了一隻舊鞋、一件舊衣折裡，用一面鏡子壓在上面，放水碗中，旁邊又要你手拿著舊鞋坐在房中，必要走出大門外，把鞋打著門域，打一下，叫一句你令郎名字回來。一個更鼓叫一遍，若叫過三更，你老人家只管放心去睡。明日清晨，保你令郎回家，母子相見了。」

再說石婆子聽了桃花女之言，冒著雨自去買了兩張星君的紙馬，回至家中。現有生雞子，取過一隻。看看天色昏黑，不久雨就漸漸晴了，又一刻，果然天色晴明瞭，即便掩面大哭起來，越哭越傷心，真個大哭呼喊。直至初更，方才住口。又拿了石宗輔的鞋子，走到大門外，在中央就是一下。連連之聲，呼叫一句：「石宗輔，我的孩兒！你快快回來，我望切你得緊也！想來父母在，為人子者不當遠遊，以免我倚門之望。切切也！」石婆子依著桃花女教法的言詞，一直哭到四更時分，石婆子住了哭，住了呼叫，回進內堂，打算安枕。又且暫捺一邊。

再說石宗輔獨自一人歇在破窯，耳邊聽得母親的聲音，即出外來尋找。他正出了窯門，只聽腦後響聲，猶如天崩地塌一般。忙回頭一看，只見那一間破窯，已倒將下來。定了半晌神，方轉嗟歎了一番，又言：「這間破窯因日久年深，今又遇著這場破塊大雨，是濕透了。四面牆壁如何站得住？」實前生造定石宗輔今晚這時候該在這破窯壓死，偏偏就有個桃花女教了石寡婦這個解法，致石宗輔才能脫了這一場大災難。雖是桃花女的道法通神，也幸虧石宗輔是個孝子，方才有這一段因果。

參考資料：小說《桃花女陰陽鬪傳》。

丙子（澗下水）【田內之鼠】籤

天上聖母六十聖籤（●●○○○○）

丙子

命內正逢羅孛關
用盡心機總未休
作福問神難得過
恰是行舟上高灘

三藏被火孩兒燒

求財	耕作	經商	歲君	六甲	婚姻
犯活鬼下年無	小收不利	失運	淡淡	生男貴氣	難成有貴人成
家運	失物	六畜	築室	移居	墳墓
安可	未日在托日尋有	不吉	不可築室	有犯災星	地勢不吉
出外	行船	凡事	治病	作事	功名
不可	不順失利	速結拖了錢	犯必死未不畏	先難後興	費工望後得進
官事	家事	求兒	求雨		來人
拖尾平安	門庭起風波	不吉	近有無		難望

屬：水利在冬天，宜其北方。
雷天大壯：大壯者志也。坤土四世卦。
評曰：羝羊觸藩之課，先曲後順之象，猛虎生角之意。
斷易大全：唐玄宗避祿山亂時卜得；乃知不久亨通也。
二月卦：春凶、夏平、秋平、冬亡。
四季運：春印、夏比劫、秋財、冬官煞。
四季相：春休、夏囚、秋相、冬旺。
飛：庚午金。　伏：癸丑土。

41 ☳☰

雷天大壯（震上乾下）

大壯：利貞。
初九：壯于趾。征凶。有孚。
九二：貞吉。
九三：小人用壯。君子用罔。貞厲。羝羊觸藩。羸其角。
九四：貞吉。悔亡。藩決不羸。壯于大輿之輹。
六五：喪羊于易。无悔。
上六：羝羊觸藩。不能退。不能遂。无攸利。艱則吉。

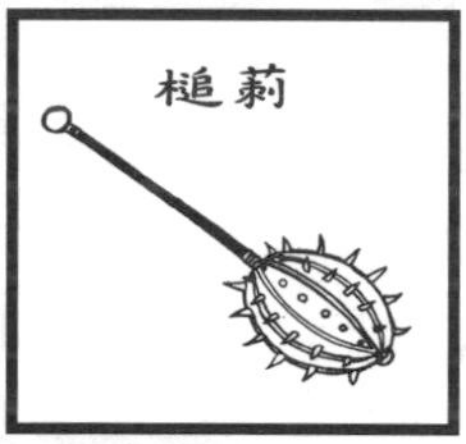

莿槌圖意：

訟逢有損。商嘆奔波。病曰沉重。財時消磨。音信未達。婚姻不和。行人遠出。難覓枝柯。

戌土	▅▅ ▅▅		兄弟
申金	▅▅ ▅▅		子孫
午火	▅▅▅▅▅	世	父母
辰土	▅▅▅▅▅		兄弟
寅木	▅▅▅▅▅		官鬼
子水	▅▅▅▅▅	應	妻財

寓龍頭紹仁堂編篡

【三藏被火孩兒燒】

好大聖，縱觔斗雲，逕投南海。在那半空裡，那消半個時辰，望見普陀山景。須臾，按下雲頭，直至落伽崖上。端肅正行，只見二十四路諸天迎著道：「大聖，那裡去？」行者作禮畢，道：「要見菩薩。」諸天道：「少停，容通報。」時有鬼子母諸天來潮音洞外報道：「菩薩得知：孫悟空特來參見。」菩薩聞報，即命進去。大聖斂衣皈命，捉定步，逕入裡邊，見菩薩倒身下拜。菩薩道：「悟空，你不領金蟬子西方求經去，卻來此何干？」行者道：「上告菩薩：弟子保護唐僧前行，至一方，乃號山枯松澗火雲洞。有一個紅孩兒妖精，喚作聖嬰大王，把我師父攝去。是弟子與豬悟能等尋至門前，與他交戰。他放出三昧火來，我等不能取勝，救不出師父。急上東洋大海，請到四海龍王，施雨水，又不能勝火，把弟子都熏壞了，幾乎喪了殘生。」菩薩道：「既他是三昧火，神通廣大，怎麼去請龍王，不來請我？」行者道：「本欲來的，只是弟子被煙熏了，不能駕雲，卻教豬八戒來請菩薩。」菩薩道：「悟能不曾來呀！」行者道：「正是。未曾到得寶山，被那妖精假變做菩薩模樣，把豬八戒又賺入洞中，現吊在一個皮袋裡，也要蒸吃哩。」

菩薩聽說，心中大怒道：「那潑妖敢變我的模樣？」恨了一聲，將手中寶珠、淨瓶往海心裡撲的一摜，只見那海當中翻波跳浪，鑽出個瓶來。如今是淨瓶拋下海去，這一時間，轉過了三江五湖、八海四瀆、溪源潭洞之間，共借了一海水在裡面。菩薩坐定道：「悟空，我這瓶中甘露水漿，比那龍王的私雨不同，能滅那妖精的三昧火。待要與你拿了去，你卻拿不動；待要著善財龍女與你同去，你卻又不是好心，你見我這龍女貌美，淨瓶又是個寶物，你假若騙了去，卻那有功夫又來尋你？我也不要你的衣服、鐵棒、金箍，只將你那腦後救命的毫毛拔一根與我作當罷。」行者道：「這毫毛也是你老人家與我的。但恐拔下一根，就拆破散了，又不能救我性命。」菩薩罵道：「你這猴子！你便一毛也不拔，教我這善財也難捨。」行者笑道：「菩薩，你卻也多疑。正是『不看僧面看佛面』。千萬救我師父一難罷。」

孫大聖十分歡喜，請觀音出了潮音仙洞。那菩薩吩咐既眾諸天各守仙境，著善財龍女閉了洞門。他卻縱祥雲，稍離普陀巖，到那邊叫：「惠岸何在？」菩薩道：「你快上界去，見你父王，問他借天罡刀來一用。」惠岸道：「師父用著幾何？」菩薩道：「全副都要。」惠岸領命，即駕雲頭，逕入南天門裡，到雲樓宮殿，見父王下拜。木吒道：「師父著兒拜上父王，將天罡刀借了一用。」天王即喚哪吒將刀取三十六把，遞與木吒。木吒忙忙按落祥光，逕至南海，將刀捧與菩薩。菩薩接在手中，拋將去，念個咒語，只見那刀化作一座千葉蓮台。菩薩縱身上去，端坐在中間，駕著雲頭，離了海上。白鸚哥展翅前飛，孫大聖與惠岸隨後。

頃刻間，早見一座山頭。行者道：「這山就是號山了。從此處到那妖精門首，約莫有四百餘里。」菩薩聞言，即命住下祥雲，在那山頭上唸一聲「唵」字咒語。只見那山左山右，走出許多神鬼，卻乃是本山土地眾神，都到菩薩寶蓮座下磕頭。菩薩道：「我今來擒此魔王，你與我把這團圍打掃乾淨，要三百里遠近地方，不許一個生靈在地。將那窩中小獸，窟內雛蟲，都送在巔峰之上安生。」眾神遵依而退。須臾間，又來回復。菩薩道：「既然乾淨，俱各回祠。」遂把淨瓶扳倒，喇喇傾出水來，就如雷響。菩薩叫：「悟空，伸手過來。」行者即忙斂袖，將左手伸出。菩薩拔楊柳枝，蘸甘露，把手心裡寫一個「迷」字。教他：「捏著拳頭，快去與那妖精索戰，許敗不許勝。敗將來我這跟前，我自有法力收他。」

行者領命，逕來至洞口。一隻手使拳，一隻手使棒，高叫道：「我兒，你趕老子出門，你該個什麼罪名？」那妖王羞怒，綽長槍，劈胸便刺；這行者，舉鐵棒，架隔相還。一番搭上手，鬥經四五個回合，行者捏著拳頭，拖著棒，敗將下來。那妖王舉槍又趕，行者拖了棒，放了拳頭。那妖王著了迷亂，只情追趕。前走的如流星過度，後走的如弩箭離弦。不一時，望見那菩薩了。行者道：「妖精，我怕你了，你饒我罷。你如今趕至南海觀音菩薩處，怎麼還不回去？」那妖王不信，咬著牙，只管趕來。行者將身一幌，藏在那菩薩的神光影裡。這妖精見沒了行者。走近前，睜圓眼，對菩薩道：「你是孫行者請來的救兵麼？」菩薩不答應。妖王捻轉長槍，望菩薩劈心刺一槍來。那菩薩化道金光，逕走上九霄空內。此時行者與木吒俱在空中，並肩同看。只見那妖呵呵冷笑道：「潑猴頭，錯認了我也。他不知幾番家戰我不過，又去請個什麼膿包菩薩來，卻被我一槍，搠得無形無影去了，又把個寶蓮台兒丟了。且等我上去坐坐。」好妖精，他也學菩薩，盤手盤腳的坐在當中。行者看見道：「好好好，蓮花台兒好送人了。」菩薩道：「正要他坐哩。」行者道：「他的身軀小巧，比你還坐得穩當。」菩薩叫：「莫言語，且看法力。」

他將楊柳枝往下指定，叫一聲：「退！」只見那蓮台花彩俱無，祥光盡散，原來那妖王坐在刀尖之上。即命木吒：「使降妖杵，把刀柄兒打打去來。」那木吒按下雲頭，將降魔杵如築牆一般，築了有千百餘下。那妖精穿通兩腿刀尖出，血注成汪皮肉開。好怪物，你看他咬著牙，忍著痛，且丟了長槍，用手將刀亂拔。菩薩見了，喚上木吒：「且莫傷他生命。」卻又把楊柳枝垂下，念聲「唵」字咒語，那天罡刀都變做倒須鉤兒，狼牙一般，莫能褪得。那妖精這才慌了，扳著刀尖，痛聲苦告道：「菩薩，我弟子有眼無珠，不識你廣大法力。千乞垂慈，饒我性命，再不敢恃惡，願入法門戒行也。」菩薩聞言，卻與二行者、白鸚哥低下金光，到了妖精面前，問道：「你可受吾戒行麼？」妖王點頭滴淚道：「若饒性命，願受戒行。」菩薩道：「你可入我門麼？」妖王道：「果饒性命，願入法門。」菩薩道：「既如此，我與你摩頂受戒。」就袖中取出一把金剃頭刀兒，近前去，把那怪分頂剃了幾刀，剃作一個太山壓頂，與他留下三個頂搭，挽起三個窩角揪兒。菩薩道：「你今既受我戒，我卻也不慢你，稱你做善財童子，如何？」那妖點頭受持，只望饒命。菩薩卻用手一指，叫聲：「退！」撞的一聲，天罡刀都脫落塵埃，那童子身軀不損。

菩薩叫：「惠岸，你將刀送上天宮，還你父王，莫來接我，先到普陀巖會眾諸天等候。」那木吒領命，送刀上界，回海不題。

卻說那童子野性不定，見那腿疼處不疼，臀破處不破，頭挽了三個揪兒，他走去綽起長槍，望菩薩道：「那裡有甚真法力降我？原來是個掩樣術法兒。不受甚戒，看槍！」望菩薩劈臉刺來。菩薩卻又袖中取出一個金箍兒來道：「這寶貝原是我佛如來賜我往東土尋取經人的金、緊、禁三個箍兒。緊箍兒先與你戴了；禁箍兒收了守山大神；這個金箍兒未曾捨得與人，今觀此怪無禮，與他罷。」好菩薩，將箍兒迎風一幌，叫聲：「變！」即變作五個箍兒，望童子身上拋了去，喝聲：「著！」一個套在他頭頂上，兩個套在他左右手上，兩個套在他左右腳上。菩薩道：「悟空，走開些，等我唸唸金箍兒咒。」行者緊隨左右，聽他唸咒。菩薩捻著訣，默默的念了幾遍，那妖精搓耳揉腮，攢蹄打滾。念了幾遍，卻才住口，那妖精就不疼了。又正性起身看處，頸項裡與手足上都是金箍，勒得疼痛，便就除那箍兒時，莫想褪得動分毫。這寶貝於此是見肉生根，越抹越痛。那菩薩將楊柳枝兒蘸了一點甘露，灑將去，叫聲：

「合！」只見他丟了槍，一雙手合掌當胸，再也不能開放。至今留了一個觀音扭，即此意也。那童子開不得手，拿不得槍，方知是法力深微，沒奈何，才納頭下拜。

菩薩念動真言，把淨瓶敧倒，將那一海水依然收去，更無半點存留。對行者道：「悟空，這妖精已是降了，卻只是野心不定。等我教他一步一拜，只拜到落伽山，方才收法。你如今快早去洞中，救你師父去來。」那妖精早歸了正果，五十三參，參拜觀音。

且不題菩薩收了童子。三人逕至後邊，只見師父赤條條，捆在院中哭哩。沙僧連忙解繩，行者即取衣服穿上。三人跪在面前道：「師父吃苦了。」三藏謝道：「賢徒呵，多累你等。怎生降得妖魔也？」行者又將請菩薩，收童子之言，備陳一遍。三藏聽得，即忙跪下，朝南禮拜。行者道：「不消謝他，轉是我們與他作福，收了一個童子。」如今說童子拜觀音，五十三參，參參見佛，即此是也。

師徒們出洞來，攀鞍上馬，找大路，篤志投西。行經一個多月，忽聽得水聲振耳。三藏大驚道：「徒弟呀，又是那裡水聲？」行者笑道：「你這老師父忒也多疑，做不得和尚。我們一同四眾，偏你聽見什麼水聲。你把那《多心經》又忘了也？」唐僧道：「《多心經》乃浮屠山烏巢禪師口授，共五十四句，二百七十個字。我當時耳傳，至今常念，你知我忘了那句兒？」行者道：「老師父，你忘了『無眼耳鼻舌身意』。我等出家之人，眼不視色，耳不聽聲，鼻不嗅香，舌不嘗味，身不知寒暑，意不存妄想：如此謂之袪褪六賊。你如今為求經，唸唸在意；怕妖魔，不肯捨身；要齋吃，動舌；喜香甜，觸鼻；聞聲音，驚耳；睹事物，凝眸；招來這六賊紛紛，怎生得西天見佛？這師父原來只是思鄉難息。若要那三三行滿，有何難哉？常言道：『功到自然成』哩。」八戒回頭道：「哥呵，若照依這般魔障凶高，就走上一千年也不得成功。」沙僧道：「二哥，你和我一般，拙口鈍腮，不要惹大哥熱擦。且只捱肩磨擔，終須有日成功也。」

參考資料：小說《西遊記 第四十二回 大聖慇懃拜南海 觀音慈善縛紅孩》。

丙寅（爐中火）【山林之虎】籤

天上聖母六十聖籤（○●●●○○）

丙寅

財中漸漸見分明
花開花謝結子成
寬心且看月中桂
郎君即便見太平

曹公賜雲長馬袍贈金銀

求財	耕作	經商	歲君	六甲	婚姻
月光進漸暗少	早晚有收成	漸得	中和	先男後女富貴	成好
家運	失物	六畜	築室	移居	墳墓
平安	西方尋	大吉	子孫發其昌	吉	得其地後大吉
出外	行船	凡事	治病	作事	功名
不可	月圓過大吉	大吉	險月光過不畏	決意成功	可喜
官事	家事	求兒	求雨		來人
破財後完明	吉	平正	月半無月尾有		月尾到

屬：火利在夏天，宜其南方。

山澤損：損者益也。艮土三世卦。

評曰：鑿地見水之課，貴賤正位之象，奢損孚存之意。

斷易大全：薛仁貴將收燕時卜得；大破燕軍也。

七月卦：春平、夏吉、秋吉、冬平。

四季運：春印、夏比劫、秋財、冬官煞。

四季相：春相、夏旺、秋囚、冬死。

飛：丁丑土。　伏：丙申金。

䷨ 72 山澤損（艮上兌下）

損：有孚。元吉。无咎。可貞。利有攸往。曷之用。二簋可用享。

初九：已事遄往。无咎。酌損之。

九二：利貞。征凶。弗損益之。

六三：三人行。則損一人。一人行。則得其友。

六四：損其疾。使遄有喜。无咎。

六五：或益之十朋之龜。弗克違。元吉。

上九：弗損益之。无咎。貞吉。利有攸往。得臣无家。

花籃圖意：

音信將到。旅客登程。訟終自吉。婚急難成。財源滾滾。商況平平。自盤得失。驗在月盈。

爻	卦象	六親
寅木	⚊ 應	官鬼
子水	⚋	妻財
戌土	⚋	兄弟
丑土	⚋ 世	兄弟　申子
卯木	⚊	官鬼
巳火	⚊	父母

【曹公賜雲長馬袍贈金銀】

寓鼇頭紹仁堂編纂

當時曹操見雲長斬了顏良，表奏朝廷，封雲長為漢壽亭侯，鑄印送關公。忽報袁紹又使大將文醜渡黃河，已據延津之上，操乃領兵迎之。文醜挺身獨戰，軍士自相踐踏。操在土阜上指曰：「文醜為河北名將，誰可擒之？」張遼、徐晃，飛馬齊出，大叫「文醜休走！」文醜回頭見二將趕上，拈弓搭箭，正射張遼。徐晃大叫：「賊將休放箭！」張遼低頭急躲，一箭射中頭盔。遼奮力再趕，又被文醜一箭射中面頰。那馬跪倒前蹄，張遼落地。文醜回馬復來，徐晃急輪大斧，截住廝殺。只見文醜後面軍馬齊到，晃料敵不過，撥馬而回。文醜沿河趕來，忽見十餘騎馬，一將當頭提刀飛馬而來，乃關雲長也，大喝：「賊將休走！」與文醜交戰，戰不三合，文醜心怯，撥馬繞河而走。關公馬快，趕上文醜，腦後一刀，將文醜斬下馬來。雲長引數騎東衝西突，正殺之間，劉玄德領三萬軍隨後到。前面哨馬探知，玄德暗謝天地曰：「原來吾弟果然在曹操處！」郭圖、審配，入見袁紹說：「今番又是關某殺了文醜，劉備佯推不知。」袁紹大怒，罵曰：「大耳賊焉敢如此！」少頃，玄德至，紹令推出斬之。玄德曰：「某有何罪？」紹曰：「你故使汝弟又壞我一員大將，如何無罪？」玄德曰：「容伸一言而死。曹操素忌備，今知備在明公處，恐備助公，故特使雲長誅殺二將。公知必怒。此借公之手以殺劉備也！願明公思之。」袁紹曰：「玄德之言是也。汝等幾使我受害賢之名。」喝退左右，請玄德上帳而坐。玄德謝曰：「荷明公寬大之恩，無可補報，欲令一心腹人持密書去見雲長，使知劉備消息，彼必星夜來到，輔佐明公，共誅曹操，以報顏良、文醜之讎，若何？」袁紹大喜曰：「吾得雲長，勝顏良、文醜十倍也。」玄德修下書札，未有人送去。操乃使夏侯惇領兵守住官渡隘口，自己班師回許都，大宴眾官，賀雲長之功。正飲宴間，忽報汝南有黃巾劉辟、龔都，甚是猖獗。曹洪累戰不利，乞遣兵救之。雲長聞言，進曰：「關某願施犬馬之勞，破汝南賊寇。」且說雲長領兵將近汝南，紮住營寨。當夜營外拏了兩個細作人來。雲長視之，內中一人乃孫干也。關公叱退左右，問干曰：「公自潰散之後，一向縱跡不聞，今何為在此處？」干曰：「某自逃難，飄泊汝南，幸得劉辟收容。今將軍為何在曹操處？未識甘、糜二夫人無恙否？」關公因將上項事，細說一遍。干曰：「近聞玄德公在袁紹處，欲往投之，未得其便。今劉、龔二人歸順袁紹，相助攻曹，今幸得將軍到此，因特令小軍引路，教某為細作來報將軍。來日二人當虛敗一陣，公可速引二夫人投袁紹處，與玄德公相見。」關公曰：「既兄在袁紹處，吾必星夜而往。但恨吾斬紹二將，恐今事變矣。」干曰：「吾當先往探彼虛實，再來報將軍。」當夜密送孫干去了。次日，關公引兵出，龔都披掛出陣。關公更不打話，拍馬舞刀向前。龔都便走，關公趕上。都回身告關公曰：「故主之恩，不可忘也。公當速進，我讓汝南。」劉、龔二人，佯輸詐敗，四散去了。雲長奪得州縣，班師回許昌。宴罷，雲長回家，參拜二嫂於門外。甘夫人曰：「叔叔兩番出軍，可知皇叔音信否？」公答曰：「未也」。關公退，二夫人於門內痛哭曰：「想皇叔休矣！二叔恐我姊妹煩惱，故隱而不言。」正哭間，有一隨行老軍，聽得哭聲不絕，於門外告曰：「夫人休哭。主人見在河北袁紹處。」夫人曰：「汝何由知之？」軍曰：「跟關將軍出征，有人在陣上說來。」夫人急召雲長責之曰：「皇叔未嘗負汝，汝今受曹操之恩，頓忘舊日之義，不以實情告我，何也？」關公頓首曰：「兄今委實在河北；未敢教嫂嫂知者，恐有洩漏也。事須緩圖，不可欲速。」甘夫人曰：「叔宜上緊。」公退，尋思去計，坐立不安。關公正尋思間，忽報有故人相訪。及請入，卻不相識。關公問曰：「公何人也？」答曰：「某乃袁紹部下南陽陳震也。」關公大驚，急退左右，問曰：「先生此來，必有所為？」震出書一緘，遞與關公。公視之，乃玄德書也。關公寫書答，陳震得書自回。關公入內告知二嫂，隨即至相府，拜辭曹操。操知來意，乃懸迴避牌於門。關公怏怏而回，命舊日跟隨人役，收拾車馬，早晚伺候；分付宅中，所有原賜之物，盡皆留下，分毫不可帶去。次日再往相府辭謝，門首又掛迴避牌。關公一連去了數次，皆不得見；乃往張遼家相探，欲言其事，遼亦托疾不出。關公思曰：「此曹丞相不容我去之意。我去志已決，豈可復留？」即寫書一封，辭謝曹操。寫畢封固，差人去相府投遞；一面將累次所受金銀，一一封置庫中，懸漢壽亭侯印於堂上，請二夫人上車。關公上赤兔馬，手提青龍刀，率領舊日跟隨人役，護送車仗，逕出北門。門吏擋之。關公怒目橫刀，大喝一聲，門吏皆退避。關公既出門，謂從者曰：「汝等護送車仗先行，但有追趕者，吾自當之，勿得驚動二位夫人。」從者推車，望官道進發。

卻說曹操正論關公之事未定，左右報關公呈書。操即看畢，大驚曰：「雲長去矣！」忽北門守將飛報：「關公奪門而去，車仗鞍馬二十餘人，皆望北行。」又關公宅中人來報說：「關公盡封所賜金銀等物。美女十人，另居內室。其漢壽亭侯印懸於堂上。丞相所撥人役，皆不帶去，只帶原跟從人，及隨身行李，出北門去了。」眾將愕然。一將挺身出曰：「某願將鐵騎三千，去生擒關某，獻與丞相！」眾視之，乃將軍蔡陽也。

參考資料：小說《三國演義 第二十六回 袁本初敗兵折將 關雲長掛印封金》。

丙辰（砂中土）【天上之龍】籤

天上聖母六十聖籤（●○○○○●）

丙辰

八十原來是太公
看看晚景遇文王
目下緊事休相問
勸君且守待運通

渭水河釣魚武吉挑柴打死人

求財	耕作	經商	歲君	六甲	婚姻
晚即發	無收	漸且候時	先平後吉	先女後男	配偶慢成
家運	失物	六畜	築室	移居	墳墓
平平	緊尋得遲者無	小吉	漸且候時	待時	遲必發
出外	行船	凡事	治病	作事	功名
慢日可行	不如意有事	求解和	求平安十日險	難成	難就
官事	家事	求兒	求雨		來人
不吉求貴人和	平平	不可	不日到		月尾到

屬：土利在四季，三、六、九、十二月。

澤風大過：過者禍也。震木遊魂卦。

評曰：寒木生花之課，本末俱弱之象，馬走花街之意。

斷易大全：姜太公渭水釣魚時卜得；至八十方遇文王也。

二月卦：春吉、夏平、秋凶、冬平。

四季運：春印、夏比劫、秋財、冬官煞。

四季相：春死、夏相、秋休、冬囚。

飛：丁亥水。　伏：庚午火。

25 ䷛ **澤風大過**（兌上巽下）

大過：棟橈。利有攸往。亨。

初六：藉用白茅。旡咎。

九二：枯楊生稊。老夫得其女妻。旡不利。

九三：棟橈。凶。

九四：棟隆。吉。有它吝。

九五：枯楊生華。老婦得其士夫。旡咎旡譽。

上六：過涉滅頂。凶。無咎。

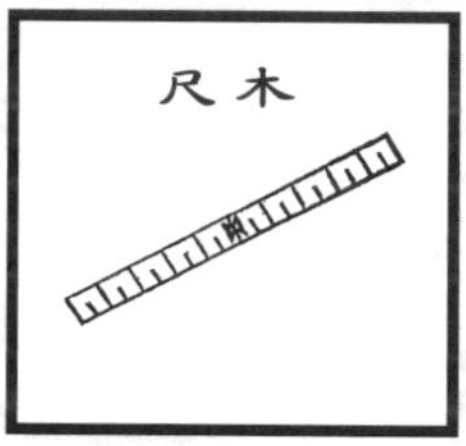

木尺圖意：

病症遲癒。壽至白鬚。懷孕應有。財利豈無。久訟清吉。急婚崎嶇。各事勿速。自有人扶。

未土	⚋	妻財	
酉金	⚊	官鬼	
亥水	⚊ 世	父母	午子
酉金	⚊	官鬼	
亥水	⚊	父母	寅兄
丑土	⚋ 應	妻財	

【渭水河釣魚武吉挑柴打死人】

寓鼇頭紹仁堂編篡

且言姜子牙自從棄卻朝歌，別了馬氏，土遁救了居民，隱於磻溪，垂釣渭水。子牙一意守時候命，不管閒非，日誦「黃庭」，悟道修真。苦悶時，持絲綸倚綠柳而垂釣。時時心上崑崙，刻刻念隨師長，難忘道德，朝暮懸懸。一日，坐於垂楊之下。只見滔滔流水，無盡無休，徹夜東行，熬盡人間萬古。

此時有一樵子，把一擔柴放下，近前少憩，問子牙曰：「老丈，我常時見你在此，執竿釣魚，我和你像一個故事。」子牙曰：「像何故事？」樵子曰：「我與你像一個『漁樵問答』。」子牙大喜：「好個『漁樵問答』。」樵子曰：「你上姓？貴處？緣何到此？」子牙曰：「吾乃東海許洲人也。姓姜，名尚，字子牙，道號飛熊。」樵子聽罷，揚笑不止。子牙問樵子曰：「你姓甚？名誰？」樵子曰：「吾姓武，名吉，祖貫西岐人氏。」子牙曰：「你方纔聽吾姓名，反加揚笑者，何也？」武吉曰：「你纔才言號飛熊，故有此笑。」子牙曰：「人各有號，何以為笑？」樵子曰：「當時古人，高人，聖人，賢人，胸藏萬斛珠璣，腹隱無邊錦繡。如風后、老彭、傅說、常桑、伊尹之輩，方稱其號；似你也有此號，名不稱實，故此笑耳。我常時見你伴綠柳而垂絲，別無營運，守株而待兔，看此清波，無識見高明，為何亦稱道號？」武吉言罷，卻將溪邊釣竿拿起，見線上叩一針而無曲。樵子撫掌大笑不止，對子牙點頭歎曰：「有智不在年高，無謀空言百歲。」樵子問子牙曰：「你這釣線何為不曲？古語云：『且將香餌釣金鰲。』我傳你一法，將此針用火燒紅，打成鉤樣，上用香餌，線上又用浮子，魚來吞食，浮子自動，是知魚至，望上一拎，鉤掛魚腮，方能得鯉，此是捕魚之方。似這等鉤，莫說三年，便百年也無一魚到手。可見你智量愚拙，安得妄曰飛熊！」子牙曰：「你只知其一，不知其二。老夫在此，名雖垂釣，我自意不在魚。吾在此不過守青雲而得路，撥陰翳而騰霄，豈可曲中而取魚乎！非丈夫之所為也。吾寧在直中取，不向曲中求，不為錦鱗設，只釣王與侯。吾有詩為證：短杆長線守磻溪，這個機關那個知？只釣當朝君與相，何嘗意在水中魚。」

武吉聽罷，大笑曰：「你這個人也想王侯做！看你那個嘴臉，不像王侯，你倒像個活猴！」子牙也笑著曰：「你看我的嘴臉不像王侯，我看你的嘴臉也不甚麼好。」武吉曰：「我的嘴臉比你好些。吾雖樵夫，真比你快活：春看桃杳，夏賞荷紅，秋看黃菊，冬賞梅松，我也有詩：擔柴貨賣長街上，沽酒回家母子歡。伐木只知營運樂，放翻天地自家看。」

子牙曰：「不是這等嘴瞼。我看你臉上的氣色不甚麼好。」武吉曰：「你看我的氣色怎的不好？」子牙曰：「你左眼青，右眼紅，今日進城打死人。」武吉聽罷，叱之曰：「我和你閑談戲語，為何毒口傷人？」

武吉挑起柴，逕往西岐城中來賣。不覺行至南門，卻逢文王車駕往靈臺，占驗災祥之兆。隨侍文武出城，兩邊侍衛甲馬御林軍人大呼曰：「千歲駕臨，少來！」武吉挑著一擔柴往南門來，市井道窄，將柴換肩，不知塌了一頭，番轉尖擔，把門軍王相夾耳門一下，即刻打死。兩邊人大叫曰：「樵子打死了門軍！」即時拿住，來見文王。文王曰：「此是何人？」兩邊啟奏：「大王千歲，這個樵子不知何故打死門軍王相。」文王在馬上問曰：「那樵子姓甚名字？為何打死王相？」武吉啟曰：「小人就是西岐的良民，叫做武吉。因見大王駕臨，道路窄狹，將柴換肩，誤傷王相。」文王曰：「武吉既打死王相，理當抵命。」隨即就在南門畫地為牢，豎木為吏，將武吉禁於此間，文王往靈臺去了。——紂時畫地為牢，止西岐有此事。東、南、北連朝歌俱有禁獄，惟西岐因文王先天數，禍福無差，因此人民不敢逃匿，所以畫地為獄，民亦不敢逃去。但凡人走了，文王演先天數，算出拿來，加倍問罪。以此頑猾之民，皆奉公守法，故曰「畫地為獄」。

且說武吉禁了三日，不得回家。武吉思：「母無依，必定倚閭而望；況又不知我有刑陷之災。」因思母親，放聲大哭。行人圍看。其時散宜生往南門過，忽見武吉悲聲大痛，散宜生問曰：「你是前日打死王相的。殺人償命，理之常也，為何大哭？」武吉告曰：「小人不幸逢遇冤家，誤將王相打死，理當償命，安得埋怨。只奈小人有母，七十餘歲。小人無兄無弟，又無妻室。母老孤身，必為溝渠餓殍，屍骸暴露，情切傷悲，養子無益，子喪母亡，思之切骨，苦不敢言。小人不得已，放聲大哭。不知迴避，有犯大夫，祈望恕罪。」散宜生聽罷，默思久之：「若論武吉打死王相，非是鬥毆殺傷人命，不過挑柴誤塌尖擔，打傷人命，自無抵償之理。」宜生曰：「武吉不必哭，我往見千歲啟一本，放你回去，辦你母親衣衾棺木，柴米養身之資，你再等秋後以正國法。」武吉叩頭：「謝老爺大恩！」

參考資料：小說《封神演義　第二十三回　文王夜夢飛熊兆》。

丙午（天河水）【行路之馬】籤

天上聖母六十聖籤（○○○●●○）

丙午

不須作福不須求
用盡心機總未休
陽世不知陰世事
官法如爐不自由

李世民遊地府

求財	耕作	經商	歲君	六甲	婚姻
春夏秋好冬呆	無收	難就了錢	浮沈	先男後女	不合有鬼作怪
家運	失物	六畜	築室	移居	墳墓
陰邪求神解決	難得運途難移	不可納	不可	不可	地勢不佳
出外	行船	凡事	治病	作事	功名
防險	不如不恐	防風波災必危	有陰公作祟未日過不畏	退步	難得
官事	家事	求兒	求雨		來人
不審和無結局	恐防有變	不可	不日到		遲慢

屬：水利在冬天，宜其北方。
天雷无妄：无妄者天災也。巽木四世卦。
評曰：石中蘊玉之課，守舊安常之象，震雷逢暑之意。
斷易大全：李廣卜得；後凡爲事果不利也。
二月卦：春吉、夏平、秋凶、冬吉。
四季運：春印、夏比劫、秋財、冬官煞。
四季相：春休、夏囚、秋相、冬旺。
飛：壬午火。　伏：辛未土。

14 ☰☳ **天雷无妄**（乾上震下）

无妄：元亨。利貞。其匪正有眚。不利有攸往。
初九：無妄。往吉。
六二：不耕穫。不菑畬。則利有攸往。
六三：无妄之災。或繫之牛。行人之得。邑人之災。
九四：可貞。无咎。
九五：无妄之疾。勿藥有喜。
上九：无妄。行有眚。无攸利。

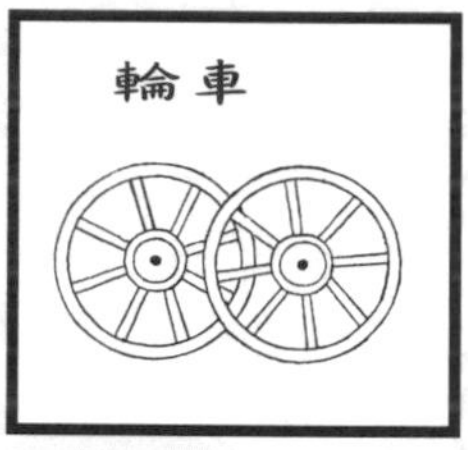

車輪圖意：
財莫到手。遠出逢飢。訟難得意。病實堪悲。
婚姻反覆。音信稽遲。諸盤舉動。不能依持。

戊土	—		妻財
申金	—		官鬼
午火	—	世	子孫
辰土	--		妻財
寅木	--		兄弟
子水	—	應	父母

【李世民遊地府】

寓鼇頭紹仁堂編纂

自魏徵于夢中監斬龍王後，唐宮中諸多鬼魅之事不斷，雖有秦、尉兩位將軍鎮守，但唐皇的身體卻一日不如一日，身體漸重。一日，太后又傳旨，召眾臣商議殯殮後事。太宗又宣徐茂公，吩咐國家大事，叮囑仿劉蜀主托孤之意。言畢，沐浴更衣，待時而已。旁閃魏徵，手扯龍衣，奏道：「陛下寬心，臣有一事，管保陛下長生。將危矣，如何保得？」徵云：「臣有書一封，進與陛下，捎去到冥司，付酆都判官崔玨。崔玨乃是太上先皇帝駕前之臣，先受茲州令、後升禮部侍郎。在日與臣八拜為交，相知甚厚。現在陰司做掌生死文簿的酆都判官，夢中常與臣相會。此去若將此書付與他，管教魂魄還陽世，定取龍顏轉帝都。」太宗聞言，接在手中，籠入袖裡，遂瞑目而亡。那三宮六院、皇后嬪妃、侍長儲君及兩班文武，俱舉哀戴孝；又在白虎殿上，停著梓宮不題。

卻說太宗渺渺茫茫，魂靈逕出五鳳樓前，只見那御林軍馬，請大駕出朝采獵。太宗欣然從之，縹緲而去。行多時，人馬俱無。獨自個散步荒郊草野之間。正驚惶難尋道路，只見那一邊，有一人跪拜路旁，口稱「陛下，赦臣失誤遠迎之罪！微臣半月前，在森羅殿上，見涇河鬼龍告陛下許救反誅之故，第一殿秦廣大王即差鬼使催請陛下，要三曹對案。臣已知之，故來此間候接。不期今日來遲，望乞恕罪。」太宗道：「你姓甚名誰？」那人道：「微臣存日，在陽曹侍先君駕前，為茲州令，後拜禮部侍郎，姓崔名玨。今在陰司，得受酆都掌案判官。」太宗近前來御手忙攙道：「先生遠勞。朕駕前魏徵，有書一封，正寄與先生，卻好相遇。」判官謝恩，問書在何處。太宗即向袖中取出遞與崔玨。那判官看了書，滿心歡喜道：「魏人曹前日夢斬老龍一事，臣已早知。又蒙他早晚看顧臣的子孫，今日既有書來，陛下寬心，微臣管送陛下還陽，重登玉闕。」太宗稱謝了。二人正說間，只見那邊有一對青衣童子，執幢幡寶蓋，高叫道：「閻王有請。」太宗遂與崔判官並二童子舉步前進。忽見一座城，城門上掛著一面大牌，上寫著「幽冥地府鬼門關」七個大金字。那青衣將幢幡搖動，引太宗逕入城中，順街而走。只見那街旁邊有先主李淵，先兄建成，故弟元吉，上前道：「世民來了！世民來了！」那建成、元吉就來揪打索命。幸有崔判官喚一青面獠牙鬼使，喝退了建成、元吉，太宗方得脫身而去。行不數里，卻是十殿閻王降階而至。十王出在森羅寶殿，控背躬身，迎迓太宗。太宗謙下。十王道：「陛下是陽間人王，我等是陰間鬼王，份所當然，何須過讓？」太宗道：「朕得罪麾下，豈敢論陰人鬼之道？」遜之不已。太宗前行，逕入森羅殿上，與十王禮畢，分賓主坐定。

約有片時，秦廣王拱手而進言曰：「涇河鬼龍告陛下許救而反殺之，何也？」太宗道：「朕曾夜夢老龍求救，實是允他無事；不期他犯罪當刑，該我那人曹官魏徵處斬。朕宣魏徵在殿著棋，不知他一夢而斬。這是那人曹官出沒神機，又是那龍王犯罪當死，豈是朕之過也？」十王聞言，伏禮道：「自那龍未生之前，南斗星死簿上已註定該遭殺于人曹之手，我等早已知之。但只是他在此折辯，定要陛下來此，三曹對案，是我等將他送入輪藏，轉生去了。今又有勞陛下降臨，望乞恕我催促之罪。」言畢，命掌生死簿判官：「急取簿子來，看陛下陽壽天祿該有幾何？」崔判官急轉司房，將天下萬國國王天祿總簿，先逐一檢閱。只見南贍部洲大唐太宗皇帝註定貞觀一十三年。崔判官急取濃墨大筆，將「一」字上添了兩畫，卻將簿子呈上。十王從頭看時，見太宗名下註定三十三年，閻王道：「陛下寬心勿慮，還有二十年陽壽。此一來已是對案明白，請返本還陽。」太宗聞言，躬身稱謝。十閻王差崔判官、朱太尉二人，送太宗還魂。太宗出森羅殿，又起手問十王道：「朕宮中老少安否如何？」十王道：「俱安，但恐御妹，壽似不永。」太宗又再拜啟謝：「朕回陽世，無物可酬謝，惟答瓜果而已。」十王喜曰：「我處頗有東瓜、西瓜、只少南瓜。」太宗道：「朕回去即送來，即送來。」從此遂相揖而別。那太尉執一首引魂幡，在前引路。崔判官隨後保著太宗，逕出幽司。太宗對判官曰：「此路差矣？」判官道：「不差。陰司裡是這般，有去路，無來路。如今送陛下自『轉輪藏』出身；一則請陛下遊觀地府，一則教陛下轉托超生。」太宗只得隨他，引路前來到枉死城，只聽哄哄人嚷，分明說「李世民來了！李世民來了！」太宗聽叫，心驚膽戰。見一夥拖腰折臂、有足無頭的鬼魅，上前攔住。慌得那太宗藏藏躲躲，只叫「崔先生救我！」判官道：「陛下，那些人都是那六十四處煙塵，七十二處草寇，眾王子、眾頭目的鬼魂；盡是在死的冤業，不得超生，又無錢鈔盤纏，都是孤寒餓鬼。陛下得些錢鈔與他，我才救得哩！陛下，陽間有一人，金銀若干，在我這陰司裡寄放。陛下可出名立一約，小判可作保，且借他一庫，給散這些餓鬼，方得過去。」太宗問曰：「此人是誰？」判官道：「他是河南開封府人氏，姓相名良。他有十三庫金銀在此。陛下若借用過他的，到陽間還他便了。」太宗甚喜，情願出名借用。遂立了文書與判官，借他金銀一庫，著太尉盡行給散。判官複吩咐道：「這些金銀，汝等可均分用度，放你大唐爺爺過去。他的陽壽還早哩。我領了十王鈞語，送他還魂，教他到陽間做一個『水陸大會』，度汝等超生，再休生事。」眾鬼聞言、得了金銀，俱唯唯而退。判官令太尉搖動引魂幡，領太宗出離了枉死城中，奔上平陽大路，飄飄蕩蕩而去。

參考資料：小說《西遊記　第十回　二將軍官門鎮鬼　唐太宗地府還魂》。

丙申（山下火）【山上之猴】籤

天上聖母六十聖籤（○○●●○○）

丙申

舊恨重重未改為
家中禍患不臨身
須當謹防宜作福
龍蛇交會得和合

薛剛大鬧花燈驚死聖駕踢死太子

求財	耕作	經商	歲君	六甲	婚姻
勤儉必得	平平小利	平平	淡淡	先男後女	大吉
家運	失物	六畜	築室	移居	墳墓
居之則安	辰巳日在	納者不可	有犯險邪	隨意	平平小吉
出外	行船	凡事	治病	作事	功名
辰巳日則可	平平財輕	和無事	求神庇祐辰未日過漸	先難後易	修陰德必中
官事	家事	求兒	求雨		來人
和爲貴不和凶	和爲貴	不可	初初到尾		辰未日到

屬：火利在夏天，宜其南方。

風澤中孚：中孚信也。艮土遊魂卦。

評曰：鶴鳴子和之課，事有定期之象，鍋釜得蓋之意。

斷易大全：辛君屯邊時卜得；遂果得梅妃之信也。

八月卦：春平、夏平、秋吉、冬吉。

四季運：春印、夏比劫、秋財、冬官煞。

四季相：春相、夏旺、秋囚、冬死。

飛：辛未土。　伏：丙戌土。

52 ䷼ **風澤中孚**（巽上兌下）

中孚：豚魚吉。利涉大川。利貞。

初九：虞吉。有他不燕。

九二：鳴鶴在陰。其子和之。我有好爵。吾與爾靡之。

六三：得敵。或鼓或罷。或泣或歌。

六四：月幾望。馬匹亡。无咎。

九五：有孚攣如。无咎。

上九：翰音登于天。貞凶。

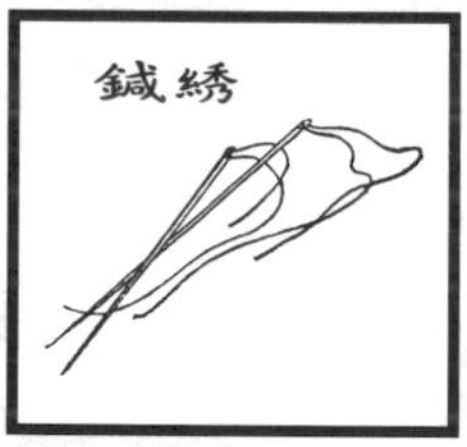

綉鉞圖意：

音信未達。病得扶持。財源緩緩。客路遲遲。訟損反益。婚定轉疑。經商連合。宜再三思。

卯木	▅▅▅		官鬼
巳火	▅▅▅		父母 子妻
未土	▅ ▅	世	兄弟
丑土	▅ ▅		兄弟 申子
卯木	▅▅▅		官鬼
巳火	▅▅▅	應	父母

【薛剛大鬧花燈驚死聖駕踢死太子】

寓鼇頭紹仁堂編纂

過了年正月十二日，薛剛別了伍雄、雄霸，單身而走。來至臨潼山，見一夥人推一輛囚車，認得是朱健。薛剛見路旁有一棗樹，將來拔起，打死眾人，救了朱健。問其何事裝入囚車，解往那裡去？朱健說：「解燈進京，張太師道我大王不送與他，因此大怒，要將我斬首。將我解到南唐蕭大衛那裡發落。如今又冤殺了眾人，教小人有家難奔，望壯士救我。」薛剛說：「不難，你到天雄山落草。我有鸞帶，叫你拿去，伍雄自然收用。」朱健拜謝，竟上天雄山。伍雄問明，叫他搬家小上山來。

那薛剛來到長安，到秦紅府。到十五日夜，眾人多去看燈。只見那六街三市、勳戚衙門、黎民百姓奉天子之命，與民同樂。家家戶戶結綵懸燈，今晚要點通宵長燭，如有燈火昏暗不明者，俱已軍法究治。薛剛等看了回來，又在天漢橋酒店中吃了酒，多有些酒醉了，下樓又往皇城內來，五鳳樓前閒人挨塞得緊，樓前有兩個內監，帶五百淨軍，都穿著團花襖，每人拿一根朱紅齊眉短棍，守著這座燈樓。薛剛看見好燈，大呼小叫。內監見了大怒，喝叫：「拿下！」淨軍聽了，拿了齊眉棍上前來打。這班小英雄大怒，搶了短棍，反將淨軍打得東跑西竄。薛剛趕上，將內監打死。

內宮有人認得是通城虎，報知天子。丞相張君左下五鳳樓觀看，認得果然是薛剛，奏知聖上說：「通城虎鬧花燈，打死內監。」天子大驚，二目不明，下五鳳樓，失足跌下樓。文武俱散，天子進宮。張君左叫拿薛剛，天子說：「非關他事，只怕不是薛剛。他回家已久，面貌相同，也未可知。明日細查。」月虎回家，咬金說：「你們這班出去闖禍，大鬧花燈，打死內監。張君左要拿薛剛，虧聖上念有功之臣。明日還要細查，你們這班畜生性命都不保，叫薛剛快走。」月虎聽了，忙來至秦紅家說：「祖淨軍（古時男子被閹割，叫淨身。淨身男人組成的軍隊叫淨軍。）太爺叫三哥快走，明日禍至。」宗立說：「私進長安，打死內監，連累薛叔父也不好了。」薛剛聽了大驚，拜別弟兄，出了長安。至天雄山相見伍雄，說起鬧花燈一事。伍雄說：「不如在此住下，老伯父要曉得，自然打本進京，諒來也無事。」朱健過來拜謝救命之恩，此話不表。

武昭皇后請旨蓋造御花園，天子准奏，傳旨曉諭各處，有好花都要送上。命張保監工，人夫數千，開池，造御書樓，堆假山。百姓勞苦，萬民嗟怨。命張大郎號昌宗同太監把守後宰門，不許閒雜人等進去。那御花園與後宮相近，張保、昌宗不時進宮與武后淫樂。薛剛聽說武后蓋造御花園，勞民傷財。大惱：「今日同兄弟御園走走。」到御花園時，盜換了腰牌，薛剛與五虎六人，不甚費力，竟進御園。守門的看見有腰牌掛著，不來查究。眾人來到裡面，見送酒飯魚肉拿上去給張保吃的，薛剛叫留下，有人見了報與張保。再言薛剛走到牡丹台，將牡丹花插在髮邊，張保大怒，叫手下人拿薛剛。薛剛大怒，奪一條棍子，趕上前將張保一棍打死。眾人大喊說：「不好了，千歲被薛剛打死。」忙報與張君左。薛剛到御書樓大醉，睡在龍床。張君左聞報兒子被薛剛打死，大哭，一面差人到御書樓將薛剛綁住，一面進宮奏聞天子。旨下：到御書樓捉拿薛剛，將薛剛監在天牢，明日處斬。

四虎一太歲打聽詳細，忙來到咬金府中說明此事。咬金說：「你們這班小畜生做的好事！如今身家不保。我如今一百多歲的人了，教我也救不得薛剛。況朝中徐、魏二人又去位，張氏弟兄當朝。天子雖然明白，武后因他打死心上人，決不干休。吾不能挽回。老公爺死的死了，去的去了，孤掌難鳴。一身做事一身當。你們有計較去做來，吾是做不來的。」羅昌說：「要救得三哥便好。況吾等結同生死之交，若明日斬了三哥，侄孫們都有不便。」那程月虎上前說：「要祖太爺出個主意。」咬金說：「不得不如此。爾等把家小搬去長安，明日打點劫法場，都到西涼去，京中有吾在不妨。」眾人別去，齊齊打點劫法場。

次日天子想道：「江山虧了薛家父子平東西二路，今日要斬他，心中不忍。但是法律上去不得。朕今只斬薛剛，免其餘犯之罪。」傳旨王獨：「午時處斬薛剛，五鳳樓前開刀，餘犯不究。」監斬官領旨，將薛剛綁出午門外去了。

咬金在南門下等候，這班小英雄結束停當，身藏暗器，帶了家將，來到午門，假做活祭，殺死監斬官王獨。尉遲景殺死劊子手。薛剛看見這班小弟兄，掙斷繩索，奪過腰刀，殺散眾人。軍士看見殺了監斬官，報與張君左。君左聽報，一驚非小。傳令五城兵馬司，帶領兵馬活擒這班強盜，不許放走一人，違令者斬，小英雄那裡放在心上，殺散兵馬，出了長安南門。咬金說：「你們快走，有吾在此不妨。」

內官來報天子，奏說：「有一班劫了法場，殺死監斬官、劊子手，殺傷軍士不計其數。」天子一聞此言一驚，大叫一聲而死。在位二十四年。

參考資料：小說《說唐三傳　第七十二回　眾英雄大鬧花燈　通城虎打死內監》。

丙戌（屋上土）【日眠之犬】籤

天上聖母六十聖籤（○●○●○○）

丙戌

君問中間此言因
看看祿馬拱前程
求得貴人多得利
和合自有兩分明

秦叔寶救李淵搬家

求財	耕作	經商	歲君	六甲	婚姻
不多	好	大進利市	得利	先男	大吉
家運	失物	六畜	築室	移居	墳墓
瑞氣盈庭	月光在	可好	祥氣盈庭	大吉	福人福地
出外	行船	凡事	治病	作事	功名
有貴人相助	得財	忍耐求和	痊癒	貴人利和氣成	有望
官事	家事	求兒	求雨		來人
速和公判	圓滿進財	月光好月暗平	不日即到		月光到

屬：土利在四季，三、六、九、十二月。

火澤睽：睽者背也。艮土四世卦。

評曰：猛虎陷阱之課，桃李競發之象，方圓有用之意。

斷易大全：武則天聘尚賈時卜得：精魅除也。

二月卦：春吉、夏平、秋平、冬凶。

四季運：春印、夏比劫、秋財、冬官煞。

四季相：春死、夏相、秋休、冬囚。

飛：己酉金。　伏：丙戌土。

32 ䷥ **火澤睽**（離上兌下）

睽：小事吉。

初九：悔亡。喪馬勿逐。自復。見惡人。无咎。

九二：遇主于巷。无咎。

六三：見輿曳。其牛掣。其人天且劓。无初有終。

九四：睽孤。遇元夫。交孚。厲无咎。

六五：悔亡。厥宗噬膚。往何咎。

上九：睽孤。見豕負塗。載鬼一車。先張之弧。後說之弧。匪寇婚媾。往遇雨則吉。

銅鑼圖意：

旅行見喜。仕途陞高。婚自和合。病免憂熬。救星郎郎。財源滔滔。諸事皆吉。實告爾曹。

巳火	⚊		父母
未土	⚋		兄弟 子妻
酉金	⚊	世	子孫
丑土	⚋		兄弟
卯木	⚊		官鬼
巳火	⚊	應	父母

【秦叔寶救李淵搬家】

寓鼇頭紹仁堂編纂

那叔寶行到臨潼山上，見殿宇蕭條，下馬進廟，閒玩之際，不覺睏倦，就在神前打睡片時。且說李淵辭朝起程，來到臨潼山植樹崗地方，李道宗和李建成行到林中，忽聽林中奔出無數強人來，都用黑煤塗面，長槍闊斧，攔住去路，高聲叫道：「快留下買路錢來！」建成吃了一驚，回馬跑往原路。李道宗膽大喝道：「你這般該死的男女，豈不知咱家是隴西李府，敢來阻截道路！」說罷，拔出腰刀便砍，那些家丁都拔短刀相助。那建成驟馬跑回，對唐公道：「不好了！前面儘是強人，圍住叔父要錢買路。」唐公道：「怎麼輦轂之下，就有盜賊？」一面叫家將取過方天畫戟，卻要上前。不料後面又有強人示來，唐公不敢上前，先自保護家眷要緊，那賊人一齊逼近，唐公擺開畫戟，同家將左衝右突，眾賊雖有著傷，死不肯退。那晉王與宇文父子，閃在林中，見唐公威武，兵丁不敢近身，晉王就用青紗蒙面，手提大刀，衝殺過來。宇文父子隨後夾攻，把李淵團團圍住，十分危急，而叔寶在伍員廟中正要睡去，忽聽廟外有人馬喊殺之聲，好生驚異。他自己平時乘坐的黃驃馬在一廂嘶鳴不已。叔寶上馬，奔至半山，看見山下煙塵四起，喊殺連天，叔寶勒馬一望，見無數強人，圍住了一起官兵，在那邊廝殺。叔寶借那山勢衝下來，厲聲高叫道：「響馬不要逞強，妄害官員！」只這聲，恰似迅雷一般，眾強人吃了一驚。回頭一看，只見是一個人，那裡放在心上？及到叔寶來至垓心，方有三五個來抵敵，叔寶手起鐧落，一連打死十數人，戰不多時，叔寶順手一鐧，照晉王頂上打來，晉王眼快，把身一閃，那鐧梢打中他的肩上，晉王負痛，大叫一聲，敗下陣去，宇文化及見晉王著傷，忙勒回馬，保晉王逃走。眾人見晉王受傷，也俱無心戀戰，被叔寶一路打來，四散逃散。叔寶拿住一人問道：「你等何處毛賊，敢在此地行劫？」那人慌了道：「爺爺饒命！只因東宮太子與唐公不睦，故扮作強人，欲行殺害。方才老爺打傷的，就是東宮太子。求爺爺饒命。」叔寶聽了，嚇出一身冷汗，便喝道：「這廝胡言，饒你狗命，去吧！」那人抱頭鼠竄而去。叔寶自思太子與唐公不睦，我在是非叢裡，管他怎的，若再遲延，必然有禍。遂放開坐騎，向前跑去。

那唐公脫離虎口，見壯士一馬跑去，忙對道宗道：「你快保護家小，待我趕去謝他。」遂急急趕去，大叫道：「壯士，請住，受我李淵一禮。」叔寶只是跑。李淵趕了十餘里，叔寶見唐公不捨。只得回頭道：「李爺休追，小人姓秦名瓊。」把手搖上兩搖，將馬一夾，如飛去了。唐公再欲追趕，奈馬是戰乏的，不能前進。只聽得風送鑾鈴響處，他說一個瓊字；又見他把手一搖，錯認為「五」，就把它牢牢記在心上。

且說叔寶不止一日，到了潞州，住在王小二店中。就把犯人帶到衙門，投過了文，少時發出來，看禁子把人犯收監，回批候蔡太爺往太原賀唐公回來才發，叔寶只得到店中耐心等候。不想叔寶量大，一日三餐，要吃斗米。小二就向叔寶說道：「秦爺，小人有句話對爺說，猶恐見怪，不敢啟口，我的意思，要問秦爺預支幾兩銀子，不知可使得麼？」叔寶道：「這是正理，我就取出與你。」就走入房去，在箱裡摸一摸，想起母親要買潞綢做壽衣，且喜還在箱內，就取出來與小二道：「這銀子，交與你寫了收帳。」小二收了。

過了數日，蔡刺史到了碼頭，衙役出郭迎接，刺史因一路辛苦，乘暖轎進城。叔寶因盤纏短少，心內焦躁，暗想我在此一日，多一日盤費，他若幾日不坐堂，怎麼了得！就趕上前要稟，不想性急力大，用手在轎槓上一把，將轎子拖了一側，刺史大怒道：「這等無禮，叫皂隸扯下去打！」叔寶自知理屈，被皂隸按翻了，重打二十。叔寶被責，回到店中，挨過一夜，到天明，負痛來府中領文。小二看見叔寶領批文回來，暗想：「他若把馬騎走了，叫我那裡去討這銀子？莫若把他的批文留住，倒是穩當。」就向叔寶笑道：「秦爺既不起身回去，這批文是要緊的，可拿到裡面，交拙荊收藏，你也好放心盤桓。」叔寶不知是計，就將批文遞與王小二收了。自此日日被王小二冷言冷語，所叫茶飯，不是宿的，就是冷的。一日晚上回來，見房中已點燈了，向前一看，見裡面猜三喝五，擲色飲酒。王小二跑出來道：「秦爺不是我有心得罪。因今日來了一夥客人，是販珠寶古董的，見秦爺房好要住，你房門又不鎖，被他們竟把鋪蓋搬出來，說三五日就去的，我也怕失落行李，故搬到後面一間小房內，秦爺權宿數夜，待他們去了，依舊移進。」小二就掌燈引叔寶轉彎抹角，到後面一間破屋裡，地上鋪著一堆草，四面風來，燈見也沒處掛。叔寶見了，悶悶不樂。小二帶上門，就走了出去，叔寶把金鐧用指一彈，正吟之間，忽聞腳步到門口，將門搭鈕反扣了。叔寶道：「你這小人，我秦瓊來清去白，焉肯做此無恥之事？況有批文鞍馬在你家，難道走了不成？」外邊道：「秦爺切勿高聲，妾乃王小二之妻柳氏。」叔寶道：「你素有賢名，今夜來此何干？」柳氏道：「我那拙夫，是個小人，出言無狀，望秦爺海涵些兒。我丈夫睡了，存得晚飯在此，還有數百文錢，送秦爺買些點心吃，晚間早些回寓。」叔寶將飯搬進，見青布條穿著三百文錢，籃中又有一碗肉羹。叔寶只得吃了，睡到天色未明，又走到大路。

參考資料：小說《說唐前傳　第四回　臨潼山秦瓊救駕　承福寺唐公生兒》。

丁丑籤

丁丑（澗下水）【湖內之牛】籤

天上聖母六十聖籤（●○●●●○）

丁丑

富貴由命天註定
心高必然誤君期
不然且回依舊路
雲開月出兩分明

范丹未出身丹妻殺九夫

求財	守機而作	耕作	不可依舊	經商	難如意守待時	歲君	照舊	六甲	先女後男得貴	婚姻	由天註定
家運	不佳可住平安	失物	月光在	六畜	不可	築室	不可	移居	可	墳墓	舊墳重興
出外	不可	行船	平平	凡事	被人害理完明	治病	月光好若不穩	作事	月光好	功名	難得
官事	命運犯拖尾	家事	和而貴	求兒	慢一步	求雨	未有			來人	月頭有

䷂ 64 **水電屯**（坎上震下）

屯：元亨。利貞。勿用有攸往。利建侯。

初九：磐桓。利居貞。利建侯。

六二：屯如邅如。乘馬班如。匪寇婚媾。女子貞不字。十年乃字。

六三：即鹿無虞。惟入于林中。君子幾不如舍。往吝。

六四：乘馬班如。求婚媾。往吉。無不利。

九五：屯其膏。小貞吉。大貞凶。

上六：乘馬班如。泣血漣如。

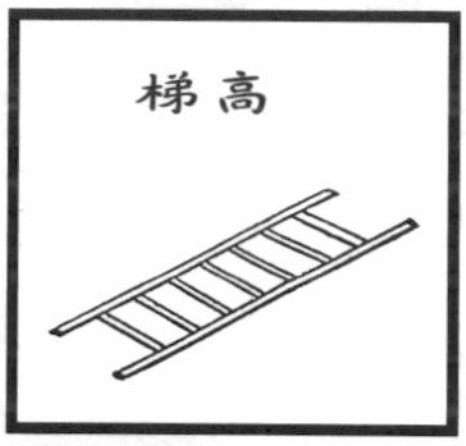

屬：水利在冬天，宜其北方。

水雷屯：屯者難也。坎水二世卦。

評曰：龍居淺水之課，龍動於水之象，草昧不寧之意。

斷易大全：季布逃難時卜得；漢推其忠乃赦罪。

六月卦：春吉、夏凶、秋吉、冬平。

四季運：春印、夏比劫、秋財、冬官煞。

四季相：春休、夏囚、秋相、冬旺。

飛：庚寅木。　伏：戊辰土。

高梯圖意：

求財有限。失物鴻飛。婚註損失。訟惹是非。病人久緩。遊子未歸。事不守舊。定與心違。

子水	▅▅　▅▅		兄弟
戌土	▅▅▅▅▅	應	官鬼
申金	▅▅　▅▅		父母
辰土	▅▅　▅▅		官鬼 午妻
寅木	▅▅　▅▅	世	子孫
子水	▅▅▅▅▅		兄弟

【范丹未出身丹妻殺九夫】

寓龍頭紹仁堂編篡

范丹還小的時候就沒有了爹娘，只能做小乞丐向人乞討，當時的范丹只能睡在土地公廟的屋簷下，常常把土地公廟上下打掃得十分乾淨，到處是一塵不染。

有一個林員外，生了一位女兒，小時候請占卜師占過命，八字真正的好與齊正，俗話說有錢人家裡生不出好兒子，整生得一個女兒，所以希望別人入贅他家，每當聽到窮苦人家有兒子，就會去關說給他家入贅。結果去一個就死一個，死到第八個夫婿，林員外就說：「妳到底是哪種好命，咱莊裡的年輕小伙子會全部給妳剋煞死，倒不如你去死，也不會害著這莊裡的年輕人。」這女兒聽到這話，就跑到河邊想跳水自盡，剛好范丹正在河裡洗澡，這女兒見河裡有人，便站在河邊猶豫了起來，范丹這時看河邊有人，也不敢從河裡走上岸來，兩個就一個在岸上，一個在河裡等了起來，等過了兩三個時辰，這女兒就嘀咕的說：「本姑娘倒還沒見過人洗澡洗二、三個時辰還沒洗好的。」范丹聽小姐這麼說，便回嘴：「我看妳是一位年輕的小姐，而我是一個年輕的男人，遇到如此尷尬的局面，理應是妳要害羞的離開才是，怎麼倒站在這裡不走，害得我起來也不是，繼續洗也不是。那妳看，接下來該怎麼辦？」范丹這人平時心腸極好，此時看到林小姐眼神怪怪的，接著問：「小姐，妳站在河邊這麼久，是有什麼事？有什麼事講出來就好，看我能不能幫什麼忙。」小姐支支吾吾說：「奴家命裡該煞九個丈夫，現在已經死了八個，奴家還想招贅個丈夫，但入門後這丈夫又會死，不招贅奴家會孤獨，一招贅又會死人，奴家爹爹說我怎有這樣的歹命，叫奴家死一死算了，所以想來跳河，沒想到你在這裡洗澡，羞死人了。」范丹說：「我看你別死了，我幫你一個忙算了，不知道你是否中意我？」小姐說：「中意不中意又怎樣，反正被我招贅的一定會死，你還在胡思亂想。」范丹心想：「我自小無爹無娘的，又未曾娶過妻，就只有孤單一個人，死了就算了，反正又沒關係。」主意既已打定，范丹就對小姐說：「不如這樣吧，我和你一起回家見妳爹爹，如果妳爹爹看得順眼就入贅你家，妳看如何？」

話說小姐還未招婚，尚待字閨中之時，有一位不大相識的老長者，常會來和林員外下棋，每次剛擺好棋子，這老者便起身走了，獨留下訝異的林員外在棋盤前。也真奇怪，這員外根本不知道這長者姓啥與住在哪。就這樣過了一個多月，趁著一次的機會，員外便問長者住在哪？這長者開口說：「想知道我住在哪，就等到小姐招第九位女婿後，就叫那女婿來找我，只要一直向著東走，經過村外的河壩堤，看到有人在賣雞蛋的地方就是我的住家了，記著，只有那第九位女婿才找的到，我姓張。」可奇怪了，自員外問過這話之後，這長者就未曾出現過，更奇怪的是，這小姐便開始招贅夫婿，招一位死一位，直至死了八位夫婿。

這小姐帶著范丹回家，林員外只得悠悠的說：「咱女兒有連煞九夫之命，你不定活個三天五載或把個月，你怕麼？如果不怕，那就入贅咱家。」這范丹啥都不怕的入贅了林家。過了三天，這范丹仍活跳跳的活著，於是員外跟范丹說之前長者要他做的事，順便問一問他女兒為何會有煞九夫的怪命理。這范丹便連日出發，向東方加緊的走著。走著多時，看到一位老婆婆，范丹便開口問說：「老婆婆，請問張大爺家該怎麼走？」這婆婆問范丹要找張大爺緣故，指明去向後，說道：「我家有一位小姑娘，請你順便問一下，為什麼到現在還不會講話？」這范丹向著東方路繼續趕路。不期然遇到個老者，便開口問：「老伯，請問一下張大爺家怎麼走？」這老伯問清范丹的問題後，便說：「小伙子，麻煩你順便問一下，我家後院種了一棵樹，千年來未曾開過花與結過子的原因，好嗎？」范丹只得又繼續往東方前進。翻過了高山，越過了叢棘，來到了一個河壩旁，這壩旁沒橋又沒船的，愁得范丹不知如何是好，忽然有一條大蛇靠了過來，沒法，只得求蛇大哥駝過河去，這大蛇便問范丹要去哪？范丹便將要去張大爺家的事說了一回，這大蛇說：「要我駝你過河沒問題，但請你順便問一下，我已經修練了好幾千年，可為什麼得不到正果？」范丹沒法，只得說沒問題。這大蛇駝著范丹，一會兒便到了對岸。這范丹忽然看見前方路旁有人在賣雞蛋，旁邊有一間小廟，恰從廟中走出了一位長者，范丹急忙趕將過去，問道：「老大爺，請問這裡是否住著一位張大爺？」這長者說：「我就是，小伙子有什麼事？」范丹說：「我想問些問題。」張大爺說：「這我立個規矩是：只可問三個問題，你問吧！」范丹心想：「這事壞了！路上有三個人要我問問題，那我媳婦的事怎辦？」沒奈何，范丹開口問：「有一位老婆婆家有十八歲的女兒，到現在還不能開口；有一位長者家後院種了一棵樹，千年不開花也不結果；有條大蛇修練千年，為什麼無法達成正果。請張大爺幫我解答。」這張大爺說：「第一個問題，是見夫開口；第二個問題是在樹頭下面三尺處，藏有金銀財寶，挖出來就好了；第三個問題，只要大蛇將珠吐出來就成了。」說完化陣清風，原來是位尊神。

這范丹無法只得回家，一一將問題回復完，沒想到得了顆龍珠，一大甕的金銀珠寶與一位美麗的小妾，而因為是第九個夫婿又有成人之美的善心，所以范丹變成了一位富有的員外，繼續幫助貧苦與需要幫助的人。

參考資料：客家《渡台悲歌》與客家民間傳說。

丁卯（爐中火）【望月之兔】籤

天上聖母六十聖籤（●○○●●○）

丁卯

前途功名未得意
只恐命內有交加
兩家必定防損失
勸君且退莫咨嗟

薛丁山著飛刀

求財	耕作	經商	歲君	六甲	婚姻
不得	難收	不就	坎坷	臨產危險	難合
家運	失物	六畜	築室	移居	墳墓
防邪怪作之災	不得了工	不合	不得完美	不可	不可葬地不合
出外	行船	凡事	治病	作事	功名
無運不可	失利	了錢拖尾不合	大命險未日好	無成	科運無難進中
官事	家事	求兒	求雨		來人
拖尾破財	恐生孽物	不可	無		未日到

屬：火利在夏天，宜其南方。

澤雷隨：隨者順也。震木歸魂卦。

評曰：良工琢玉之課，如水推車之象，我動彼說之意。

斷易大全：孫臏破秦時卜得：便知一戰必勝也。

七月卦：春平、夏吉、秋凶、冬吉。

四季運：春印、夏比劫、秋財、冬官煞。

四季相：春相、夏旺、秋囚、冬死。

飛：庚辰土。　伏：辛酉金。

挽鋸圖意：

商賈不吉。病未痊安。問婚弗合。求財甚難。
訴訟失敗。祈雨反乾。此簽若得。雪上添寒。

☱☳ 24

澤雷隨（兌上震下）

隨：元亨。利貞。旡咎。

初九：官有渝。貞吉。出門交有功。

六二：係小子。失丈夫。

六三：係丈夫。失小子。隨有求得。利居貞。

九四：隨有獲。貞凶。有孚在道。以明。何咎。

九五：孚于嘉。吉。

上六：拘係之。乃從維之。王用亨于西山。

未土	▅ ▅	應	妻財
酉金	▅▅▅		官鬼
亥水	▅▅▅		父母 午子
辰土	▅ ▅	世	妻財
寅木	▅ ▅		兄弟
子水	▅▅▅		父母

【薛丁山著飛刀】

寓鼇頭紹仁堂編篡

薛丁山飛馬搖槍，口口聲聲叫楊凡出陣。早有人報到關上。楊凡正在祝賀哩，身邊還坐著他的四員大將：馮國龍、馮國虎、馮國勇、馮國強，號稱馮家四勇，這是楊凡的左膀右臂。這邊坐著霍氏三鬼：霍金堂、霍玉堂、霍滿堂，因為這三位都難看，每人掌中一對大錘，都有萬夫不當之勇。哈密國的國王特派兩名專使為他祝賀，一個叫青椒不辣，一個叫八哩馬花，這兩個人也是六國之中有名的武將。楊凡一陣怪叫：「這小子和我有奪妻之恨。薛丁山，你用什麼手段把我妻樊梨花給霸佔去了。按你們中原的話，殺父之仇，奪妻之恨，俺楊凡是非報不可，娃娃你拿命來。」

話說霍金堂，催馬直奔薛丁山，也就是十幾個照面，薛丁山撲稜一抖大槍奔前心扎來，槍尖穿透胸膛，把霍金堂的屍體挑起來了，把死屍摔出多遠。

霍玉堂急了，晃雙錘飛馬，薛丁山使了個槍裡夾鞭，正好揍在霍玉堂腦袋上，死屍栽於馬下。

霍滿堂一見兩個哥哥陣亡，他是天生兩條飛毛腿，跑起來比馬還快。衝到薛丁山馬前。薛丁山伸手把寶雕弓、狼牙箭拽出來了，把腦瓜都射穿了。

哈密國王派來的使臣青椒不辣、八哩馬花過來了。兩個人催馬晃禹王槊，雙戰薛丁山。薛丁山顫長槍力戰二人，時間不大，大槍抖兩抖，把二將挑落馬下。

楊凡提馬舞刀，二次來到兩軍陣，和薛丁山又戰在一處。只聽疆場之上，兵器相撞，叮噹亂響，看樣子我不是他的對手，我還得用飛刀贏他。他虛晃一刀，撥馬就走，他知道要想發暗器，就得離得近一點。聽到薛丁山已經切近，楊凡一勒戰馬，薛丁山這一槍就扎空了。楊凡正好轉到薛丁山的左側方，右手探臂膀拽出了五支飛刀，五點寒星直撲面門。楊凡五把飛刀打空了，一伸手又拽出五把。薛丁山一看不好，鑽到馬肚子底下去了，這五把刀又打空了。楊凡可氣壞了，把最後的兩把刀又扔出來。薛丁山一甩頭，躲開其中一把，另一把沒躲開，正好打在薛丁山的腦門子上，覺得腦袋嗡的一聲，緊跟著整個腦袋都發麻了。唐營觀陣眾將一看二路元帥從馬上摔下來，這幫人開弓放箭，搶前救人。楊凡一看不好，舞動大刀，撥打雕翎。秦英、羅章，雙雙趕到，把薛丁山架起來，敗回本隊。

程咬金等人回到大帳，跟皇上、軍師一說，兩次開仗，都是大敗而歸。薛仁貴人事不省，又來了個薛丁山。把薛丁山也架到帳篷裡面，讓軍醫大夫調治。

兩位元帥都受傷了。李世民召開御前會議，所有大將全部參加，來共同商討。議來議去，無法可施。程咬金說：「萬歲呀，不是我多嘴，壞事就壞在薛丁山身上了。假如說他跟樊小姐成了親，小兩口兒一塊兒來，有多好啊，要勝楊凡，非得樊梨花，不然的話，誰去也不行。」一句話，把李世民提醒了。最後皇上看了看老程：「程愛卿，我看不請樊小姐是不行了，這個千斤重擔，還得老愛卿辛苦辛苦，無論如何，把樊小姐請到兩軍陣才是。」老程辭別眾人，當下就帶著隨從，趕奔寒江關。

老程帶著禮品，率僕人來到樊府，他跳下馬，親自上前扣打門環。走進樊府。穿宅過院，到了內宅。老程一擺手：「過來過來，把禮物擺到桌上。」八彩禮物往桌上一擺，何氏老太太就是一愣：「不年不節，您給我送什麼禮？」「好，痛快。老夫人哪！我們在白虎關，連著打敗仗。周青、周文、周武、薛顯圖先後陣亡，大元帥薛仁貴也讓人家給打回來了，身受毒藥刀傷，現在臥床不起。後來把薛丁山赦出來，叫他帶罪立功。現中了毒藥飛刀，正打在腦門上，到現在昏迷不醒。後來一想，就想起了樊小姐。因此，我奉旨而來，一則為老夫人問安，二則請樊小姐趕奔軍陣幫忙。」程咬金就見樊梨花眼淚掉下來了。特別說到薛丁山，樊梨花的表情就不一樣，證明是動了心了，看這樣要下點功夫，他們小夫妻還真能破鏡重圓。樊梨花泣不成聲：「老人家您別說了，我就問您一句話，那薛丁山真有悔過之心？要這麼說，我跟魯國公就去一趟。樊梨花到了屋裡，把自己的盔甲包拿著，又挎好了百寶囊，帶上治毒傷的藥物，挑了八名女兵，這才跟老程起身。

到了大帳，樊梨花說：「咱們先到病房看看吧。」眾人陪伴樊梨花到了病房。她提鼻子一聞，就知道使的什麼藥，叫斃命煞，一旦毒氣歸心，人是非死不可。她不但武藝高超，對醫術還特別精通，梨花姑娘先到了薛仁貴病床前頭，摸了摸脈，薛仁貴傷比較輕。又來到薛丁山病床前頭，摸了脈，看了傷，他這傷比薛仁貴重一點，但兩個人都沒有性命之憂。梨花姑娘看完後，用心開了個藥方，讓軍醫官按藥方抓藥。她又把百寶囊取過來，從裡邊拿出瓶子、罐子、藥面、藥丸，這都是黎山聖母給她的好藥，都有起死回生之力。把藥拿出來配好了，軍醫大夫也把藥抓來了，熬好了，兌在一起，有外敷的，也有內服的，讓人按數量給薛仁貴、薛丁山灌下去。受傷的地方重新換了藥。約摸有兩個時辰，薛仁貴先醒過來，大帥的命保住了。又守了一個時辰，薛仁貴一陣比一陣強，但是還沒有明白過來。這時候薛丁山那兒也有動靜，樊梨花算計，到明天似亮似不亮的時候，他們爺兒倆先後都能醒過來。

參考資料：小說《薛家將 第二十回 薛丁山陣前中暗器 魯國公寒江請英賢》。

丁巳（砂中土）【塘內之蛇】籤

天上聖母六十聖籤（●○○○○）

丁巳

十方佛法有靈通
大難禍患不相同
紅日當空常照耀
還有貴人到家堂

朱壽昌辭官尋母

求財	耕作	經商	歲君	六甲	婚姻
先無後有	平平晚收	先難後吉	中和	先男後女	難成
家運	失物	六畜	築室	移居	墳墓
必得吉昌	可在	納之可喜	必有餘慶	適宜大吉	永裕後昆
出外	行船	凡事	治病	作事	功名
緩有貴人	無大利	貴人扶持	大命險貴人扶	和大吉散得失	望后科
官事	家事	求兒	求雨		來人
微殃有貴人脫	門庭可恭可賀	好	援到		立即到

屬：土利在四季，四方皆宜。

澤天夬：夬者決也。坤土五世卦。

評曰：神劍斬蛟之課，先損後益之象，羝羊觸喜之意。

斷易大全：漢高祖欲拜韓信爲將時卜得；知有王佐才也。

三月卦：春平、夏吉、秋吉、冬凶。

四季運：春印、夏比劫、秋財、冬官煞。

四季相：春死、夏相、秋休、冬囚。

飛：丁酉金。 伏：癸亥水。

澤天夬（兌上乾下）

2 1

夬：揚于王庭。孚號有厲。告自邑。不利即戎。利有攸往。

初九：壯于前趾。往不勝爲咎。

九二：惕號。莫夜有戎。勿恤。

九三：壯于頄。有凶。君子夬夬。獨行遇雨。若濡有慍。无咎。

九四：臀无膚。其行次且。牽羊悔亡。聞言不信。

九五：莧陸夬夬。中行无咎。

上六：无號。終有凶。

鐵釜圖意：

遠行有損。不宜求財。訟爭無益。物失難回。病者最險。貴人自來。諸事欲作。須逢禍胎。

未土	- -		兄弟
酉金	—	世	子孫
亥水	—		妻財
辰土	—		兄弟
寅木	—	應	官鬼 巳父
子水	—		妻財

【朱壽昌辭官尋母】

寓鼇頭紹仁堂編纂

卻說蘇轍係安石引用，在三司條例司中，檢詳文字。安石欲行青苗法，為轍所阻，數旬不言。嗣由京東轉運使王廣淵，上言農民播種，各苦無資，富家得乘急貸錢，要求厚利，乞留本道錢帛五十萬，貸民取息，歲可獲利二十五萬。安石覽到此文，不禁喜躍道：「這便是青苗法呢，奈何不可行？」遂亟召廣淵入都，與商青苗法。廣淵一口贊成。安石乃奏請頒行，先從河北、京東、淮南三路開辦，逐漸推廣。有旨報可，自是從前常平通惠倉遺制，盡行變更。蘇轍仍力持前說，再三勸阻，又與呂惠卿論多不合。惠卿遂進讒安石，謂轍有意阻撓。安石大怒，欲加轍罪。還是陳升之從旁勸解，乃罷轍為河南府推官。安石復薦惠卿為太子中允，崇政殿說書。司馬光謂：「惠卿儉巧，心術不正，安石誤信惠卿，因致負謗中外，如何可以重用？」神宗不從，竟依安石所請。首相富弼，見神宗信任安石，料想不能與爭，托病求去，乃出判亳州，擢陳升之同平章事。

未幾，有監察御史陳薦劾定，說他為涇縣主簿時，聞母仇氏喪，匿不為服，應聲罪貶斥。定上書自辯，謂：「實不知由仇氏所生，所以疑不敢服。」定出應仕籍，並非三、五歲的小孩兒，況他父名問，也曾做過國子博士，定並非生自空桑，難道連自己的生母，都未曉得麼？說來也有一段隱情。仇氏初嫁民間，生子為浮屠，釋名了元，相傳是與蘇軾結交的佛印禪師。後仇氏復為李問妾，生下一子，就是李定。尋又出嫁郜氏，生子蔡奴，工傳神。此婦所生之子，卻都有出息。定因生母改嫁，不願再認，因此仇氏病死，他未嘗持服。偏被陳薦尋出瘢點，將他彈劾，他只好含糊解說，自陳無辜。安石誼篤師生，極力庇護，反斥薦捕風捉影，劾免薦官，改任定為崇政殿說書。監察御史林旦、薛昌朝、范育復上言：「定既不孝，怎可居勸講地位？」並交論安石袒徒罪狀。安石又入奏神宗，說他朋串為奸，應加懲處。神宗此時，已是百依百順，但教安石如何說法，當即准行，林旦等又復落職，言路未免嘩然。定也覺不安，自請解職，乃改授檢正中書吏房，直舍人院。總仗師力。

宋室舊制，文選屬審官院，武選屬樞密院，安石又創出一篇議論，分審官為東西院，東主文，西主武。原來文彥博正主樞密，與安石不合，安石欲奪他政權，所以想出此法。神宗依議施行，彥博入奏道：「審官院兼選文武，樞密院還有何用？臣無從與武臣相接，不能妄加委任，陛下不如令臣歸休罷！」神宗雖慰留彥博，但審官院分選如故。知諫院胡宗愈，力駁分選，且言李定非才，有詔斥宗愈內伏奸意，中傷善良，竟貶為通判真州。會京兆守錢明逸，報聞知廣德軍朱壽昌，棄官尋母，竟得迎歸。有「孝行可嘉，亟待旌揚」等語。有李定之背母，復有朱壽昌之尋母，一孝一不孝，互勘益明。李定當日恐不免有瑜、亮並生之歎。

壽昌，揚州人，父名巽，曾為京兆守，巽妾劉氏，生壽昌，年僅三歲，劉氏被出，改適黨氏。《宋史．壽昌本傳》，謂劉氏方娠即出，壽昌生數歲還家。但據王偁《東都事略》，蘇軾《志林》皆云壽昌三歲出母，今從之。至壽昌年長，父巽病亡，他日夕思母，四處訪求，終不可得。壽昌累知各州縣，除辦公外，輒委吏役探聽生母消息，又遍貽同僚書函，托訪母劉氏住址。不意愈久愈杳，越訪越窮，他竟摒絕酒肉，戒除嗜欲，甚至用浮屠言，灼背燒頂，刺血書佛經，誓諸神明，得母方休。熙寧初年，授知廣德軍，他蒞任數月，竟太息道：「年已五十，尚未得見生母，如何為人？古人說得好：『求忠臣於孝子之門』，孝且未盡，怎好言忠？罷罷！我寧捨一官，再往尋母，好歹總要得一確音。萬一我母西歸，就使森羅殿上，我也要去探覓哩！」孝子忠臣多人做成，自呆。隨即辭職，並與家人訣別道：「我此行若不見母，我亦不回來了。」家人挽留不住，他竟背著行囊，飄然徑去。

在途跋山涉水，觸暑冒寒，也顧不得甚麼辛苦，只是沿途探問，悉心偵察，好容易行入關中，到了同州，復逐村挨戶的查問過去。恰巧有一老婦人，倚門立著，他竟向問劉母下落。那老婦卻似有所曉，便令壽昌入內，盤問底細。壽昌一一陳明，老婦不禁流淚道：「據你說來，你便是朱巽子壽昌麼？」當下將自己如何被逐，後來如何改嫁，也說明情由。壽昌聽了數語，已知情跡相符，遂不待辭畢，倒身下拜道：「我的母親，想煞兒了！」老婦亦對著壽昌，抱頭同哭，哭了一會，又由壽昌自述尋母始末，更不禁破涕為笑。老婦道：「我已七十多歲了，你亦五十有零，誰料母子尚得重逢？想是你至誠格天，因得如此哩！」言畢，復召入壯丁數人，與壽昌相見。這幾個壯丁，乃是劉適黨氏後，所生數子。壽昌問明來歷，即以兄弟禮相待，大家喧敘一場。當由黨氏家內，草草的備了酒餚，暢飲盡歡。越兩日，壽昌即將老母劉氏，及黨氏數子，悉數迎歸。事聞於朝，一班老成正士，均說他孝行卓絕，須破格賜旌。奈王安石回護李定，不得不阻抑朱壽昌，仍請諸神宗，令還就原官。壽昌以養母故，求通判河中府，總算照准。士大夫作詩相贈，極為讚美。監官告院蘇軾，亦贈壽昌詩，並有詩序一篇，陽譽壽昌，陰斥李定。定見詩及序，大加恚恨，後來遂有誣軾等事。壽昌判河中數年，母歿居憂，終日哭泣，幾乎喪明。既葬，有白烏集於墓上，時人以為孝思所致。壽昌仕至中散大夫而終。《宋史》列入《孝義傳》。

參考資料：小說《宋史演義　第三十七回　韓使相諫君論弊政　朱明府尋母竭孝思》。

丁未（天河水）【失群之羊】籤

天上聖母六十聖籤（●●●○○●）

丁未

太公家業八十成
月出光輝四海明
命內自然逢大吉
茅屋中間百事亨

周文王拖車

求財	耕作	經商	歲君	六甲	婚姻
先微後進	允好	有利益	順利	生男	和合
家運	失物	六畜	築室	移居	墳墓
安居春風	月光在月暗無	納有利	百寧吉慶	好	有餘裕哉
出外	行船	凡事	治病	作事	功名
平平	晚運可通	先呆得貴人吉	老不畏少不好	先呆後吉	晚可有進
官事	家事	求兒	求雨		來人
和合好	門庭吉慶	平平	上下弦		月光到

屬：水利在冬天，宜其北方。
地風升：升者進也。震木四世卦。
評曰：高山植木之課，積小成大之象，三月有悅之意。
斷易大全：房玄齡去蓬萊採藥未回時卜得；知主不怪也。
八月卦：春吉、夏吉、秋平、冬平。
四季運：春印、夏比劫、秋財、冬官煞。
四季相：春休、夏囚、秋相、冬旺。
飛：癸丑土。　伏：庚午火。

85 ䷭ 地風升（坤上巽下）

升：元亨。用見大人。勿恤。南征吉。
初六：允升。大吉。
九二：孚乃利用禴。无咎。
九三：升虛邑。
六四：王用亨于岐山吉。无咎。
六五：貞吉。升階。
上六：冥升。利于不息之貞。

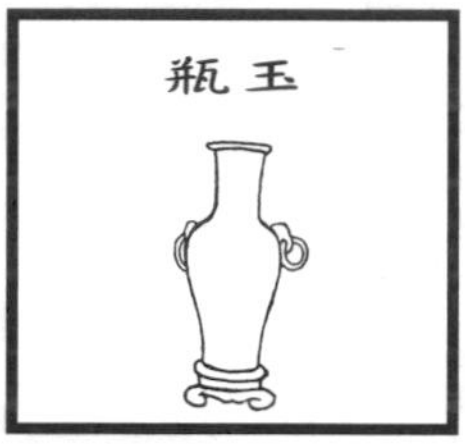

玉瓶圖意：
婚聯則吉。孕兆玉麟。門庭守舊。商賈維新。
貨財咸集。福祿並臻。病者無礙。東有貴人。

爻	地支	六親	伏神	世應
⚋	酉金	官鬼		
⚋	亥水	父母		
⚋	丑土	妻財	午子	世
⚊	酉金	官鬼		
⚊	亥水	父母	寅兄	
⚋	丑土	妻財		應

【周文王拖車】

寓鼇頭紹仁堂編纂

話說文王同眾文武出郊外行樂，共享三春之景。行至一山，見有圍場，布成羅網，文王一見許多家將披堅執銳，手執長竿鋼叉，黃鷹獵犬，雄威萬狀。君臣正迤邐行來，只見那邊漁人歌罷，對散宜生曰：「此歌韻度清奇，其中必定有大賢隱於此地。」那些漁人齊齊跪下答曰：「吾等都是閒人？此歌非小人所作，離此三十五里，有一溪，溪中有一老人，時常作此歌。我們耳邊聽的熟了，故此信口唱出，此歌實非小民所作。」文王曰：「諸位請回。」眾漁人叩頭去了。文王馬上想歌中之味，好個：「洗耳不聽亡國音。」

君臣正行，見一起樵夫作歌而來，文王同文武馬上聽得歌聲甚是奇異，內中必有大賢，命辛甲請賢者相見。辛甲領命，拍馬前來，見一夥樵人言曰：「你們內中可賢者？」放下擔兒，俱言內無賢者，不一時文王馬至。文王曰：「聽其歌韻清奇，內中豈無賢士。」中有一人曰：「此歌非吾所作，前邊十里，地名磻溪，其中有一老叟，朝暮垂竿，朝夕聽唱此歌，眾人聚得熟了，故此隨口唱出。」王曰：「既無賢士，爾等暫退。」眾人去了，文王在馬上只管思念。又行了一路，與文武把盞，興不能盡。正行之間，只見一人挑著一擔柴唱歌而來，宜生在馬上看那挑柴的好像猾民武吉。王曰：「大夫差矣！武吉已死萬丈深潭之中。前演先天數，豈有武吉還在之理？」宜生看的實了，隨命辛免曰：「你是不是拿來。」辛免走馬向前看時，果然是武吉。辛免回見文王啟曰：「果是武吉。」文王聞言，滿面通紅，大聲喝曰：「匹夫！怎敢欺孤太甚？」武吉泣拜在地奏曰：「吉乃守法奉公之民，不敢狂悖，只因誤傷人命，前去問一老叟。離此間三里，地名磻溪，此人乃東海許州人氏，姓姜名尚字子牙，道號飛熊；叫小人拜他為師傅，與小人回家挖一坑，叫小人睡在裡面，用草蓋在身上，頭前點一盞燈，腳後點一盞燈，草上用米一把，撒在上面，睡到天明，只管打柴再不妨了。」只見宜生馬上欠身賀曰：「恭喜大王！武吉今言：『此人道號飛熊。』正應靈台之兆。昔日商高宗夜夢飛熊，而得傳說；今日大王夢飛熊，應得子牙。今大王行樂，正應求賢；望大王宣赦武吉無罪，令武吉往前林請賢士相見。」武吉叩頭，飛奔林中去了。且說文王君臣將至林前，不敢驚動賢士，離數箭之地，文王下馬，同宜生步行入林。且說武吉趕進林來，不見師父，心下著慌；文王曰：「賢士可有別居？」武吉道：「前邊有一草舍。」武吉引文王駕至門首，文王以手撫門，猶恐造次，只見裡面來一小童開門，文王笑臉問曰：「老師在否？」童曰：「不在，同道友閒行。」文王問曰：「甚時回來？」童子曰：「不定；或就來，或一二日，或三五，萍蹤靡定，逢山遇水，或師或友，便談玄論道，故無定期。」宜生在傍曰：「臣啟主公！求賢聘傑，禮當虔誠；今日來意未誠，宜其遠避。昔上古神農拜長桑，軒轅拜老彭，黃帝拜風后，湯拜伊尹，須當沐浴齋戒，擇吉日迎聘，方是敬賢之禮。主公且暫請駕回。」文王曰：「大夫之言是也。命武吉隨駕回朝。」文王行至溪邊，見光景稀奇，林木幽曠。文王留戀不捨，宜生力請駕回。到殿廷，文王傳旨：「令百官俱不必各歸府第，都在殿廷齋宿三日，同去迎請大賢。」於是百官俱在殿廷齋宿三日，然後聘請子牙。

文王從散宜生之言，齋宿三日。至第四日，沐浴整衣，極其精誠，文王端坐鑾輿，扛抬聘禮，文王擺列車馬成行，前往磻溪，來迎子牙。封武吉為武德將軍。笙簧滿道，竟出西岐，不知驚動多少人民，扶老攜幼來看迎賢。文王帶領文武出郭，逕往磻溪而來。文王傳旨：「士卒暫在林下札住，不必聲揚，恐驚動賢士。」文王下馬，同散宜生步行入得林來；只見子牙背坐溪邊，文王悄悄的行至跟前，立於子牙之後，子牙明知駕臨。文王曰：「賢士快樂否？」子牙回頭看見文王，忙棄竿一傍，俯伏叩地曰：「子民不知駕臨，有失迎候，望賢王恕尚之罪。」文王忙扶住拜言曰：「久慕先生，前顧未遇；昌知不恭，今特齋戒，專誠拜謁。得睹先生尊顏，實昌之幸也。」命宜生扶賢士起來，子牙躬身而立；文王笑容攜子牙至茅舍之中。文王曰：「久仰高明，未得相見；今幸接丰標，聆教誨，昌實三生之幸矣。」子牙拜而言曰：「尚乃老朽菲才，不堪顧問；文不足安邦，武不足定暾，荷蒙賢王枉顧，實辱鑾輿，有負聖意。」宜生在傍曰：「先生不必過謙，吾君臣沐裕虔，特申微忱，專心聘請；今天下紛紛，定而又亂，當今天子遠賢近佞，荒淫酒色，線虐生民，諸侯變亂，民不聊生。吾主晝夜思維，不安枕席；久慕先生大德，側隱磻溪，特具小聘，先生不棄，共佐明主，吾主幸甚，生民幸甚。先生何苦隱胸中之奇謀，忍生民之塗炭。何不一展緒餘，哀此煢煢，出水火而置之昇平？此先生覆載之德，不世之仁也。」宜生將聘禮擺開，子牙看了，速命童兒收訖；宜生將鑾輿推過，請子牙登輿。子牙跪而告曰：「老臣荷蒙洪恩，以禮相聘；尚已感激非淺，怎敢乘坐鑾輿，越名僭分？這個斷然不敢。」文王曰：「孤預先設此，特迓先生；必然乘坐，不負素心。」子牙再三不敢，推阻數次，決不敢坐；宜生見子牙堅意不從，乃對文王曰：「賢者既不乘輿，望主公從賢者之請：可將大王逍遙馬請乘，主公乘輿。」王曰：「若是如此，有失孤數日之虔誠也。」彼此又推讓數番，文正乃乘輿，子牙乘馬；歡聲載道，士馬軒昂。

參考資料：小說《封神演義 第二十四回 渭水文王聘子牙》。

丁酉籤

丁酉（山下火）【獨立之雞】籤

天上聖母六十聖籤（○○●●●○）

丁酉

欲去長江水闊茫
前途未遂運未通
如今絲綸常在手
只恐魚水不相逢

姜子牙送飯為武吉掩卦

求財	耕作	經商	歲君	六甲	婚姻
先失運後有利	不合時運微利	顛倒	順利	生男	難成
家運	失物	六畜	築室	移居	墳墓
崎嶇不順	尋不見	不可	不可	不佳等待	不可
出外	行船	凡事	治病	作事	功名
不可	運途不佳	不可作和者吉	了錢尾過漸好	遲緩	授達
官事	家事	求兒	求雨		來人
尾勝吉	門庭失運了錢	不可	上下弦		未日到

屬：火利在夏天，宜其南方。

風雷益：益者損也。巽木三世卦。

評曰：鳴鴻遇風之課，滴水添河之象，風拂蘆花之意。

斷易大全：冉伯牛有疾時卜得；乃知謏師之過也。

六月卦：春凶、夏平、秋凶、冬平。

四季運：春印、夏比劫、秋財、冬官煞。

四季相：春相、夏旺、秋囚、冬死。

飛：庚辰土。　伏：辛酉水。

腊燭圖意：

病如風灼。失物在寅。結婚終寡。求財反貧。旅永被困。訟難得伸。各事損失。皆是前因。

54 風雷益（巽上震下）

益：利有攸往。利涉大川。

初九：利用為大作。元吉。无咎。

六二：或益之十朋之龜。弗克違。永貞吉。王用享于帝。吉。

六三：益之用凶事。无咎。有孚中行。告公用圭。

六四：中行。告公從。利用為依遷國。

九五：有孚惠心。勿問元吉。有孚惠我德。

上九：莫益之。或擊之。立心勿恒。凶。

卯木	⚊	應	兄弟
巳火	⚊		子孫
未土	⚋		妻財
辰土	⚋	世	妻財 酉鬼
寅木	⚋		兄弟
子水	⚊		父母

【姜子牙送飯為武吉掩卦】

寓龍頭紹仁堂編纂

話說武吉出了獄，可憐思家心重，飛奔回來。只見母親倚門而望，見武吉回來，忙問曰：「我兒你因甚麼事，這幾日才來？為母在家曉夜不安，又恐你在深山窮谷，被虎狼所傷；使為娘的懸心吊膽，廢寢忘餐。今日見你，我方心落，不知你為何事今日回。」武吉哭拜在地曰：「母親！孩兒不孝，前日往南門賣柴，遇文王駕至，我挑擔閃躲，塌了尖擔，打死門軍王相，文王把孩兒禁於獄中，我想母親在家懸望，又無音信，上無親人，單身隻影，無人奉養，必成溝渠之鬼，我因此放聲痛哭，多虧上大夫散宜生老爺啟奏，文王放我歸家，置辦你的衣衾棺木米糧之類，打點停當，孩兒就去償王相之命。母親你養我一趟無益了。」道罷大哭。其母聽見兒子遭此人命重情，魂不附體，一把扯住武吉悲聲哽咽，兩泪如珠，對天歎曰：「我兒忠厚半生，並無欺妄，孝母守分，今日有何事得罪天地，遭此陷穽之災。我兒你有差池，為娘的焉能有命？」武吉曰：「前日孩兒擔柴行至磻溪，見一老人手執竿垂釣，線上拴著一個針，在那裡釣魚。孩兒問他為何不打彎了鉤，安著香餌釣魚？那老人曰：『寧在直中取，不向曲中求；非為錦鱗，只釣王侯。』孩兒笑他你這個人也想做王侯，你那嘴臉也不像做王侯，好像一個活猴。那老人看看孩兒曰：『我看你的嘴臉也不好。』我問他我怎的不好？那老人說孩兒：『左眼青，右眼紅，今日必定打死人。』確確的那日打死了王相。我想那老人嘴極毒，想將起來可惡！」其母問吉曰：「那老人姓甚名誰？」武吉曰：「那老人姓姜名尚，道號飛熊。因他說出號來，孩兒故此笑他說出這樣破話。」老母曰：「此老看相，莫非有先見之明？我兒！此老人你還去求他救你，此老必是高人。」武吉聽了母命，收拾逕往來見子牙。

話說武吉來到磻溪邊，見子牙獨坐垂楊之下，將漁竿飄浮綠波之上，自己作歌取樂。武吉走至子牙之後，款款叫曰：「姜老爺！」子牙回首，看見武吉，子牙曰：「你是那一日在此的樵夫！」武吉答曰：「正是！」子牙道：「你那一日可曾打死人麼？」武吉慌忙跪泣告曰：「小人乃山中蠢子，執斧愚夫，那知深奧？肉眼凡夫，不識老爺高明隱達之士。前日一語冒犯尊顏，老爺乃大人之輩，不是我等小人，望姜老爺切勿記懷，大開仁慈，廣施惻隱，只當普濟群生。那日別了老爺，行至南門，正遇文王駕至。挑柴閃躲，不知塌了尖擔，果然打死門軍王相。此時文王定罪，將命抵命。小人因思老母無依，終久必成溝壑之鬼：蒙上大夫散宜生老爺為小人啟奏文王權放歸家，置辦母事完備，不日去抵王相之命。以此思之，母子之命，依舊不保。今日特來叩見姜老爺，萬望憐救毫末餘生，得全母子之命。小人結草啣環，犬馬相報，決不敢有負大德。」子牙曰：「數定難，你打死了人，理當償命，我怎麼救得你？」武吉哀哭拜求曰：「老爺施恩昆蟲草木，無處不發慈悲，倘救得母子之命，沒齒不忘。」子牙見武吉來意虔誠，亦且此人後必貴顯，子牙曰：「你要我救你，你拜吾為師，我方救你。」武吉聽言，隨即下拜。子牙曰：「你既為吾弟子，不得不救你。如今你速回到家，在你床前，隨你多長挖一坑塹，深四尺。你至黃昏時候，睡在坑內，叫你母親於你頭前點一盞燈，腳後點一盞燈；或米也可，或飯也可，抓兩把撒在你身上，放上些亂草，睡過一夜起來，只管去做生意，再無事了。」武吉聽了，領師父之命，回到家中，挖坑行事。話說武吉回到家中，滿面喜容；母說：「我兒！你去求姜老爺此事如何？」武吉對母親一一說了一遍。母親大喜，隨命武吉挖坑點燈不題。且說子牙三更時分，披髮仗劍，踏罡步斗，掐訣結印，隨與武吉厭星。

次日武吉來見子牙，口稱：「師父下拜。」子牙曰：「既拜吾為師，早晚聽吾教訓。打柴之事，非是長策；早起挑柴貨賣，到申時來談講兵法。方今紂王無道，天下反亂四百鎮諸侯。」武吉曰：「老師父！反了那四百鎮諸侯？」子牙曰：「反了東伯侯姜文煥，領兵四十萬，大戰遊魂關。南伯侯鄂順反了，領三十萬人馬，攻打三山關。我前日仰觀天象，見西岐不久刀兵四起，雜亂發生，此是用武之秋；上緊學藝，若能得功出仕，便是天子之臣，豈是打柴了事？古語云：『將相本無種，男兒當自強。』又曰：『學成文武藝，貨在帝王家。』也是你拜我一場。」武吉聽了師父之言，早晚上心不離子牙；精學武藝，講習韜略不表。

話說散宜生一日想起武吉之事，一去半載不來，宜生入內廷見文王啟奏曰：「武吉打死王相，臣因見彼有老母在家，無人侍養，奏過主公放武吉回家，辦其母棺木日用之費即來。豈意彼竟欺藐國法，今經半載不來領罪，此必狡猾之民。大王可驗先天數，以驗真實。」文王曰：「善。」隨取金錢占演凶吉。文王點首歎曰：「武吉亦非猾民，因懼刑自投萬丈深潭而死。若論正法，亦非鬥毆殺人，乃是誤傷人民，罪不該死。彼反懼犯法身死，如武吉深為可憫。」歎息良久，君臣各退。

參考資料：小說《封神演義 第二十三回 文王夜夢飛熊兆》。

丁亥（屋上土）【過山之豬】籤

天上聖母六十聖籤（●●●●○●）

丁亥

月出光輝四海明
前途祿位見太平
浮雲掃退終無事
可保禍患不臨身

孟良焦贊救宗保

求財	耕作	經商	歲君	六甲	婚姻
少有	平正	無利	中和	先男	相合
家運	失物	六畜	築室	移居	墳墓
平安	月光在	可吉	待日期	可以	大吉
出外	行船	凡事	治病	作事	功名
先少利後可得	財經平平	和平	險邪崇求神安	月光即成	顯榮宗恐有變
官事	家事	求兒	求雨		來人
冒險有貴人好	大進圓滿	好	未有		月光到

86 ䷆ 地水師（坤上坎下）

師：貞。丈人。吉。旡咎。
初六：師出以律。否臧凶。
九二：在師中。吉。旡咎。王三錫命。
六三：師或輿尸。凶。
六四：師左次。旡咎。
六五：田有禽。利執言。旡咎。長子帥師。弟子輿尸。貞凶。
上六：大君有命。開國承家。小人勿用。

屬：土利在四季，四方皆宜。
地水師：師者眾也。坎水歸魂卦。
評曰：天馬出群之課，地勢臨淵之象，以寡服眾之意。
斷易大全：周亞夫將欲排陣時卜得；果獲勝也。
七月卦：春平、夏凶、秋凶、冬吉。
四季運：春印、夏比劫、秋財、冬官煞。
四季相：春死、夏相、秋休、冬囚。
飛：戊午火。 伏：己亥水。

明燈圖意：

貴人明現。旅客立回。財利將至。音信已來。
婚姻和合。病脫禍災。所謀得意。如花當開。

酉金	亥水	丑土	午火	辰土	寅木
⚋ 應	⚋	⚋	⚋ 世	⚊	⚋
父母	兄弟	官鬼	妻財	官鬼	子孫

【孟良焦贊救宗保】

寓鼇頭紹仁堂編纂

楊五郎即日率頭陀兵五千，喊聲殺入迷魂陣，正遇番帥蕭天佐阻住，天佐佯輸，放五郎入陣。單陽公主縱馬舞刀來迎，不兩合，公主撥馬而走。五郎驅兵趕入。五百羅漢一齊向前，頭陀兵奮勇力戰，將五百羅漢誅戮殆盡。耶律呐見宋兵勢銳，麾動紅旗。忽大陰陣放出一群妖鬼，號哭而來。頭陀兵人各昏亂，不能近前。五郎大驚，念動神咒，亟率眾走回宋營，報知宗保。宗保得知曰：「師父曾言，此陣有妖術，須按法破之。」乃取天書來看，內載：「要小兒四十九個，各執楊柳枝，打散妖婦三魂七魄。」宗保知其意，即下令備此小兒之數，俱要戎裝。喚過五郎謂曰：「煩伯父領此小兒入陣中紅旗台下，割去妖婦骸體，破之必矣。」五郎慨然而行。又喚過孟良曰：「汝部兵二萬，打入太陽陣，抄出其後，接應本軍。」孟良亦領兵去了。且說五郎鼓勇當先，復引眾攻入迷魂陣來。單陽公主不戰而退，引敵兵人陣。楊五郎直殺進將台。耶律呐擺動紅旗，妖氛迸起。四十九個小兒手執柳條，迎風而來，妖氛輒散，被宋兵割去孕婦屍骸。耶律呐慌亂拋陣而走，五郎趕近前，一斧劈死。五千佛子，潰亂逃奔。頭陀兵戒刀齊落，寸草不留。單陽公主措手不及，被宋兵於馬上擒住。蕭天佐激怒，提兵來救。五郎抽出降龍棒，擊中其肩。天佐露出本形，乃是一條黑龍也。五郎綽起月斧，揮為兩截，作二處飛去。按天佐頭截飛落黃州城，後稱火離國王；尾截飛落鐵林洞，後作河口軍師，又亂中原不題。

卻說是時孟良攻入太陽陣，恰遇番將蕭撻懶，交馬兩合，被孟良一斧砍之。殺散餘騎，直衝入後陣，接著楊五郎，一齊殺回，遂破了迷魂、太陽二陣。誅剿番兵，不計其數。宗保大喜曰：「破了此陣，其外不足懼矣。」因令將單陽公主押出斬之。穆桂英勸曰：「看此女容貌端嚴，且是蕭后親生，不如留她，以為帳下號召。」宗保允言，遂放了公主，提調諸將破陣，喚過呼延贊等，謂曰：「有玉皇殿重兵尚多，汝裝趙玄壇，攻打其中。孟良裝關元帥，焦贊裝殷元帥，岳勝裝康元帥，張蓋裝王元帥，劉超裝馬元帥，是五人擊其左右，破他北方天門陣。」呼延贊等得令，各領兵五千去了。宗保分遣已定，與六使登將台觀望。且說呼延贊等整點齊備，揚旗鼓噪，殺奔玉皇殿來，恰遇金龍太子，太子佯輸，引入陣中。孟良、焦贊乘勢殺入，恰近將台珍珠白涼傘下，殺氣隱隱，不敢突入。贊等復率眾繞過北陣，正遇土金秀將真武旗麾動。岳勝拍馬先進，陡然天昏地黑，不辨進路，被土金秀生擒而去。比及焦讚得知去救，四下番兵圍合而來。呼延贊見勢不利，引眾殺出，歸見宗保，備述陣勢難攻。及點視，失去岳勝、孟良。正在憂悶間，人報二將已到，即召入問之。岳勝曰：「陣內奇變莫測，一時東南錯雜，險被番人擒獲，若非孟良扮胡人來救，幾至一命不保。」宗保曰：「玉皇殿內有二十八宿，七七四十九盞天燈，都是變化之名。」乃喚孟良謂曰：「汝明日去攻陣，可先偷玉皇殿前珍珠白涼傘，再著焦贊砍倒二面日月珍珠皂羅旗，吾自有兵來應。」孟良、焦贊領計去了。宗保入稟六使曰：「此一回必得聖駕親行，敵住玉皇上帝。大人破其右白虎，還須八殿下破其左青龍，不肖自率勁兵破其正殿。」六使可其議，即入御前奏聞真宗。王欽進奏曰：「陛下為萬乘之主，何必親勞聖駕？須著諸將前往，如不克敵，罪歸主帥。」真宗欲允其議，八王奏曰：「陛下此一番，蓋為破陣，今遇成敗將決之際而有猶豫，何以勵諸將士？皇上正宜躬往，使敵人望風而退，社稷之長計也。」帝意遂決，下命準備進兵。次日，鼓罷三通，孟良與焦贊領兵先人，無人敢當，直殺近玉皇殿側。孟良奪下珍珠白涼傘，焦贊砍倒日月皂羅旗。正遇番將土金牛、土金秀二人殺到，與宋將兩下鏖戰。孟良怒激，一斧劈死金牛，焦贊斬了金秀。部下番兵盡被宋軍所殺。後隊楊六使拍馬攻入，先射落四十九盞號燈，其陣遂破。二十八員星官一齊殺出，被孟良、焦贊揮刀盡屠戮之。金龍太子見陣勢穿亂，單馬逃走。宋帝架起翎箭，一矢射死於陣中。宋軍竟進，宗保舉發火箭，焚其通明殿，燒死番兵不計其數。孟良等合兵一處，遂破了玉皇殿。遂令孟良攻入朱雀陣，焦贊攻入玄武陣，六使、呼延贊攻入長蛇陣。軍令才下，孟良鼓勇當先，部眾殺人朱雀陣來。正遇番將耶律休哥挺槍躍馬來迎。兩騎相交，二人戰上數合，不分勝敗。忽陣後一聲炮響，劉超、張蓋從旁攻人。休哥力不能敵，遂棄將台而走。孟良乘勢追擊，遂破其陣。

時焦贊攻進玄武陣，遇耶律奚底，戰上十數合，奚底敗走，被焦贊趕近前來，一刀斬之。殺散餘眾，破了玄武陣。楊六使率眾將打入長蛇陣，耶律沙見陣勢俱亂，不敢迎敵，拖刀繞陣走出。宗保阻住與戰，兩馬相交，未及數合，孟良、焦贊等從後殺來。耶律沙進退無門，拔劍自刎，斃於馬上。韓延壽見天門陣破得七殘八倒，慌忙問計於呂軍師。軍師怒曰：「汝去，吾自往擒之。」即率本營勁卒，如天崩地裂而來。椿巖作動妖法，霎時日月無光，飛沙走石。宋兵個個兩眼矇昧難開。宗保君臣困於陣內，番兵四合砍進。正在危急之際，鍾道士看見，奔向陣前，將袍袖一拂，其風逆轉，吹倒番人，天地復明。椿巖望見鍾道士，忙報呂軍師曰：「鍾長仙來矣，師父快走！」道罷，先化一道金光去了，呂洞賓近前，被鍾離喝道：「只因閒言相戲，被汝害卻許多性命。好好歸洞，仍是師徒；不然，罪衍難道。」洞賓無言可答，乃曰：「弟子今知事有分定，不可逆為，願隨師父回去。」於是二仙各駕紅雲，逕轉蓬萊。

參考資料：小說《楊家將傳　第三十八回　宗保大破天門陣　五郎降伏蕭天佐》。

戊子（霹靂火）【倉內之鼠】籤

天上聖母六十聖籤（●○○○●●）

戊子

總是前途莫心勞
求神問聖枉是多
但看雞犬日過後
不須作福事如何

胡鳳嬌觀音寺行香求籤

求財	耕作	經商	歲君	六甲	婚姻
微利不吉	只好半	新業差舊業平	中和	生男後女	平正
家運	失物	六畜	築室	移居	墳墓
宅舍難居	成日在	不可	不美成者安	且慢	地勢不合
出外	行船	凡事	治病	作事	功名
不可	財經微利	不可作合者吉	運深酉戌不畏	慢成	未就
官事	家事	求兒	求雨		來人
宜和	平平	不可	甲子乙丑日不人		戊日到

屬：火利在夏天，宜其南方。

澤山咸：咸者感也。兌金三世卦。

評曰：山澤通氣之課，至誠感神之象，鸞吟鳳舞之意。

斷易大全：漢王昭君卜得；後知和番不回也。

正月卦：春吉、夏平、秋凶、冬平。

四季運：春官煞、夏印、秋食傷、冬財。

四季相：春相、夏旺、秋囚、冬死。

飛：丙申金。　伏：丁丑土。

27 ䷞ **澤山咸**（兌上艮下）

咸：亨。利貞。取女吉。

初六：咸其拇。

六二：咸其腓。凶。居吉。

九三：咸其股。執其隨。往吝。

九四：貞吉。悔亡。憧憧往來。朋從爾思。

九五：咸其脢。旡悔。

上六：咸其輔頰舌。

算盤

算盤圖意：

財益還損。不能遂心。爭訟遲結。失物緩尋。旅客未返。貴人將臨。婚姻頗合。病得好音。

未土	▅ ▅	應	父母
酉金	▅▅▅		兄弟
亥水	▅▅▅		子孫
申金	▅▅▅	世	兄弟
午火	▅ ▅		官鬼 卯妻
辰土	▅ ▅		父母

【胡鳳嬌觀音寺行香求籤】

寓鼇頭紹仁堂編篡

話說文氏與女兒，僱了兩乘轎，母女坐下，轎夫抬到觀音庵。二尼忙忙出迎。母女二人到了大殿，點起香燭，深深禮拜。鳳嬌默視道：「大悲觀音菩薩，弟子胡氏鳳嬌，幼年喪父，與寡母文氏托身胞叔胡發家中，受盡千般苦楚。因神人吩咐，比合硃砂記，母親將弟子許與馬隱為妻，即名進興。自從有五人前來接他往邊廷叔父處去，幾月杳無音信，紛紛謠言為盜死在牢中，托親陳進查訪，已知其詐，但不知丈夫在邊廷平安否？日後還有相逢之日否？求大士賜一靈籤，以辨吉凶。」祝畢起身，抽出一籤，將籤經一看，上寫道：困龍伏爪在深潭，時未來時名未揚。直待春雷一聲響，騰空飛上九重天。

文氏便問：「李師父，這籤問行人在外，可平安否？」李尼道：「小尼不會詳解籤語。當家張師兄詳得最準，人都稱他張半仙，少坐片時，他就回來。」鳳嬌道：「籤語我自會解，不用等他。」文氏道：「若不詳解明白，豈不枉來一次！」李尼道：「安人說得是，少不得還要待茶吃齋。」母女來至後殿，等至日午，李尼擺出素齋款待。文氏道：「怎好又在此吃齋？」三人遂坐下同吃了齋。李尼引娘兒兩個觀看佛堂，又等多時，仍不見張尼回來，鳳嬌道：「母親，回去罷。」李尼道：「小姐休忙，他也就來了。」文氏道：「我兒，且再等一等。」

卻說馬迪悄悄出庵，取幾錢銀子，打發兩乘轎子回去。日夕，張尼方回，李尼道：「胡大安人與小姐，在此等你詳解籤語哩！」張尼稽首道：「小尼躲避了。不知籤語是那四句？」文氏道：「是『困龍伏爪在深潭』這四句，問行人在外平安否。」張尼雙眉一皺道：「不好，不好！頭一個是『困』字，分明這人坐在牢內了。『伏爪在深潭』，這人手足帶了刑具，囚在牢中。後面這兩句，一發不好，『飛上九重天』，分明已死上天，有何好處！這是不祥之籤。」鳳嬌道：「母親不必悲傷，倒是吉籤。頭一句係『困龍在田』，君王之象，未得行其大志，時未來還不曾揚名天下，『直待春雷一聲響』，要至明春，便得志飛騰，乃大吉之籤。天色將晚，回去罷。」

文氏起身作別，二尼相送出庵，卻不見了轎子，母女驚訝道：「轎夫那裡去了？」二尼道：「想是等不得，回去了。待小尼著徒弟叫兩乘轎子來，送安人小姐去。」母女無奈，只得又進庵來。張尼把母女引到落末一間淨房坐下，擺齋相待，母女那有心吃齋。看看日已沉西，並無轎子來，張尼道：「奇怪，我徒弟怎麼也不回來？安人、小姐請坐，待我再去看看他來不曾。」

張尼走至外面，把前後庵門關好。馬迪、於婆闖入房來，文氏、鳳嬌一見大驚。馬迪道：「伯婆，我善求你立意不允，今日我看你飛上天去！快順從我，自有好處；也不怕你叫喊起來。」母女二人唬得魂不附體，淚如雨下。於婆道：「鳳姐，你看公子何等風流，何等富貴，強如進與萬萬倍，允從了好。若不允從，大爺一怒，只怕你的性命也在頃刻之間！」

鳳嬌知身已落局，心生一計，強收珠淚，叫聲：「於媽，你的言語極是，但要依我三件，方與成親。」馬迪道：「你若允從，休說三件，就萬件也依你。」鳳嬌說：「第一件，要在大殿上設立花燭，待奴沐浴更衣，交拜天地。第二，我不願為妾，須另尋房屋居住。第三，我母年老，要你養老送終。」

此時馬迪喜不可言，叫於婆在房伏侍新人沐浴更衣，自出大殿，吩咐供花燭，鋪紅氈，好拜堂成親。於婆取浴盆並湯至房，請新人沐浴，鳳嬌道：「媽媽你在此，叫我羞答答，怎好沐浴？你且外邊去，有我母親作伴。」同文氏把房門閉上，母女二人嗚嗚咽咽低聲哭了一場，遞解下帶子，雙雙要尋自盡。

忽來了一個救星，乃是胡登的家人，名叫胡完，自胡登死後，文氏打發出去，他在鄉間度日，時常送些瓜菜到胡家中，與主母文氏。這日胡完又來送菜，趁了小船，來至胡家門首，灣船上岸，擔菜入內，來至廚下，不見文氏、鳳嬌，問時方知早間往觀音庵問籤未回，胡完便在廚下洗菜等候。忽聽得家人們交頭接耳，笑道：「此時不回，必是中了姑爺之計。順從還好，若不從，只怕活不成了。」胡完吃了一驚，想道：「是呀，此去觀音庵又不甚遠，問籤無甚延遲，為何這時候還不見回？定中奸人之計，如何是好？」急忙出離胡宅，下了船，用力搖至觀音庵後。見庵中前後門俱已關閉，不得進去，忽見靠牆有株大樹，將身扒上樹去，跨身坐在牆頭，對面便是房屋，低頭一聽，隱隱聽見房中安人、小姐哭聲。胡完低聲叫道：「安人、小姐，快出來，老奴胡完在此！」一聞胡完聲音，忙開門出來，果見胡完坐在牆上。母女走至牆邊道：「胡完，你如何救得我二人出來？」胡完道：「安人，小姐，你伸手來，待我扯你上牆便了。」

參考資料：小說《薛剛反唐 第四十四回 馬迪倚勢強求親 胡完挺身救主母》。

戊寅（城頭土）【過山之虎】籤

天上聖母六十聖籤（●○●●○●）

戊寅

選出牡丹第一枝
勸君折取莫遲疑
世間若問相知處
萬事逢春正及時

薛丁山破收飛刀

求財	耕作	經商	歲君	六甲	婚姻
財源廣進	早冬好下冬呆	逢春發無窮	順吉	生男後女	成者好
家運	**失物**	**六畜**	**築室**	**移居**	**墳墓**
安居春風	在東方緊尋在	可納	逢春大吉	平平	眞龍正穴
出外	**行船**	**凡事**	**治病**	**作事**	**功名**
平安有春滿載	財利平安	春吉冬呆	平安	春天可成	朱衣點頭
官事	**家事**	**求兒**	**求雨**		**來人**
必和	綿綿齊美	平平	必到		月光到

屬：土利在四季，四方皆宜。
坎爲水：坎者陷也。坎水八純卦。
評曰：船涉重灘之課，外虛中寔之象，載寶船破之意。
斷易大全：唐玄宗避祿山時卜得；後果身出九重也。
十月卦：春吉、夏凶、秋凶、冬平。
四季運：春官煞、夏印、秋食傷、冬財。
四季相：春死、夏相、秋休、冬囚。
飛：戊子水。　伏：己巳火。

66 ䷜

坎為水（坎上坎下）

坎　：有孚。維心亨。行有尙。
初六：習坎。入于坎窞。凶。
九二：坎有險。求小得。
六三：來之坎坎。險且枕。入于坎窞。勿用。
六四：樽酒簋貳用缶。納約自牖。終无咎。
九五：坎不盈。祇既平。无咎。
上六：係用徽纆。寘于叢棘。三歲不得。凶。

春聯

春

春聯圖意：
婚註和合。訟定解開。貴人將至。旅客立回。望信得信。求財護財。此簽之驗。盡在春來。

子水	--（世）	兄弟
戌土	—	官鬼
申金	--	父母
午火	--（應）	妻財
辰土	—	官鬼
寅木	--	子孫

【薛丁山破收飛刀】

寓龍頭紹仁堂編篡

薛丁山行兵相近鎖陽城，遠遠望去，不見城池，多是旗號，炮聲不絕，周圍都是番兵番將，劍戟如林，營頭紮得堅固，想是被困死在裡面。

丁山升帳，點竇一虎、副將王奎：「領人馬二萬，掛白旗為號，前往鎖陽城城西，離營一箭之地紮住營盤，聽號炮一起，殺進番營。不得有違！」竇、王二將接了令箭，帶領白旗兵馬二萬，竟往西城去了。又點程千忠、副將陸成：「往南城衝殺，也聽號炮，領兵踹入番營。」二人接了令箭，帶領紅旗兵馬二萬，離了帥營，往南城不表。又點尉遲青山、副將王云：「你二人領兵二萬，往城北停扎，聽號炮衝殺番營。」二人接了令箭，帶領黑旗人馬二萬，往北前進。

薛丁山點將，接了三處城門，傳令拔寨起程。三聲炮響，元帥上了馬。程咬金、薛金蓮、竇仙童執了兵器同了元帥，帶領大隊繡綠旗人馬，往東城而來。

丁山坐在馬上往營前一看，但見一派繡綠旗飄蕩。營前小番扣定弓箭，擺開陣勢，長槍手密層層鉗住。裡面寶同聞小番報知，大唐救兵已到，復奪三關。心中大驚，點將出來。三聲大炮，衝出營前，正迎著薛丁山人馬。大喝道：「程咬金，老匹夫！你果然勾兵到此，救應唐主。本帥恨不能把你萬剮千刀，也還嫌輕。快快出來，吃我一刀。」程咬金大怒，一馬衝出，叫道：「蘇寶同，你這胡兒，我程爺爺又不哄你，原說道勾兵取救前來殺你這班胡兒。你自裝好漢，放我過去，與程爺爺什麼相干？你如今反怨著我。今日天兵到來，你該下馬受死，還要胡言亂語。」蘇寶同聽了大怒，把手中大砍刀劈面砍來。薛丁山把方天戟迎住說：「蘇賊，休得無禮，招本帥的戟罷！」「颼」的一戟，分心就蘇寶同大刀撲面交還。二人戰到十合，不分勝敗。左右飛龍將軍趙良生，猛虎將軍金字臣二騎馬衝將出來，相助蘇寶同，丁山左右刺。金蓮、竇仙童上前敵住交戰。

城中將官在城上見番營大亂，鼓炮不絕，殺聲大震。茂公曉兵已到，奏知天子。天子龍顏大悅，眾將放下驚慌。茂公當殿傳令：「汝等快結束，整備馬匹，帶領得救隊伍，好出城救應。兩路夾攻，使番邦片甲不留。」點尉遲號懷、秦夢：「你二人開東門衝殺救應，共擒蘇寶同。」又點周青、薛賢徒：「你二人帶兵一萬，往南門衝出。」又點姜興霸、李慶紅：「你二人帶兵一萬，往西門衝出，不得有違。」又點周文、周武：「你二人帶領人馬一萬，開北門接應。」領兵往北城而行。放炮一聲，城門大開，二馬當先，衝到番營。手起一槍，番兵盡皆殺散。踹進第二座營盤，一萬軍混殺，番兵勢孤，棄營逃走。二人直入，無人攔阻。見尉遲青山、王雲大戰二員番將，有二十回台，不分勝負。惱了周文、周武，縱馬上前，喝聲「去罷！」手起一槍，把趙之挑在地下，李先見唐將多了，心內一慌，兵器一鬆，被尉遲青山一鞭打下馬來。四人喊殺連天，番兵逃亡不計其數。北門已退，營盤多倒。西門開處，那姜興霸，李慶紅各執一條槍，殺散小番，衝進營盤。只見竇一虎、王奎與敵大戰數十合，不定輸贏。姜興霸把槍刺個落空所在，一槍將葛天定挑下馬來。楊方被竇一虎一棍打死。四將殺得小番屍骸堆積，皮帳踐踏如泥。西城又得破了。又表周青、薛賢徒帶兵衝出南門，殺進番營。見程千忠、陸成與番將戰有三十個衝鋒，未分勝負。惱了周青，縱馬上前，手起一鐗，把徐仁打死。孫德措手不及，被程千忠一斧砍死。這回亂殺番兵，多拋盔棄甲四散而逃。各處屍首，馬踏為泥。唐朝人馬，緊追廝殺。

東門薛丁山與蘇寶同大戰。薛金蓮將六個紙團一拋，都變做二丈四尺長的金甲神人。蘇寶同兵將多被金甲神人將人亂砍。竇仙童祭起捆仙繩亂來拿人。蘇寶同見勢不好，將葫蘆蓋揭開，放出柳葉飛刀，直奔丁山頭上落將下來。那薛丁山頭上戴的太歲盔，毫光一衝，飛刀散在四方不見了。蘇寶同一連放了八把飛刀，只聽拼玲拍瑠，又作為灰飛。又放起飛鏢，丁山放下戟，左手取弓，右手拿穿雲箭，搭在弦上，一箭往飛鏢上射去，無影無形；將手一招，其箭落下，用手接住，放在袋內。蘇寶同大驚，回馬要走。

丁山抽出玄武鞭，長有三尺，青光也有三尺，將鞭一起，蘇寶同回頭一看，見一道青光在背上一晃，叫聲：「呵呀，不好了！」後心著鞭，口吐鮮血，大敗而走。竇仙童叫聲「那裡走？」祭起捆仙繩，將蘇寶同捆住。蘇寶同見仙繩來得利害。化道長虹而去。丁山見了，倒卻心驚。程咬金說：「此乃非凡人也，焉能擒得他著。」只見後面秦夢、尉遲號懷帶了人馬，殺上前來幫助。吩咐追殺番兵，追下去有三十里，殺得屍橫遍野，血流成河，遺下刀槍戟劍旗旛糧草不計其數。

參考資料：小說《說唐三傳 第二十一回 薛丁山大破番營 蘇寶同化虹逃走》。

戊辰（大林木）【清溫之龍】籤

天上聖母六十聖籤（○○○●○○）

戊辰

君爾寬心且自由
門庭清吉家無憂
財寶自然終吉利
凡事無傷不用求

崔文德請鳳嬌

求財	耕作	經商	歲君	六甲	婚姻
先輕後得	早冬微晚冬好	獲如意後大利	淡淡	添得弄璋之喜	大吉
家運	失物	六畜	築室	移居	墳墓
可得興旺	自回	興旺	喜得瑞氣盈門	慢即吉	地運大進益
出外	行船	凡事	治病	作事	功名
先呆後好	先平安後大進	有財允成不畏	得安	成功	晚到
官事	家事	求兒	求雨		來人
平安	固圓且喜	不可	居中		難在

屬：木利在春天，宜其東方。

天澤履：履者禮也。艮土五世卦。

評曰：如履虎尾之課，安中防危之象，尊卑分定之意。

斷易大全：子路出行時卜得；後遇虎拔其尾也。

三月卦：春凶、夏平、秋凶、冬吉。

四季運：春官煞、夏印、秋食傷、冬財。

四季相：春旺、夏休、秋囚、冬相。

飛：壬申金。　伏：丙子水。

寶鏡圖意：

訴訟大吉。病中得生。商賈活潑。財利豐盈。

貴人臨戶。遊子歸程。求田問舍。件件皆成。

天澤履（乾上兌下）

履：虎尾。不咥人。亨。

初九：素履。往无咎。

九二：履道坦坦。幽人貞吉。

六三：眇能視。跛能履。履虎尾。咥人凶。武人為于大君。

九四：履虎尾。愬愬終吉。

九五：夬履。貞厲。

上九：視履(句)考祥。其旋(句)元吉。

戌土	—		兄弟
申金	—	世	子孫 子妻
午火	—		父母
丑土	--		兄弟
卯木	—	應	官鬼
巳火	—		父母

【崔文德請鳳嬌】

寓龍頭紹仁堂編纂

陵州崔文德，一心要娶表妹為妻，百般孝敬文氏，欲央媒說合，來至文氏面前，跪下道：「表妹今年十六歲，愚姪今年十七歲，年紀相當，欲求表妹結姻，訂百年之好，不知姨母尊意若何？」文氏聞言驚呆，半晌方說道：「這事不是我不肯，只因當初許過進興了，如今難以再許你。」文德道：「姨母不妨，雖然曾許進興，又非明媒說合，且是來歷不明，逃去無蹤，又聞他做了強盜，打死牢中，豈可誤了表妹終身大事！」文氏左思右想，並無法回他，忽然想起通州近日遭了兵火，胡發定然避兵，不在家中，只將胡發推辭便了，叫聲：「賢姪，我想婚姻大事，非女流所做主，必要我家二叔胡發做主，要他應諾才好。」文德道：「這不難，待我往通州，親見胡二叔求親便了。」文氏暗暗點頭。文德忙將這話入告母親，崔母道：「為娘久有此心，只因你姨母說已許人了，故爾終止。今姨母既有此話，爾須速去求親，只要你胡二叔出一庚帖，便下了聘來。」文德忙收拾財禮，帶八個家丁，叫了船，竟往通州而來。

此時周兵已過去了，那胡發也回在家中，聞知嫂嫂、姪女得胡完送在陵州崔宅居住，他樂得省飯，也不以為念。那崔文德來到通州，下船入城，就寫一個柬帖，來拜胡發。胡發知他十分富貴，忙迎接入廳，禮畢坐下。胡發假意謝他收留嫂嫂、姪女之情，文德連稱失禮，就把求婚已蒙文氏應允，要他主婚，出庚帖，即當以千金相聘的話，說了一遍。那胡發聞聽有千金聘禮，連忙應允，並說：「不消擇日，明早下聘就好。」酒罷，文德告辭，胡發相送出門而別。

鳳嬌聞言，急得肝腸寸斷，淚下如雨，叫聲：「三哥，我丈夫雖無下落，但小妹之身既許與他，永無更改。三哥決還我庚帖，速去通州，追回聘禮，莫做輕財速命之人！」文德道：「賢妹，我大禮已行，永無更改。你既不肯他嫁，我誓不肯他娶，大家就守節便了。」鳳嬌心如刀剮，忙脫下身上穿的崔家衣服來，依舊穿了自己的舊衣服，倒在牀上，痛哭不了。崔母、文氏苦勸半日，鳳嬌那裡肯聽。一連五日，茶飯皆絕，滴水不下，急得崔母、文氏都沒法了。文德入房一看，紛紛淚下道：「賢妹，愚兄雖不才，也不為辱沒了你，你為何輕生，餓到如此光景？也罷，總是我與你無緣，我取庚帖來，送還你便了。」遂到書房取了庚帖，來至牀邊，叫聲：「賢妹，庚帖在此，送還了你，不怨要自己苦了，請吃些湯水罷！文氏道：「我兒，你三哥送還了庚帖，不要心焦，你可吃些飯罷！」鳳嬌只是閉口不吃，恨自己命苦，立志要死，文氏止不住流淚。文德道：「姨母，且收了表妹庚帖，慢慢勸他吃些東西，我且出去。」文氏再三苦勸，那知他口也不開。一連七日，水米不沾，看看目定唇青，文氏只是痛哭，也沒法相救。鳳嬌將死，怨氣直衝斗牛，玉帝聞知，即差太白金星帶一粒仙丹下來，是夜投入鳳嬌腹中，立時神清氣爽，吃飯如前，文氏大喜。文德喜到萬分，只要他大命不妨，慢慢守候他回心轉意成親。

胡氏鳳嬌拜上姨母、三哥尊前：「鳳嬌命途多舛，嚴君早逝，母女孤苦，相依叔父。敦知叔父與嬸母重富欺窮，凌虐孤苦，全無骨肉之情，相待如同奴婢。只因神人吩咐，比合硃砂手記，繡娘為媒，母親做主，許與進興，一言永定，萬載無更。可恨馬迪，假造談言，以致母女同到觀音庵問簽，中了奸計。幸得胡完相救，得脫大難，又蒙三哥大悲庵相逢，留我母女到家，看待如同骨肉，感恩非淺。可恨叔父貪財，將奴又許配三哥，又蒙三哥恩德，送還庚帖，並不強逼。只因慶祝姨母大壽，眾親胡說非禮，羞斷難忍。非是小妹無情，不肯結姻，實因已許進興，名節為重，身投江中，屍埋魚腹，以全名節。小妹亡後，老母無依，全望姨母、三哥念及至親，養活終身，不惟生者感恩，而死者亦戴德矣。」

鳳嬌寫完封好，放在箱內，滅燈就寢。文氏、鳳嬌睡在中艙，家僮都睡在後梢。鳳嬌和衣假睡，等到二更，悄悄起來，開了艙門，輕輕摸出來，見文德沉睡如雷，悠悠摸過，把前艙門開了，將身摸至船頭。舉目一看，只見汪汪一片江水，不覺淚如雨下，忽聽船中有聲，遂踴身一躍，跳在江心。早有巡江水神托住，頃刻間不知去了多少路途，遇了一隻榮歸的官船，水神把船托住，那船一步也不能行。水手把火往江中一照，吶喊：「江中一個女子！」早驚動了船內夫人，披衣起來，吩咐：「快快打撈，救得上船，賞銀五兩！」眾水手忙救起上船。鳳嬌流淚道：「賤妾姓胡，名鳳嬌，通州人氏，父親早亡，同母文氏過活。自幼許進興，不料他去邊廷尋親，杳無音信。叔父胡發貪圖財帛，又受他人之聘，逼奴改嫁。奴守節不從，因此投江自盡，卻蒙夫人撈救，恩德如山！」

此時文德見鳳嬌投江後放聲大哭，急叫數十隻船打撈屍首，江水滔滔，那裡去撈！文德吩咐家人，把帶來的祭禮排在船頭，文德哭拜船頭道：「賢妹，你身死江中，靈魂隨愚兄回去，姨母在我身上養老送終。」文氏望江哭叫：

「兒呀，為娘的被你哄了，叫我苦命的娘親依靠何人？」哭了一回，燒化紙錢，祭畢，開船回家。

參考資料：小說《薛剛反唐 第四十九回 俏書生思諧佳偶 貞烈女投江全節》。

戊午（天上火）【廄內之馬】籤

天上聖母六十聖籤（●●○○●●）

戊午

於今莫作此當時
虎落平陽被犬欺
世間凡事何難定
千山萬水也遲疑

石存孝遇李克用收為誼子

求財	輕得
耕作	早不好晚平常
經商	呆人欺難如意
歲君	平平
六甲	須防難產
婚姻	不吉
家運	人作怪恐風波
失物	難尋在
六畜	不安
築室	不可
移居	大不好
墳墓	犯六十年緊移
出外	被人欺
行船	無利可得
凡事	後成吉
治病	運犯刧被邪欺寅戌日過不畏
作事	難成
功名	無
官事	被官欺大了錢
家事	恐防大害
求兒	不可
求雨	不日到

屬：火利在夏天，宜其南方。

雷山小過：小過者過也。兌金遊魂卦。

評曰：飛鳥遺音之課，上逆下順之象，門前有兵之意。

斷易大全：漢君有難時卜得；後果能脫免也。

二月卦：春吉、夏吉、秋吉、冬平。

四季運：春印、夏比劫、秋財、冬官煞。

四季相：春相、夏旺、秋囚、冬死。

飛：庚午火。　伏：丁亥水。

47 ䷽ **雷山小過**（震上艮下）

小過：亨。利貞。可小事。不可大事。飛鳥遺之音。不宜上。宜下。大吉。

初六：飛鳥以凶。

六二：過其祖。遇其妣。不及其君。遇其臣。旡咎。

九三：弗過。防之。從或戕之。凶。

九四：旡咎。弗過。遇之。往厲必戒。勿用永貞。

六五：密雲不雨。自我西郊。公弋取彼在穴。

上六：弗遇。過之。飛鳥離之。凶。是謂災眚。

鐵叉圖意：

訟事無益。財利難求。貴人未現。旅客帶愁。

經商失敗。厥病不瘳。欲延壽算。德宜早修。

戊土	▅ ▅		父母
申金	▅ ▅		兄弟
午火	▅▅▅	世	官鬼 亥子
申金	▅▅▅		兄弟
午火	▅ ▅		官鬼 卯妻
辰土	▅ ▅	應	父母

【石純孝（安景思）遇李克用收為誼子】

寓龍頭紹仁堂編篡

卻說晉王既得了安景思，不勝大喜，當日遂將打死的虎，令良匠割頭為盔，剝皮為袍，腳皮為靴，又令鐵匠打造畢燕撾、狻猊鎧甲、渾鐵搠一齊完備，賜景思全身披掛。晉王曰：「安景思，你會騎馬否？」景思曰：「我自來不會騎馬，今願試之。」晉王命將校選幾匹好馬，到帳前來，景思用手一按，那馬撲地而倒，一連按倒數匹好馬。周德威曰：「勇將必須雄馬，臨陣才能成得大事。」晉王曰：「我在直北四十年，只討得一匹好馬，名喚千里渾，快牽來與他騎。」景思仍將馬一按，那馬亦倒地，晉王曰：「如用此為將，甚與他騎？想起來西涼州進我一匹好馬在哪裡？」嗣源應曰：「在後營用兩條鐵索繫在脊上，四蹄俱是鐵索絆定，人不敢近。」晉王曰：「快將鐵索解去，牽來與景思，自去降伏。」景思欣然提著畢燕撾、渾鐵搠，到後營一覷，那馬望景思大吼，撲將起來，景思側身一躲，左手抓住鬃鬣，翻身跳上，跑出營前。此馬久不騎人，馱得景思，漫坡越嶺，一逕飛跑去了。晉王拍案大驚，謂周德威曰：「你說勇將須要好馬，今恐喪其命。」言未畢，只見景思跨馬如風，從山坡後跑將出來。晉王看得見人馬無恙，大喜曰：「這馬中用否？」景思曰：「馬便好，只是有些腰軟，將就騎著罷。」晉王即命結束披掛，立在帳前，果是英雄。晉王看十分歡喜，乃曰：「吾有十二太保，皆吾恩養，雖親疏不同，勝如一體，今升汝做個十三太保，改名李存孝，稱號飛虎大將軍，仍使薛鐵山、賀黑虎二人為汝副將，聽受約束，隨帶飛虎兵三千，剋日起程。存孝拜謝，遂以父王呼之。當日，晉王回入帳中，令蕭劉二妃，送鄧瑞雲去，與存孝成其夫婦。二人行婚禮畢，即設合巹喜筵慶賀，不在話下。

卻說晉王次日升帳，文武恭賀禮畢，存孝謝曰：「蒙父王視以至親，兒乞為先鋒。」晉王乃壯其志，即取印與之。周德威曰：「不可，大王部下，有五百家將，十二太保，便將此印與存孝掛，誠恐人議論大王有棄舊迎新之意。」晉王曰：「汝何主意？」德威曰：「可令眾人與存孝同到營前比箭，分其勝負，如射得三箭中紅心者，與以先鋒印，方可以掩眾口。」晉王曰：「汝言有理！」是日，晉王戴沖天冠，穿衮龍袍，玉帶珠履，正中而坐，諸將侍立左右。晉王令諸將比試弓箭，定下先鋒，將紅錦戰袍一領，掛於垂楊之上，又設一箭垜，離百步為界，眾將分為兩隊，十三太保穿紅，五百家將穿綠，各帶雕弓長箭，跨鞍立馬，聽候指揮。晉王傳令曰：「如有射得三箭中紅心者，鳴金擊鼓以應之，即將紅袍賞賜，隨令掛先鋒印。晉王教諸將先射，言未竟聲，紅袍隊中一將，驟馬持弓而出，眾視之，乃是太保康君利，把馬飛縱，來往三遭，搭上箭，扣滿弓，放射一箭，其箭未及射到紅心上面，已自落地，金鼓寂然。晉王大怒曰：「一箭尤然不中，安敢望掛先鋒印乎？」喝令推出君利斬之。德威慌忙跪下告曰：「未曾出軍，豈先斬家將乎？恐於軍不利。權記過，後去將功贖罪。」晉王曰：「既如此，難以全免。」隨令拿下，重打四十皮鞭。晉王怒氣略息，康君利羞慚滿面而退。是此康君利積恨於懷，每日生嫉妒，有害存孝之意。

晉王叫眾將來試，只見綠袍隊中一將，奮武而出，眾視之，乃副將夏日新也，遂驟馬持弓，看垜一遭，第二番一箭正中紅心，金鼓齊鳴。日新呼曰：「快取袍印過來！」晉王曰：「只此一箭，未足以當此職。」紅袍隊中一將，飛馬出曰：「看我射來，顯汝二人手段。」拽滿雕弓，連射三箭，只有一箭中紅心。眾皆喝采，乃四太保李從信也。從信曰：「吾中一箭，不得此袍，合得先鋒印。」晉王曰：「吾有言在先，汝何犯令耶？」從信默默無言。紅袍隊中一將出曰：「你二人射中紅心，豈足為奇？看我連射三箭來。」乃大太保李嗣源也。飛馬翻身，背射三箭，二中紅心。嗣源曰：「吾翻身背射，中卻二箭，合得此印與袍。」言未絕，紅袍隊中一將，飛馬出曰：「汝翻身背射奇，看我射紅心。」其人乃李存孝也。驟馬到界口，扭回身，連射三箭，皆中紅心，眾人喝采。存孝厲聲大呼曰：「吾今三箭皆中紅心，先鋒定矣！看我單取錦袍，以示英雄。」拈弓搭箭，逕往柳梢射之，一箭射斷柳梢，錦袍墜下，存孝飛馬取錦袍披於身上，往來馳驟一遭，下馬對晉王面前拜謝。晉王遂令存孝為先鋒，設酒相慶。忽報轅門外有一支兵來索戰，存孝曰：「父王且留杯中酒，待兒去拿一將來才飲。」言畢，飛身上馬出營，大叫：「來將何人？」二人答曰：「吾乃飛虎山大將安休休、薛阿檀是也！」存孝更不答話，拍馬向前，二將一齊迎敵，被存孝大喝一聲，把二將活擒過來，勒馬回營，其時酒尚未寒。晉王大喜，即使二將歸存孝帳下，存孝與之結為兄弟，折箭為盟，永相救援。

參考資料：小說《殘唐五代史演義傳　第十一回　李晉王閱兵試箭》。

戊申（大驛土）【獨立之猴】籤

天上聖母六十聖籤（○●○●●○）

戊申

枯木可惜未逢春
如今還在暗中藏
寬心且守風霜退
還居依舊作乾坤

關雲長斬蔡陽

求財	耕作	經商	歲君	六甲	婚姻
新業差舊業平	無利半收	須守安命不可	平正	先男後女	平平
家運	失物	六畜	築室	移居	墳墓
合家興旺	援尋	不可	漸待開春	不吉	地運後必發
出外	行船	凡事	治病	作事	功名
不可	無利可得	待時	運暗逢春出運	難成	不就
官事	家事	求兒	求雨		來人
拖尾	平安	不吉	不可		未日到

屬：土利在四季，四方皆宜。

火雷噬嗑：噬嗑者齧也。巽木五世卦。

評曰：日中爲市之課，順中有物之象，夫妻閨怒之意。

斷易大全：蘇秦說六國時卜得；後爲六國丞相。

九月卦：春凶、夏吉、秋凶、冬死。

四季運：春官煞、夏印、秋食傷、冬財。

四季相：春死、夏相、秋休、冬囚。

飛：己未土。　伏：辛巳火。

火雷噬嗑（離上震下）

噬嗑：亨。利用獄。

初九：履校滅趾。旡咎。

六二：噬膚滅鼻。旡咎。

六三：噬腊肉。遇毒。小吝。旡咎。

九四：噬乾胏。得金矢。利艱貞。吉。

六五：噬乾肉。得黃金。貞厲。旡咎。

上九：何校滅耳。凶。

重弓圖意：

運遭困厄。商枉經營。旅況不美。訟事勿爭。

求婚未遇。謀利難成。百盤振作。待時而行。

巳火	⚊	子孫
未土	⚋ 世	妻財
酉金	⚊	官鬼
辰土	⚋	妻財
寅木	⚋ 應	兄弟
子水	⚊	父母

【關雲長斬蔡陽】

寓龍頭紹仁堂編篡

卻說關公同孫乾保二嫂向汝南進發，不想夏侯惇領二百餘騎，從後追來。關公回身勒馬按刀問曰：「汝來趕我，有失丞相大度。」夏侯惇曰：「丞相無明文傳報，汝於路殺人，又斬吾部將，無禮太甚！我特來擒你，獻與丞相發落！」言訖，便拍馬挺鎗欲鬥。只見後面一騎飛來，大叫：「不可與雲長交戰！」關公按轡不動。來使於懷中取出公文，謂夏侯惇曰：「丞相敬愛關將軍忠義，恐於路關隘攔截，故遣某特齎公文，遍行諸處。」惇曰：「關某於路殺把關將士，丞相知否？」來使曰：「此卻未知。」曰：「我只活捉他去見丞相，待丞相自放他。」關公怒曰：「吾豈懼汝耶！」拍馬持刀，直取夏侯惇。惇挺鎗來迎。兩馬相交，戰不十合，忽又一騎飛至，大叫：「二將軍少歇！」惇停鎗問來使曰：「丞相叫擒關某乎？」使者曰：「非也。丞相恐守關諸將阻擋關將軍，故又差某馳公文來放行。」惇曰：「丞相知其於路殺人否？」使者曰：「未知。」惇曰：「既未知其殺人，不可放去。」指揮手下軍士，將關公圍住。關公大怒，舞刀迎戰。兩個正欲交鋒，陣後一人飛馬而來，大叫：「雲長、元讓，休得爭戰！」眾視之，乃張遼也。二人各勒住馬。張遼近前言曰：「奉丞相鈞旨：因聞知雲長斬關殺將，恐於路有阻，特差我傳諭各處關隘，任便放行。」惇曰：「秦琪是蔡陽之甥。他將秦琪託付我處，今被關某所殺，怎肯干休？」遼曰：「我見蔡將軍，自有分解。既丞相大度，教放雲長去，公等不可廢丞相之意。」夏侯惇只得將軍馬約退。遼曰：「雲長今欲何往？」關公曰：「聞兄長又不在袁紹處，吾今將遍天下尋之。」遼曰：「既未知玄德下落，且再回見丞相，若何？」關公笑曰：「安有是理！文遠回見丞相，幸為我謝罪。」說畢，與張遼拱手而別。於是張遼與夏侯惇領兵自回。

周倉跟著關公，往汝南進發。行了數日，遙見一座山城。公問土人：「此何處也？」土人曰：「此名古城。數月前有一將軍，姓張，名飛，引數十騎到此，將縣官逐去，占住古城，招軍買馬，積草屯糧。今聚有三五千人馬，四遠無人敢敵。」關公喜曰：「吾弟自徐州失散，一向不知下落，誰想卻在此！」乃令孫乾先入城通報，教來迎接二嫂。孫乾領關公命，入城見飛。施禮畢，具言：「玄德離了袁紹處，投汝南去了。今雲長直從許都送二位夫人至此，請將軍出迎。」張飛聽罷，更不回言，隨即披挂持矛上馬，引一千餘人，逕出城門。孫乾驚訝，又不敢問，只得隨出城來。關公望見張飛到來，喜不自勝；付刀與周倉接了，拍馬來迎。只見張飛圓睜環眼，倒豎虎鬚，吼聲如雷，揮矛向關公便搠。關公大驚，連忙閃過，便叫：「賢弟何故如此？豈忘了桃園結義耶？」飛喝曰：「你既無義，有何面目來與我相見！」關公曰：「我如何無義？」飛曰：「你背了兄長，降了曹操，封侯賜爵，今又來賺我！我今與你拼個死活！」關公曰：「你原來不知，我也難說。現放著二位嫂嫂在此，賢弟請自問。」二夫人聽得，揭簾而呼曰：「三叔何故如此？」飛曰：「嫂嫂住著。且看我殺了負義的人，然後請嫂嫂入城。」甘夫人曰：「二叔因不知你等下落，故暫時棲身曹氏。今知你哥哥在汝南，特不避險阻，送我們到此。三叔休錯見了。」糜夫人曰：「二叔向在許都，原出於無奈。」飛曰：「嫂嫂休要被他瞞過了！忠臣寧死而不辱。大丈夫豈有事二主之理！」關公曰：「賢弟休屈了我。」孫乾曰：「雲長特來尋將軍。」飛喝曰：「如何你也胡說！他那裏有好心！必是來捉我！」關公曰：「我若捉你，須帶軍馬來。」飛把手指曰：「兀的不是軍馬來也！」

關公回顧，果見塵埃起處，一彪人馬來到。風吹旗號，正是曹軍。張飛大怒曰：「今還敢支吾麼？」挺丈八蛇矛便搠將來。關公急止之曰：「賢弟且住。你看我斬此來將，以表我真心。」飛曰：「你果有真心，我這裡三通鼓罷，便要你斬來將！」關公應諾。須臾，曹軍至。為首一將，乃是蔡陽，挺刀縱馬大喝曰：「你殺吾外甥秦琪，卻原來逃在此！吾奉丞相命，特來拏你！」關公更不打話，舉刀便砍。張飛親自擂鼓。只見一通鼓未盡，關公刀起處，蔡陽頭已落地。眾軍士俱走。關公活捉執認旗的小卒過來，問取來由。小卒告說：「蔡陽聞將軍殺了他外甥，十分忿怒，要來河北與將軍交戰。丞相不肯，因差他往汝南攻劉辟。不想在這裡遇著將軍。」關公聞言，教去張飛前告說其事。飛將關公在許都時事細問小卒；小卒從頭至尾，說了一遍，飛方纔信。

正說間，忽城中軍士來報：「城南門外有十數騎來的甚緊，不知是甚人。」張飛心中疑慮，便轉出南門看時，果見十數騎輕弓短箭而來。見了張飛，滾鞍下馬。視之，乃糜竺、糜芳也。飛亦下馬相見。竺曰：「自徐州失散，我兄弟二人逃難回鄉。使人遠近打聽，知雲長降了曹操，主公在於河北；又聞簡雍亦投河北去了。只不知將軍在此。昨於路上遇見一伙客人說：『有一姓張的將軍，如此模樣，今據古城。』我兄弟度量必是將軍，故來尋訪。幸得相見！」飛曰：「雲長兄與孫乾送二嫂方到，已知哥哥下落。」二糜大喜，同來見關公，并參見二夫人。飛遂迎請二嫂入城。

至衙中坐定，二夫人訴說關公歷過之事，張飛方纔大哭，參拜雲長。二糜亦俱傷感。張飛亦自訴別後之事，一面設宴賀喜。

參考資料：小說《三國演義 第二十八回 斬蔡陽兄弟釋疑 會古城主臣聚義》。

戊戌（平地木）【進山之犬】籤

天上聖母六十聖籤（●●●○●○）

戊戌

漸漸看此月中和
過後須妨未得高
改變顏色前途去
凡事必定見重勞

薛丁山三請樊梨花

求財	耕作	經商	歲君	六甲	婚姻
微利了工	後半年好	經營不就	不遂	產孕勿躁	不成
家運	失物	六畜	築室	移居	墳墓
家庭了錢難安	平正	不合	不安	不可	地氣不佳
出外	行船	凡事	治病	作事	功名
不可出	了工了本	了錢	險月半不癒重	難成	不成難進
官事	家事	求兒	求雨		來人
枉費了錢	門有險了錢災	不可且慢	不久		月光到

屬：木利在春天，宜其東方。

地火明夷：明夷者傷也。坎水遊魂卦。

評曰：鳳凰垂翼之課，囊中有物之象，雨後苔色之意。

斷易大全：文王在羑里見子不至時卜得；後子果沒也。

八月卦：春平、夏凶、秋凶、冬吉。

四季運：春官煞、夏印、秋食傷、冬財。

四季相：春旺、夏休、秋囚、冬相。

飛：癸丑土。　伏：戊申金。

83 ䷣ **地火明夷**（坤上離下）

明夷：利艱貞。

初九：明夷于飛。垂其翼。君子于行。三日不食。有攸往。主人有言。

六二：明夷。夷于左股。用拯馬壯。吉。

九三：明夷于南狩。得其大首。不可疾貞。

六四：入于左腹。獲明夷之心。于出門庭。

六五：箕子之明夷。利貞。

上六：不明晦。初登于天。後入于地。

月斧圖意：

財源有限。訴訟牽連。失物被匿。求婚見損。

家庭不吉。信音難傳。諸病易癒。須託皇天。

酉金	- -		父母
亥水	- -		兄弟
丑土	- -	世	官鬼
亥水	——		兄弟 午妻
丑土	- -		官鬼
卯木	——	應	子孫

【薛丁山三請樊梨花】

寓龍頭紹仁堂編纂

樊梨花想起薛丁山三次屈打她的往事，不由得淚如雨下，為了使薛丁山能夠真正痛改前非，她向太子數說了薛丁山的四大罪狀，最主要的有四條：一、為國擋賢；二、射死天倫；三、恩將仇報；四、大逆不道。李治太子聽罷心中大怒，想不到薛丁山竟是這樣一個人。回憶當初在御校場比武奪狀元，那是何等的英雄，要不然怎麼會加封他為龍虎狀元、十寶大將、二路元帥呢？現在看來是看錯人了。太子想罷多時，對樊梨花說道：「你訴的這些苦，本殿一定給你作主，讓你出氣。但是我這次來的目的你也知道，希望姑娘能以國事為重，擔起重任才是。現在我要起身趕奔前敵，見著薛丁山一定叫他到寒江關來聘請樊小姐。你啥時候出了氣，啥時候領兵帶隊趕奔前敵，到那裡由聖上正式任命你的官職，你看如何？」於是將三萬鐵甲軍的兵符令箭交於梨花。樊梨花心滿意足，磕頭謝恩。太子和魯國公也十分高興，離開樊府，當天便出發趕奔白虎關。李治太子下旨傳令升帳，薛丁山望上叩頭：「罪民大罪千條，真是罪該萬死，我為國擋賢，大逆不道，另外屈枉了樊小姐，趕走薛應龍，箭射天倫，犯下不赦之罪，殿下怎麼處分都行，我願領罪。」太子又把桌子一拍：「好吧。你犯罪的原因就在樊小姐身上。我希望你們破鏡重圓，夫妻言歸於好，讓樊小姐領兵帶隊，你也幫忙，攻打西涼為國立功，將功折罪，可樂意？」程咬金說：「她能來不能來，我看不在於樊梨花，而是在於你。心誠則靈，去得有個條件：一、不帶隨從不騎馬，一步一步走到寒江關；二、別以為你是什麼二路元帥、龍虎狀元，這些早給你擼了，你現在是普通老百姓，你要青衣小帽；三、見著寒江關的城門就得跪下磕頭，一步一頭磕到樊府，見著樊小姐你再哀求，要請來就將功折罪，請不來殺你個二罪歸一。殿下你看怎麼樣？」

望見寒江關城樓，才來到府門，老總管樊忠領著一夥僕人從裡邊出來，手裡拿著鞭子和棒子。這些僕人往上一闖，把棒子、鞭子掄開，叭叭叭一頓狠揍。這一陣皮鞭把薛丁山打得連滾帶爬，一直打到十字街，僕人們才回去。薛丁山想：看樣子樊梨花是死了心了，她絕對不會再認我了，我就是把心掏出來她也不會相信，乾脆我回營交令得了。殿下不答應，程爺爺不答應，愛怎麼處分就怎麼處分吧。一賭氣他又回了白虎關。

太子把桌子一拍：「你現在就給我滾回去，請不來樊小姐不准你回營。」再次進了寒江關，聽見樊小姐死了，薛丁山猶如晴天霹靂。樊府家人不讓他再呆下去，把他攆出了府門。他走了很遠，又扭頭看了看樊府，活著請不來算我沒能耐，她死了我還怎麼請？乾脆另選元帥，再想對付三川六國的辦法。

這日回到大營，眾人一看，見他的眼泡都哭腫了。程咬金腆著草包肚子說：「她是怎麼死的？讓你氣死的。你跪到靈前哭，要是把樊小姐哭活了，你算將功補過，哭不活你還有罪。收拾收拾東西再回去。」

幾天以後，薛丁山第三次來到寒江關。等來到樊府門口剛要往裡走，被守門的攔住了：「這不是薛將軍嗎？你怎麼又回來了？」薛丁山說：「我是來給樊小姐守靈，操辦喪事的。」樊梨花的倆嫂子又出來再三勸說，也無濟於事。她們倆實在趕不走薛丁山了，才說道：「你要進府，得有個條件，得披麻戴孝，手拄哀杖，不然的話不能進我府。」薛丁山頭頂麻冠，身披重孝，腰繫麻繩，抱著哭喪棒，哭得鼻涕多長，來到靈堂。「看你出於至誠，就這麼辦吧。你要守靈我們可就不管了，都交給你了。」近日來他心情鬱悶，幾番辛苦，吃喝不足，睡眠不夠，再加上受刺激太大，悲傷過度，哭昏過去了。薛丁山又覺著起了風，渾身發涼。迷迷糊糊從地上站起來，伸伸懶腰，活動兩步，只見在月亮門洞那兒站著一個女子，正是樊梨花。薛丁山一翻身從地下起來，原來做了一場惡夢，嚇得他通身是汗。正在這時候，就聽棺材蓋「嘎巴」一聲，把薛丁山嚇了一跳。就見樊梨花在棺材裡坐起來了，肩膀以上露在外面，她用手扶著棺材板，借燭光看了看薛丁山：「下面什麼人？」薛丁山想，剛才還說真遇見鬼都不怕，現在怕什麼呢！他往前緊走兩步：「樊小姐，我就是薛丁山，你這是怎麼回事？」「唉！薛將軍，本來我是死了，被你的誠心感動，我又還陽了，快些攙為妻一把！」薛丁山聞聽此言，不顧一切撲向樊梨花：「娘子，你還陽了！這真是心誠則靈啊。」

薛丁山剛剛扶樊梨花坐下，魯國公程咬金從跨院進來了，拍著大肚子笑著：「丁山，你這回服沒服？」

參考資料：小說《薛家將 第二十七回 三下寒江受盡辛苦 靈前懺悔痛訴衷情》。

己丑籤

己丑（霹靂火）【欄內之牛】籤

天上聖母六十聖籤（●○●○●○）

己丑

綠柳蒼蒼正當時
任君此去作乾坤
花果結實無殘謝
福祿自有慶家門

董永皇都市仙女送孩兒

求財	用心即有
耕作	好年冬
經商	大發資財
歲君	大吉
六甲	先女後男
婚姻	好結尾
家運	世世興旺
失物	急尋可有
六畜	可納
築室	好
移居	適其所哉
墳墓	幸喜得遇其穴
出外	大吉可進
行船	財發萬金
凡事	不成拖尾
治病	破財喜遇良醫
作事	成功
功名	差人來報喜
官事	緊完局了錢
家事	瓜瓞綿綿
求兒	好
求雨	及時
來人	立即到

屬：火利在夏天，宜其南方。

水火既濟：既濟者合也。坎水三世卦。

評曰：舟楫濟川之課，陰陽配合之象，西施傾國之意。

斷易大全：季布在周家潛藏時卜得；遂遇高祖也。

正月卦：春平、夏凶、秋平、冬吉。

四季運：春官煞、夏印、秋食傷、冬財。

四季相：春相、夏旺、秋囚、冬死。

飛：己亥水。　伏：戊午火。

摺扇圖意：

旅行有利。孕得玉麟。求財卯乙。尋物西辛。訟分吳越。婚結朱陳。病宜修德。獲福頻頻。

63 ䷾ 水火既濟（坎上離下）

既濟：亨小。利貞。初吉。終亂。

初九：曳其輪。濡其尾。无咎。

六二：婦喪其茀。勿逐。七日得。

九三：高宗伐鬼方。三年克之。小人勿用。

六四：繻有。衣袽。終日戒。

九五：東鄰殺牛。不如西鄰之禴祭。實受其福。

上六：濡其首。厲。

摺扇

子水	- -	應	兄弟
戌土	—		官鬼
申金	- -		父母
亥水	—	世	兄弟　午妻
丑土	- -		官鬼
卯木	—		子孫

【董永皇都市仙女送孩兒】

寓鼇頭紹仁堂編篡

話說東漢中和年間，去至淮安潤州府丹陽縣董槐村，有一人，姓董名永，字延平，年二十五歲。少習詩書，幼喪母親，止有父親，年六十餘歲。家貧，惟務農工，常以一小車推父至田頭樹蔭下，以工食供父。時值荒旱，米糧高貴，有錢沒處買。卻說傅長者見雪下得大，叫院子王仝，去庫中取一千貫錢，倉中搬米十石，在門前散施。不問男女，皆得救濟。當時董永也來到門首，見散錢米，遂得錢十貫，米一斗，謝了長者，火急回身。董永迎風冒雪，揹著錢米回家。父子二人過了半月有餘，其父因饑寒苦楚成病，忽然一臥不起。董永心中好苦，要請醫人調治，又無錢物。不想父親病得五六日身亡。董永哀哭不止，昏絕幾番。

董永自父死後，舉手無措，尋思：「止有我娘舅在東村內往，只得去求他，借些財物買棺木。」當時逕到娘舅家，備告喪父無錢之事。娘舅見說，又無現錢，遂將布二匹，絹一匹，借與董永。董永換具棺木回家，盛停在家中，早晚哭泣。日間與人耕種度日。欲要殯葬，又無錢使。荏苒光陰，不覺過了一年有餘，無錢殯送，心思一計：「不免將身賣與人傭工，得錢揭折。」當日離家，逕投傅長者家，見了院子，央他報說賣身之事。傅長者出廳，叫董永入來，備問其事。董永道：「小人姓董名永，丹陽縣董槐村人氏。自幼喪母。今年又喪父，停柩在家，無錢殯葬。今日特告長者，情願賣身與長者，欲要千貫錢回家葬父，便來長者家傭工三年。望長者慈悲方便！」長者見說，便教院子取一千貫錢付與董永。董永拜別長者出門。

董永將錢回家，至次日，僱請鄉人扛抬棺木，往南山祖墳安葬已畢。過了一夜，次日收拾隨身行李，迤邐便行。行至一株大樹下，歇腳片時，不覺睡著在樹下。卻說董永孝心，感動天庭。玉帝遙見，遂差天仙織女降下凡間，與董永為妻，助伊織絹償債，百日完足，依舊昇天。當時織女奉敕，下降於槐樹下。

仙女道：「奴是句容縣人。公婆父母皆喪。不幸先夫過世，難以營生，欲嫁一個好心之人，甘當伏事。」董永道：「娘子請便，小人告辭。」仙女道：「今見官人如此大孝，情願與官人結為夫婦，同到傅家還債。官人心下如何？」董永答道：「多蒙娘子厚情，又無媒人，難以成事。」仙女道：「既無媒人，就央槐樹為媒，豈不是好？」董永再四推卻。仙女怒道：「非奴自賤，因見官人是個大孝之人，故此情願為妻。你到反意推卻！此亦是緣分，何必生疑！」董永無可奈何，只得結成夫婦，攜手而行，乃云：「我前日在傅長者面前，以說傭工三年准債。今日見我夫妻二人入門，只恐焦躁。」仙女道：「不妨。我自幼會得織綢綾綿絹，他必喜歡。」迤邐行到，二人具言同妻織絹之事。長者大喜，便間：「要多少絲？」仙女道：「起首要十斤，一日織十匹。」長者見說：「我不信，難道生百隻手？我只要你織三百匹紵絲，便放你回去。」當時便與絲十斤，令董永夫妻二人去織。果然一日一夜織成十匹紵絲，呈上長者。原來仙女到夜間，自有眾仙女下降幫織，因此織得快。

一月之期，織成紵絲三百餘匹，呈上長者。長者乃言：「你妻非是凡人；若是凡人，如何一月織得三百匹紵絲？」董永答道：「實不相瞞，是小人路上相遇此婦人，他見我說孝心之事，他便情願嫁我，相幫還債。」長者道：「有如此之事！你真是孝心所感。當初說傭工三年，如今正是三月。我與你黃金十兩，將去別作生理。」

行至舊日槐樹下時，仙女道：「當初我與你在此槐樹下結親，如今又三月矣！」不覺兩淚交流。董永道：「賢妻何故如此？」仙女道：「今日與你緣盡，出此煩惱。實不相瞞，我非是別人，乃織女也。上帝憐你孝意，特差我下降與你為妻，相助還債，百日滿足。奴今懷孕一月，若生得女兒，留在天宮；若生得男兒，送來還你。你後當大貴，不可泄漏天機。」道罷，足生祥雲，冉冉而起。董永欲留無計，仰天大哭：「指望夫妻偕老，誰知半路分離！」哭罷，一逕回到墳前，又哭一場，結一草廬，看守墳塋，不在話下。

卻說傅長者在家無甚事，打開仙女所織之紵絲看時，上面皆是龍文鳳樣，光彩映日月。長者大驚，不敢隱藏，將此事申呈本府。府尹問知，有如此孝感之事，具布奏上朝廷。漢天子覽表，龍顏大悅，曰：「朕即位已來，累有孝行之人，未嘗有如此大孝之人。」遂命近臣修詔書一道，宣董永入朝面君。董永同天使不只一日到京，近臣引見漢天子。天子大喜，封為兵部尚書，蒞任為官。不在話下。

且說天宮織女自與董永別後，不覺十月滿足，生下一子，已得一月，取名叫做董仲舒，遂自送下界來，與董永撫養。卻說董尚書升廳，只見牌坊下立著一個婦人。卻是前妻，吃了一驚，便道：「今日有何緣，得遇賢妻下降？手中抱者何人？」仙女道：「是你兒子，今日特送還你。」董永拜謝，道：「多感賢妻之恩，不知曾取名否？」仙女道：

「玉帝已取名了，喚做仲舒。」

參考資料：小說《清平山堂話本　第十八卷　董永遇仙傳》。

己卯（城頭土）【山林之兔】籤

天上聖母六十聖籤（○●●●●○）

己卯

龍虎相交在門前
此事必定兩相連
黃金忽然變成鐵
何用作福問神仙

王翦入五雷

求財 失利虧本	耕作 不可	經商 了錢	歲君 中和	六甲 防小產子息虛	婚姻 不吉
家運 多口舌之災	失物 難尋	六畜 損失	築室 必退敗	移居 大不好	墳墓 地氣漸失
出外 不可犯災難	行船 無利了工	凡事 退卻	治病 少者好寅辰日不畏	作事 難得成功	功名 無望
官事 了錢拖尾	家事 恐遇風波之災	求兒 不吉	求雨 不日到		來人 寅辰日在

鍊鐵

74 ䷚ **山雷頤**（艮上震下）

頤：貞吉。觀頤。自求口實。

初九：合爾靈龜。觀我朵頤。凶。

六二：顛頤拂經。于丘頤。征凶。

六三：拂頤。貞凶。十年勿用。旡攸利。

六四：顚頤。吉。虎視眈眈。其欲逐逐。旡咎。

六五：拂經。居貞吉。不可涉大川。

上九：由頤。厲吉。利涉大川。

屬：土利在四季，四方皆宜。

山雷頤：頤者養也。巽木遊魂卦。

評曰：龍隱清潭之課，近善遠惡之象，匣中密物之意。

斷易大全：張騫尋河源時卜得；乃知登天位也。

八月卦：春凶、夏平、秋吉、冬利。

四季運：春官煞、夏印、秋食傷、冬財。

四季相：春死、夏相、秋休、冬囚。

飛：丙戌土。　伏：辛未土。

鐵鍊圖意：

婚姻未就。行旅路迷。求財弗得。失物難稽。

訟註頹敗。病逢慘淒。諸盤吉事。皆算不齊。

兄弟	⚊	寅木	
父母 巳子	⚋	子水	
妻財	⚋ 世	戌土	
妻財 酉官	⚋	辰土	
兄弟	⚋	寅木	
父母	⚊ 應	子水	

【王翦入五雷】

寓鼇頭紹仁堂編篡

且說毛奔，敗進秦營來見始皇。來到黃羅寶帳，毛奔慚愧一番，口尊：「聖主萬安，貧道下山之時，祖師爺交付兩卷神書，親口叮嚀，敵得過孫臏便罷，若是你敵不過他，即便照神書行事，待我觀看神書，自有擒拿孫臏的妙計。」說畢，辭駕下帳，來至王翦營盤，秉燭坐下。左有金子陵，右有王翦，兩旁坐下相陪。家將獻茶已畢，毛奔吩咐預備香案。立即取出兩卷神書，放在桌上，就將頭一卷神書展開觀看，上寫著五雷神兵陣，有符有咒語，六甲靈文，盡是這請神的秘訣。第二卷上寫的是安台規制，應用物件，分別門戶，又四隅方向，件件明白。下面注著此陣用不得凡人，專打神仙之體。不論根深道大，打在陣中，五雷擊頂，便能成功。

毛真人看畢，即時望空拜謝了海潮聖人，將書藏起，口稱：「原來海潮聖人給的神書，乃一座五雷神兵陣，專打神仙之體。我想孫臏若進了此陣，即時大羅神仙失位，難免雷轟之苦。只是這刖夫行事太凶。遵依神書法旨，擺此陣全是神祇雷師，普天星辰，並不用分毫鎮物。就在秦營之外，揀一塊高阜淨地，按著東西南北，築起兩座高臺，寬闊要一畝三分之地，高要三丈三尺，正中另築一台，高三丈六尺五寸，四面打起凹壁牆，又要高二丈四尺。四空之處，留下四座門戶，分開東西南北，以便得請四位大元帥，在此四門鎮守。每座臺上，要用五個板門，五五共二十五個，按東西南北中，分五門，每處門口插起一杆中央戊己土旗。中臺上要豎起一杆雷霆令的大纛旗，懸高三丈，出入旗腳下設立五面大鼓，預備香花、燈燭、朱砂、黃紙放在前後左右，各按方位。又要二十八杆星宿旗，旗分五色，位列八方。快去速速備辦，不得違誤。」王翦遵令，即刻差官趕辦去了。毛奔吩咐，取紙筆朱砂過來，就寫五道淨土符，對著國師金子陵說道：「按我這五道靈符，去到新築台牆之下，分開東西南北各處，將此符各燒化一道，原為破穢除邪，以便請神，不得有誤。」金子陵接符去訖。毛真人遂即下帳，步轉金頂黃羅大帳，參見始皇。毛奔說道：「此番孫臏入陣，定是一命難逃。」始皇大喜，說道：「不知真人要用什麼為鎮物？」毛奔回道：「此陣非同小可，但是雷帥星辰，不可褻瀆，還要與主借四樣物件：要借聖上沖天冠、袞龍袍、碧玉帶、無憂履往陣中應用。」毛真人取得鎮物後即辭坐別帳，回轉本營，即便開言道：「此時天才交初更。王翦你可取五盞大燈籠，拿進五雷台，按七星方位懸掛。」毛真人又吩咐：「天已將近二鼓，王翦你把貧道的法衣，並借來的冠帶袍服，先送至中央戊已土臺上，你不必帶著槍馬，只用天罡劍隨身，在台下等候。」王翦答應，就將應用之物取齊，前往五雷陣去了。這毛真人仰首觀望星移斗轉。鼓打三更，他便出營，跨上梅花鹿，就打西北乾地上，撞進陣來。

毛奔在陣內閉睛觀看，仔細端詳，隨即捏訣，口念真言，望牆圍外一指。只見一個老者，手扶拐杖，忙忙來至台前，口稱：「真人呼喚小神前來，有何差遣？」毛真人說道：「無事不來呼喚，因出家人在此擺陣，請的都是普天神聖與五雷，你可把野外遊魂，荒郊怨鬼，污穢之物，盡行拘遣，不許沖犯天神，違令者貶山後頂土。」土地遵旨叩頭，化一陣清風而去。毛奔吩咐道：「師弟，你把冠帶袍履各樣穿起來。」王翦驚道：「這沖天冠、袞龍袍，乃是當今天子御用之物，倘日後恐有別官奏上，說我王翦有謀主造反之心，其罪不小。」真人道：「此事無妨，我與秦皇言過，不來罪你。況且這一個陣，非是殿西侯不能成功，不可遲誤。到了時辰，即速穿戴起皇服，左手執旗，站立旗下，右手仗劍，不用開言，也不用你動手，自有妙用。」王翦不敢違令，穿戴齊整後，右手仗著天罡劍，左手執著五雷旗，來至那杆大纛旗下，緊靠著五面大鼓，丁字腳八字立定。毛真人披髮仗劍，至王翦面前，捏訣迭印，口念真言，將靈符化在劍尖之上，用劍尖在王翦眼上、後心寫了幾道靈符。只見王翦面如金紙，二目無光，如癡似醉，這是五雷真人把王翦的五行閉住，單等他的真魂出竅。

且說那毛真人請神已畢，轉身來至大纛旗下。只見王翦昏迷不醒人事，直挺挺的站立。毛真人伸手將沖天冠摘了下來，將頭髮散開，念動真言咒語，用手在王翦頭上擊了一掌，喝一聲道：「真魂還不出竅，更待何時？」言未盡，只見王翦頂上放出毫光，天門開放，現出元神。紅袍金甲，五縷長髮，身騎玉麒麟，手執金鞭，三隻眼，至台前聽令。毛奔拱手說道：「無事不敢褻瀆尊神，明日孫臏進陣，借仗尊神差遣雷部，將孫臏轟頂，不可違誤。」天尊點頭，就將麒麟一拍，起在空中，雷神前來擁護，按下不提。五雷真人安陣已畢，毛奔梳髮簪冠，下了法台，提杖跨上梅花鹿，出了陣門，來至秦營。

卻說孫臏要進五雷陣。不准門徒跟隨，然後催開腳力，跟著老道，由西北進陣。孫臏緊催腳力，到了中央法台以前，老道行至大纛旗下，燒了一道推雷咒符。這王翦手中執的五雷旗，就揮動起來，使空中的真魂，金鞭響亮，八部雷神，俱至跟前，毛奔即將五面大鼓，打得聲響驚天動地。五雷神展開兩翅，起在空中，手舉雷屑，從空中而下。雷母又將照妖鏡連閃幾閃，雷祖將金鞭搖擺，四面八方，雷部五神震動。鄧、辛、張、陶、龐、劉、苟、畢八帥施威。各顯神通。霹靂一聲，一齊動手。

參考資料：小說《鋒劍春秋　第三十八回　開神書毛奔擺陣　現真魂王翦行雷》。

己巳籤

己巳（大林木）【福氣之蛇】籤

天上聖母六十聖籤（○●●○○●）

己巳

欲去長江水闊茫
行舟把定未遭風
戶內用心再作福
看看魚水得相逢

劉備入東吳進贅

求財	耕作	經商	歲君	六甲	婚姻
漸財	有收成	安分待時	平和	先男後女	大吉
家運	失物	六畜	築室	移居	墳墓
門庭興旺	用心再尋	小吉	要把定待後日	中平	地運小吉
出外	行船	凡事	治病	作事	功名
平平	居中	不可急進	拖尾破財不畏	定成功	望後科
官事	家事	求兒	求雨		來人
先凶後吉	門庭缺後團圓	且待後日	援有		辰未日到

75 ☶☴ **山風蠱**（艮上巽下）

蠱：元亨。利涉大川。先甲三日。後甲三日。

初六：幹父之蠱。有子。考旡咎。厲終吉。

九二：幹母之蠱。不可貞。

九三：幹父之蠱。小有悔。旡大咎。

六四：裕父之蠱。往見咎。

六五：幹父之蠱。用譽。

上九：不事王侯。高尚其事。

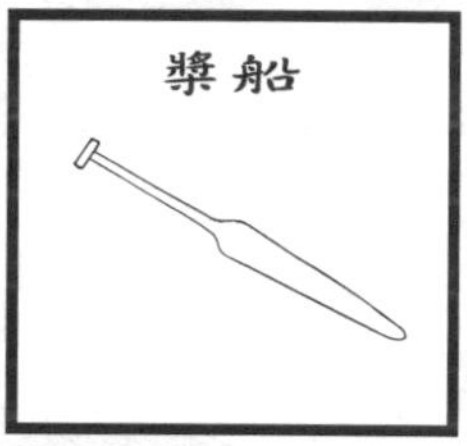

屬：木利在春天，宜其東方。

山風蠱：蠱者事也。巽木歸魂卦。

評曰：三蠱食血之課，以惡害義之象，門內有賊之意。

斷易大全：伯樂療馬時卜得；乃知馬難治。

正月卦：春平、夏吉、秋不利、冬凶。

四季運：春官煞、夏印、秋食傷、冬財。

四季相：春旺、夏休、秋囚、冬相。

飛：辛酉金。　伏：庚辰土。

船槳圖意：

爭訟難解。信付江流。婚姻終合。瓜果半收。財利有限。疾病無憂。梯帆遭厄。不宜遠遊。

寅木	━━ 應	兄弟	
子水	━ ━	父母	巳子
戌土	━ ━	妻財	
酉金	━━ 世	官鬼	
亥水	━━	父母	
丑土	━ ━	妻財	

【劉備入東吳進贅】

寓鼇頭紹仁堂編篡

卻說玄德自沒甘夫人，晝夜煩惱。一日，正與孔明閒敘，人報東吳差呂範到來。孔明笑曰：「此乃周瑜之計，必為荊州之故。亮只在屏風後潛聽。但有甚說話，主公都應承了。留來人在館驛中安歇，別作商議。」玄德教請呂範入。茶罷，玄德問曰：「子衡來必有所諭？」範曰：「範近聞皇叔失偶，有一門好親，故不避嫌，特來作媒，未知尊意如何？」玄德曰：「中年喪妻，大不幸也。骨肉未寒，安忍便議親？」範曰：「人若無妻，如屋無樑，豈可中道而廢人倫？吾主吳侯有一妹，美而賢，堪奉箕帚。若兩家共結秦晉之好，則曹賊不敢正視東南也。此事家國兩便，請皇叔勿疑。但我國吳太夫人甚愛幼女，不肯遠嫁，必求皇叔到東吳就婚。」玄德曰：「此事吳侯知否？」範曰：「不先稟吳侯，如何敢造次來說？」玄德曰：「吾年已半百，鬢髮斑白；吳侯之妹，正當妙齡；恐非配偶。」範曰：「吳侯之妹，身雖女子，志勝男兒。常言『若非天下英雄，吾不事之。』今皇叔名聞四海，正所謂淑女配君子，豈以年齒上下相嫌乎？」玄德曰：「公且少留，來日回報。」是日設宴相待，留於館舍。至晚，與孔明商議。孔明曰：「吾已定下三條計策，非子龍不可行也。」遂喚趙雲近前，附耳言曰：「汝保主公入吳，當領此三個錦囊。囊中有三條妙計，依次而行。」即將三個錦囊，與雲貼肉收藏。孔明先使人往東吳納了聘，一切完備。

時建安十四年冬十月。玄德與趙雲、孫乾取快船十隻，隨行五百餘人，離了荊州，前往南徐進發。玄德心中怏怏不安。到南徐州，船已傍岸。雲曰：「軍師吩咐三條妙計，依次而行。今已到此，當先開第一個錦囊來看。」於是開囊看了計策，便喚五百隨行軍士，一一吩咐如此如此。眾軍領命而去。又教玄德先往見喬國老；那喬國老乃二喬之父，居於南徐。玄德牽羊擔酒，先往拜見，說呂範為媒，娶夫人之事。隨行五百軍士，俱披紅挂綵，入南郡買辦物件，傳說玄德入贅東吳，城中人盡知其事。孫權知玄德已到，教呂範相待，且就館舍安歇。

卻說喬國老既見玄德，便入見吳國太賀喜。國太問：「有何喜事？」喬國老曰：「令嬡已許劉玄德為夫人，今玄德已到，何故相瞞？」國太驚曰：「老身不知此事。」便使人請吳侯問虛實，一面先使人於城中探聽。人皆回報：「果有此事。女婿已在館驛安歇。五百隨行軍士都在城中買豬羊果品，準備成親。做媒的女家是呂範，男家是孫乾，俱在館驛中相待。」少頃，孫權入後堂見母親。國太搥胸大哭。權曰：「母親何故煩惱？」國太曰：「你直如此將我看承得如無物！我姐姐臨危之時，吩咐你甚麼話來？男大須婚，女大須嫁，古今常理。我為你母親，事當稟命於我。你招劉玄德為婿，如何瞞我？女兒須是我的！」權吃了一驚，問曰：「那裏得這話來？」國太曰：「若要不知，除非莫為。滿城百姓，那一個不知？你倒瞞我！」喬國老曰：「老夫已知多日了，今特來賀喜。」權曰：「非也。此是周瑜之計，因要取荊州，故將此為名，賺劉備來拘囚在此，要他把荊州來換；若其不從，先斬劉備。此是計策，非實意也。」國太大怒，罵周瑜曰：「汝做六郡八十一州大都督，直恁無條計策去取荊州，卻將我女兒為名，使美人計！殺了劉備，我女便是望門寡，明日再怎的說親？須誤了我女兒一世！你們好做作！」國太不住口的罵周瑜。喬國老勸曰：「事已如此，劉皇叔乃漢室宗親，不如真個招他為婿，免得出醜。」權曰：「年紀恐不相當。」國老曰：「劉皇叔乃當世豪傑，若招得這個女婿，也不辱了令妹。」國太曰：「我不曾認得劉皇叔，明日約在甘露寺相見。如不中我意，任從你們行事；若中我的意，我自把女兒許他。」

話說於甘露寺中，權觀玄德儀表非凡，心中有畏懼之意。二人敘禮畢，遂入方丈見國太。國太見了玄德，大喜，然玄德跪告於國太席前，泣而告曰：「若殺劉備，就此請誅。」國太曰：「何出此言？」玄德曰：「廊下暗伏刀斧手，非殺備而何？」國太大怒，責罵孫權：「今日玄德既為我婿，即我之兒女也。何故伏刀斧手於廊下？」權推不知，喚呂範問之。範推賈華；國太喚賈華責罵。華默然無言。國太喝令斬之。玄德告曰：「若斬大將，於親不利，備難久居膝下矣。」國太方叱退賈華。刀斧手皆抱頭鼠竄而去。

數日之內，大排筵會，孫小姐與玄德結親。至晚客散，兩行紅炬，接引玄德入房。燈光之下，但見鎗刀簇滿；侍婢皆佩劍懸刀，立於兩傍。諕得玄德魂不附體。管家婆進曰：「貴人休得驚懼。小姐自幼好觀武事，居常令侍婢擊劍為樂，故爾如此。」玄德曰：「非小姐所觀之事，吾甚心寒，可命暫去。」管家婆稟覆孫小姐曰：「房中擺列兵器，嬌客不安，今且去之。」孫小姐笑曰：「廝殺半生，尚懼兵器乎？」命盡撤去，令侍婢解劍伏侍。當夜玄德與孫小姐成親，兩情歡洽。玄德又將金帛散給侍婢，以買其心，先教孫乾回荊州報喜。自此連日飲酒。國太十分愛敬。

參考資料：小說《三國演義 第五十四回 吳國太佛寺看新郎 劉皇叔洞房續佳偶》。

己未（天上火）【草野之羊】籤

天上聖母六十聖籤（○●○●○●）

己未

危險高山行過盡
莫嫌此路有重重
若見蘭桂漸漸發
去蛇反轉變成龍

曹操潼關遇馬超

求財	耕作	經商	歲君	六甲	婚姻
先凶後吉	平平有收	後有大財	未年得宜	男女貴氣	晚成好
家運	失物	六畜	築室	移居	墳墓
險後漸得吉慶	尋必在	小吉	宅遲漸發	不可	得其所哉
出外	行船	凡事	治病	作事	功名
平順	漸漸有利可得	勤勞徐進	少平安老不好	先呆漸漸成圓	有望
官事	家事	求兒	求雨		來人
難完局求貴人	門戶進益	不可	不日到		即到

屬：火利在夏天，宜其南方。

火水未濟：未濟者失也。離火三世卦。

評曰：碣火求珠之課，曉光浮海之象，花落結實之意。

斷易大全：孔子穿九曲明珠時卜得；乃遇二女始得穿也。

七月卦：春平、夏平、秋不利、冬吉。

四季運：春印、夏比劫、秋財、冬官煞。

四季相：春相、夏旺、秋囚、冬死。

飛：戊午火。　伏：己亥火。

36 ䷿ 火水未濟（離上坎下）

未濟：亨。小狐汔濟。濡其尾。无攸利。

初六：濡其尾。吝。

九二：曳其輪。貞吉。

六三：未濟。征凶。利涉大川。

九四：貞吉。悔亡。震用伐鬼方。三年有賞于大國。

六五：貞吉。无悔。君子之光。有孚。吉。

上九：有孚于飲酒。无咎。濡其首。有孚失是。

茶罐圖意：

音信未達。遠出待時。爭訟勿急。求利須遲。婚自和合。病免憂思。各事振作。切要緩期。

巳火	——	應	兄弟
未土	-- --		子孫
酉金	——		妻財
午火	-- --	世	兄弟 亥官
辰土	——		子孫
寅木	-- --		父母

【曹操潼關遇馬超】

寓龍頭紹仁堂編纂

話說馬超在西涼州，夜感一夢；夢見身臥雪地，群虎來咬，驚懼而覺，聚帳下將佐，告說夢中之事。帳下一人應聲曰：「此夢乃不祥之兆也。」眾視其人，乃帳前心腹校尉，姓龐，名德，字令名。超問：「令名所見若何？」德曰：「雪地遇虎，夢兆殊惡。莫非老將軍在許昌有事否？」言未畢，一人踉蹌而入，哭拜於地曰：「叔父與弟皆死矣！」超視之，乃馬岱也，曰：「叔父與侍郎黃奎同謀殺操，不幸事洩，皆被斬於市。二弟亦遇害。」超聞言，隨後便起西涼軍馬。正欲進發，西涼太守韓遂曰：「吾與汝父結為兄弟，汝若興兵，吾當相助。」便點手下八部軍馬，一同進發。八將隨著韓遂，合馬超手下龐德，馬岱共起二十萬大兵，殺奔長安來。長安郡守鍾繇，飛報曹操；一面引軍拒敵，佈陣於野。一連圍了十日，不能攻破。約近三更，城西門裡一把火起，鍾繇弟鍾進急來救時，被龐德一刀斬於馬下，殺散軍校，斬關斷鎖，放馬超、韓遂軍馬入城。鍾繇從東門棄城而走，退守潼關，飛報曹操。操遂喚曹洪、徐晃分付：「先帶一萬人馬緊守潼關。如十日內失了關隘，皆斬；十日外，不干汝二人之事。我統大軍隨後便至。」卻說馬超領軍來關下，把曹操三代毀罵。曹洪大怒，要提兵下關廝殺。徐晃諫曰：「此是馬超要激將軍廝殺，切不可與戰。待丞相大軍來，必有主畫。」馬超軍日夜輪流來罵。至第九日，西涼軍都棄馬在於關前草地上坐；多半困乏，就於地上睡臥。曹洪便教備馬，點起三千兵殺下關來。西涼兵棄馬拋戈而走。洪迤邐追趕。時徐晃正在關上點視糧草，聞曹洪下關廝殺，大驚，急引兵隨後趕來，大叫曹洪回馬；忽然背後喊聲大震，馬岱引軍殺至。曹洪、徐晃急回走時，山背後兩軍截出，左是馬超，右是龐德。曹洪抵擋不住，折軍大半，西涼兵隨後趕來，洪等棄關而走。龐德直追過潼關，撞見曹仁軍馬救了曹洪等一軍。馬超接應龐德上關。曹洪失了潼關，奔見曹操。當時操進兵直叩潼關，自縱馬謂超曰：「汝乃漢朝名將子孫，何故背反耶？」超咬牙切齒大罵：「操賊欺君罔上，罪不容誅！害我父弟，不共戴天之讎！吾當活捉生啖汝肉！」西涼兵一齊衝殺過來。操兵大敗。馬超直入中軍來捉曹操。亂軍中只聽得西涼軍大叫：「穿紅袍的是曹操！」操就馬上急脫下紅袍；又聽得大叫：「長髯者是曹操！」操驚慌，掣所佩刀斷其髯；軍中有人將曹操割髯之事，告知馬超。超遂令人叫拏短髯者是曹操，操聞知，即扯旗角包頸而逃。曹操正走之間，夏侯淵引數十騎隨到。馬超獨自一人，恐被所算，乃撥馬而回。夏侯淵也不來趕。

卻說曹操料馬超可以計破，密令徐晃、朱靈盡渡河西結營。馬超得知後，即與韓遂商議言：「操兵乘虛已渡河西，吾軍前後受敵，如之奈何？」部將李堪曰：「不如割地請和，兩家且各罷兵。」超猶豫未決，楊秋、侯選皆勸求和。於是韓遂遣楊秋為使，言割地請和之事。賈詡入見操曰：「兵不厭詐，可偽許之；然後用反間計，令韓、馬相疑。」操撫掌大喜，於是遣人回書，言：「待我徐徐退兵，還汝河西之地。」馬超得書，謂韓遂曰：「曹操雖然許和，奸雄難測，倘不準備，反受其制。超與叔父輪流調兵，分頭提備，以防其詐。」韓遂依計而行。卻說曹操回寨，謂賈詡曰：「公知吾陣前對語之意否？」詡曰：「此意雖妙，尚未足間二人。某有一策，丞相親筆作一書，單與韓遂，於要害處，自行塗抹改易，然後封送與韓遂，故意使馬超知之。超必索書來看。若看見上面要緊之處，盡皆改抹，只猜是韓遂恐超知甚機密事，自行改抹，正合著單騎會話之疑；疑則必生亂。我更暗結韓遂部下諸將，使互相離間，超可圖矣。」曹操遂寫書一封，將緊要處盡皆改抹，然後實封，故意多遣從人送過寨去。果有人報知馬超，超逕來韓遂處索書看，韓遂將書與超。超見上面有改抹字樣，問遂曰：「書上如何都改抹糊塗？」遂曰：「原書如此，不知何故。」超曰：「吾又不信。曹操是精細之人，豈有差錯？吾與叔父並力殺賊，奈何忽生異心？」遂曰：「汝若不信吾心，來日吾在陣前賺操說話，汝從陣內突出，一槍刺殺便了。」次日，韓遂出陣，馬超藏在門影裡。韓遂使人到操寨前，高叫：「韓將軍請丞相攀話。」操乃令曹洪引數十騎逕出陣前與韓遂相見。馬離數步，洪馬上欠身言曰：「夜來丞相拜意將軍之言，切莫有誤。」言訖便回馬。超聽得大怒，挺槍驟馬，便刺韓遂。遂曰：「賢侄休疑，我無歹心。」馬超那裡肯信，恨怨而去。韓遂與五將商議曰：「這事如何解釋？」楊秋曰：「馬超倚仗勇武，常有欺凌主公之心，便勝得曹操，怎肯相讓？以某愚見，不如暗投曹公，他日不失封侯之位。」遂曰：「誰可以通消息？」楊秋曰：「某願往。」遂乃寫密書，遣楊秋逕來操寨，說投降之事。操大喜，許封韓遂為西涼侯，楊秋為西涼太守，其餘皆有官爵。約定放火為號，共謀馬超。楊秋拜辭，回見韓遂，俱言其事：「約定今夜放火，裡應外合。」不想馬超早已探知備細，便帶親隨數人，仗劍先行，令龐德、馬岱為後應。超潛步入韓遂帳中，只聽得楊秋口中說道：「事不宜遲，可速行之！」超大怒，揮劍直入，大喝曰：「群賊焉敢謀害我！」眾皆大驚。超一劍望韓遂面門剁去，遂慌以手迎之，左手早被砍落。超獨在中陣衝突，卻被暗弩射倒坐下馬。馬超正在危急，被龐德、馬岱二人救了，望西北而走。曹操聞馬超走脫，傳令諸將：「無分曉夜，務要趕到馬兒。如得首級者賞千金，封萬戶侯。生獲者封大將軍。」馬超顧不得人困馬乏，只顧奔走，與龐德、馬岱望隴西臨姚而去。

參考資料：小說《三國演義 第五十八回 馬孟起興兵雪恨 曹阿瞞割鬚棄袍》。

己酉（大驛土）【報曉之雞】籤

天上聖母六十聖籤（●●●●●●）

己酉

此事何須用心機
前途變怪自然知
看看此去得和合
漸漸脫出見太平

吳漢殺妻為母救主

求財	耕作	經商	歲君	六甲	婚姻
遇呆人漸得利	早平晚好	不可	未年得宜	男女貴氣	成大吉
家運	失物	六畜	築室	移居	墳墓
風波漸消	難尋	不可	不可	南面得宜	運不佳後能發
出外	行船	凡事	治病	作事	功名
平正	先失後得	臨機應變	鬼作祟後拖尾	辰未日成好	難進
官事	家事	求兒	求雨		來人
命運磋砣破財	寬守即好	不可	不日到		辰未日到

屬：土利在四季，四方皆宜。
坤爲地：坤者順也。坤土八純卦。
評曰：生載萬物之課，君倡臣和之象，物品資生之意。
斷易大全：漢高祖與項王交鋒時卜得；乃知身霸天下。
十月卦：春吉、夏囚、秋平、冬吉。
四季運：春官煞、夏印、秋食傷、冬財。
四季相：春死、夏相、秋休、冬囚。
飛：癸酉金。　伏：壬戌土。

☷ 8/8 坤為地（坤上坤下）

坤：元亨。利牝馬之貞。君子有攸往。
先迷後得。主利。西南得朋。
東北喪朋。安貞吉。
初六：履霜。堅冰至。
六二：直方大。不習無不利。
六三：含章可貞。或從王事。無成有終。
六四：括囊。無咎無譽。
六五：黃裳元吉。
上六：龍戰于野。其血玄黃。

毛錐圖意：

婚娶最吉。旅受風塵。訟枉費力。病難損身。
財星北郭。貴人東鄰。各事有定。勿勞精神。

酉金	⚋ 世	子孫
亥水	⚋	妻財
丑土	⚋	兄弟
卯木	⚋ 應	官鬼
巳火	⚋	父母
未土	⚋	兄弟

【吳漢殺妻為母救主】

寓龍頭紹仁堂編纂

劉秀一行被困鉅鹿城下，耿況道：「我有個朋友，姓吳名漢，這人端是智勇雙全。前月聽人說他投奔王莽，如果是他，我能憑三寸不爛之舌，說他來歸降主公。」大家吃了夜飯，眾人剛要去安息，鄧禹道：「今天遇著勁敵，大家都要防備一些才好！」這句話提醒了劉文叔，忙道：「不錯，不錯，凡事都宜謹慎為佳。」李通、王霸同聲說道：「今天你不看見那幾個賊將，殺得精疲力盡麼？夜裡還敢再來討死不成？」馮異說：「休要這樣道，還是預備一些的好。」於是各下準備。

話說吳漢道：「方纔聽探馬來報，說主公又派了胡平、郭左兩員大將，帶了三萬兵馬，現已到欒城。今天夜裡趁他初到此地，將全城的人馬，調到城外，一面著人到欒城教郭左、胡平到三更時候，來接應我們。我們在二更左右，分著三路前去劫寨，殺他個片甲不存。」王饒與吳漢一面點兵調將，一面教探馬到劉秀寨前探聽虛實。

此時鄧禹沒有料到後面有人抄營，只弄得措手不及。剛出了寨門，差不多有二里之遙，瞥見一將衝了出來，銚期慌忙上前敵戰，那員賊將，長嘯一聲，伏兵齊起。這時燈球火把，照得雪亮。那耿況一眼看見一員賊將，不是別人，正是吳漢。他滿心歡喜，催馬大叫道：「銚將軍與吳將軍，請暫且住手，我有話說。」銚期聽得有人喊，忙住了手。吳漢也住了手。耿況一馬闖到垓心，向吳漢拱手道：「子顏別來無恙否？」吳漢見是耿況，連忙也拱手道：「承問，明公何故到此地的？」耿況便趁勢將自己如何歸降劉秀，劉秀為人何等英武，勢力怎樣的偉大，說了一番。又用旁敲側擊的話來勸解他歸降劉秀。

吳漢沉吟了一會，對耿況道：「承明公指教，敢不如命。但是漢有老母，尚在城中，容回去與老母商量，再來報命。」

再說吳漢收兵回營，一個人只是盤算著，自己對自己說道：「吳漢吳漢，憑你這樣的才幹，難道終與這伙亡命之徒在一起，就算長久之計了麼？耿況這番話，何嘗不是。但是王莽雖是個亡命之徒，待我總未有一分錯。現在我毅然去投降劉秀，未免於良心上有些過不去。罷罷罷！忠臣不事二主，無論如何，一心保王莽吧！」他正是自言自語的當兒，王饒氣沖沖地和劉奉等一班人，走進吳漢的帳篷，大聲說道：「我早就說過，今天不可去劫寨，現在查過了，共損失一萬五千幾百名兒郎，這不是你招的麼？」吳漢正自不大自在，聽他這番話，不禁勃然大怒，對王饒冷笑一聲，答道：「誰是主將？令是誰發出去的？自己不認錯，反來亂怪別人，不是笑話麼？假若今天去打個勝仗，你又怎麼樣呢？」王饒被他這幾句搶白得暴跳如雷，颼地拔出劍來，剔起眼睛向吳漢說道：「誰來和你拌嘴？今天先將你這個狗頭殺了再說。」吳漢更是按捺不住，也拔劍站了起來，大聲說道：「好，你這狗頭，想殺哪個？」

劉奉、倪宏忙過來勸住吳漢。郭左、胡平早將王饒的背膊扳住，齊聲說道：「勝負軍家常事，何必這樣爭長較短的呢？現在劉秀未除，自家先鬥了起來，不怕人家笑話麼？」郭、胡二人，忙將王饒勸出帳走了。倪宏、劉奉說好說歹，又勸吳漢一陣子，才起身走了。吳漢這時便將投劉秀的心，十分堅決了。

他馬上進城，到了自己的家裡，先對他的母親將來意說明。吳母大喜道：「吾兒棄暗投明，為娘固然贊成，但是你的媳婦，恐怕她未必肯罷！」吳漢道：「只要你老人家答應，就行了。她答應更好，不答便將她殺了，有什麼大不了呢？」原來吳漢的妻子，就是王莽的侄女。

吳漢大踏步走到後面。王氏見他回來，連忙來迎接，滿臉堆下笑來，乜斜眼說道：「我只當你就此不回來的呢？撇下了我，夜裡冷冷清清，一些趣味也沒有。你怎麼就這樣狠心毒意呢？」吳漢此時哪裡還有心去聽進這些話，忙向她問道：「我有一件事，特來問你，不知你可肯答應嗎？」她笑道：「自家夫妻，什麼事兒不肯呢！」吳漢便將要去投劉秀的一番話告訴她。她氣得用手指著吳漢罵道：「你這負心的殺才，我家哪樣錯待你？吃著穿著，還不算數，又將我匹配與你，高車大馬，威風十足，心裡還不知足，要想去投劉秀。我勸你不要胡思亂想著好得多呢！」吳漢也不答話，冷笑一聲，向她招手。她見吳漢這樣，只當他是要親嘴呢，也就半推半就地走了過來，仰起粉腮。說時遲，那時快，只聽得喀嚓一聲，她的頭早就滾落在地。

吳漢忙將寶劍入鞘，將手上的血跡拭抹乾淨，不慌不忙將她的屍首連頭捆好，攜到後園往井裡一送。此刻他也顧不得許多，到了吳母的房裡，說道：「母親，那賤人已被我殺了，我們走罷！」吳母聽了大吃一驚，忙道：「你果真將她殺了嗎？」吳漢道：「誰敢哄騙你老人家？」吳母不禁垂淚道：「我與你投奔劉秀，她不答應，就罷了，何苦又將她殺了呢？」吳漢陪笑道：「請老人家快些收拾吧！已經殺了，說也無用的。」吳母道：「收拾什麼？這裡的東西還要麼？就走罷！」吳漢便用綢巾將吳母拴在自己的背上，掉槍上馬就走。剛到了城外，誰知王饒早已得著消息，見他出來，忙命眾兵將他團團圍住，一齊大叫道：「反賊吳漢，要想到哪裡，趕快留下頭來！」吳漢也不答應，攪起長槍，上護其身，下護其馬，與賊將大殺起來。

參考資料：小說《漢代宮廷艷史　第七十三回　玉殞香消殺妻投古井　頭飛血濺背母突重圍》。

己亥籤

己亥（平地木）【道院之豬】籤

天上聖母六十聖籤（○●○○●○）

己亥

福如東海壽如山
君又何須嘆苦難
命內自然逢大吉
祈保分明得自安

李世民落海灘

求財	耕作	經商	歲君	六甲	婚姻
黃金萬貫	早晚有收	萬商雲集	平安	男女貴氣	美滿大吉
家運	失物	六畜	築室	移居	墳墓
吉星拱照	尋在	興旺	福雙全子孫旺	兄弟和合者吉	地勢套當
出外	行船	凡事	治病	作事	功名
平平	大好居中	亨通得自安	少者不畏老險	成者甚好	祝神求佛可進
官事	家事	求兒	求雨		來人
了錢過後完局	光輝門庭	好	及時		月光即到

屬：木利在春天，宜其東方。
離為火：離者麗也。離火八純卦。
評曰：飛禽震羽之課，雉離網中之象，秋葉飄風之意。
斷易大全：朱買臣被妻棄時卜得；後知身必貴也。
四月卦：春凶、夏吉、秋疾病、冬不利。
四季運：春官煞、夏印、秋食傷、冬財。
四季相：春旺、夏休、秋囚、冬相。
飛：己巳火。　伏：戊子水。

33 ☲ 離為火（離上離下）

離　：利貞。亨。畜牝牛。吉。
初九：履錯然。敬之。旡咎。
六二：黃離。元吉。
九三：日昃之離。不鼓缶而歌。則大耋之嗟。凶。
九四：突如其來如。焚如。死如。棄如。
六五：出涕沱若。戚嗟若。吉。
上九：王用出征有嘉。(句)折首。(句)匪獲其醜。旡咎。

筶笠

筶笠圖意：

音信立見。遠出禎祥。門庭清吉。財利汪洋。
訟事有慶。病難無妨。婚姻子息。俾熾俾昌。

巳火	未土	酉金	亥水	丑土	卯木
━━ 世	━ ━	━━	━━ 應	━ ━	━━
兄弟	子孫	妻財	官鬼	子孫	父母

【李世民落海灘】

寓鼇頭紹仁堂編篡

單講那藏軍洞中火頭軍，這一日，八位好漢往養軍山打獵去了，單留薛仁貴在內煮飯。這騎雲花鬃拴在石柱上，飯也不曾滾好，這匹馬四蹄亂跳，要掙斷絲韁一般，跳得可怕。仁貴一見，心內驚慌，說道：「啊呀！這騎馬為何亂跳起來？」連喝數聲，全然不住，原在此叫跳，仁貴說：「我知道了，想此馬自從收來的時節，從不曾有一日安享，自此隱在藏軍洞有一月餘外，不同你出陣，安然在此，想你也覺煩悶，故而叫跳，待我騎了你，披好盔甲，掛劍懸鞭，提了方天畫戟，到松場上把戟法耍練一練，猶如出戰一般。」這是寶馬，與凡馬不同，最有靈性的，把頭點點。仁貴就全身披掛，結束停當，手端畫戟，跨上馬，解脫絲韁，帶出藏軍洞中，過仙橋，鞭子也不消用，四蹄發開，望山路中拚命的跑了。仁貴說：「怎麼樣？」把絲韁扣定，那裡扣得住？越扣越跳得快，說：「不好了！我命該絕矣！馬多作起怪來，前日出陣，要住就住，要走就走，今日原何不容我做主，拚命的奔跑，要送我的命？」仁貴看來要跑得騰雲飛舞一般，好似神鬼在此護送，逢山沖山，逢樹過樹，不管好歹的跑法，衝過十有餘個山頭，到一座頂高的山峰上住了。仁貴說：「啊唷唷，嚇死我也！叫聲馬兒，你原有些力怯的時候，所以才住了嗎？」到底此處不知什麼所在，便抬頭望下一看，只見波浪滔天，通是大海，只聽見底下有人叫：「誰人救得唐天子，錦繡江山平半分；有人救得李世民，你做君來我做臣」。那薛仁貴嚇得魂不在身，連忙望山腳下看時，只見一個頭戴沖天翅龍冠，身穿黃綾繡袍的，把指頭咬破，只聽叫這二句，住馬寫血字，馬足陷往沙泥。仁貴雖不曾見了天子，諒來那人必是大唐天子，不知因何在此海灘泥上。又見岸上一人，高挑雉尾，面如青靛，手執銅刀，卻也認得是蓋蘇文，暗想：「原來天子有難，我這馬有些靈慧，跑到此山。馬啊！你有救駕之心，難道我倒無輔唐之意？如今要下此山又無路道，高有數十丈，打從那裡下去？」坐下馬又亂叫亂跳縱起，好像要跨下的意思，驚得仁貴魂不在身，把馬扣住說：「這個使不得，縱下去豈要不跌死了。也罷！畜生尚然如此，為人反不如它？或者洪福齊天，靠神明保佑，縱下去安然無事。若然陛下命該已絕，唐室江山被番人該應滅奪，我同你死在山腳底下跌為肉醬，在陰司也得瞑目，快縱下去！」把馬一帶，四蹄一蹬，望山腳下好似神鬼抬下去一般，全然無事。薛仁貴在馬上晃也不晃，心中歡喜，把方天畫戟一舉，催馬下來喝聲：「蓋蘇文你休得猖獗！不要走！」又說：「陛下不必驚慌，小臣薛仁貴來救駕也！」那唐天子抬頭一看，見一穿白用戟小將，方才醒悟夢內之事，不覺龍顏大悅，叫聲：「小王兄，快來救朕！小王兄，快來救朕！」蓋蘇文回頭見了薛仁貴，嚇得渾身冷汗，叫一聲：「小蠻子，你破人買賣，如殺父母之仇！今唐王已入羅網，正在此逼寫血表，中原花花世界十有八九到手，我邦狼主也為得天下明君，你肯降順我主，難道缺了一家王位不成嗎？」仁貴大怒道：「胡說！我乃少年英雄，出身中原，有心保駕，跨海征東，豈有順你們這班番奴？番狗，快留下首級！」蘇文說：「啊唷唷，可惱，可惱！你敢前來救著唐童，本帥與你勢不兩立！」把馬摧上一步，起一起赤銅刀，喝聲：「本帥的赤銅刀來了！」一刀直望仁貴劈面門砍將下去，仁貴把方天戟噶啷一聲架開，衝鋒過去，帶轉馬來。蓋蘇文又是一刀剁將下來，仁貴又架在旁首。二人戰到六七個回合，仁貴量起白虎鞭，喝聲：「照打罷！」一鞭打下來，打在後背上，蓋蘇文大喊一聲，口吐鮮血，伏鞍大敗而走。仁貴把馬扣定，不去追趕，「小王兄，寡人御馬陷住沙泥，難以起來。」仁貴說：「既然如此，難以起岸，待小臣來。」便抽出腰邊寶劍，把蘆葦茅草割倒，將來捆了一堆，摺下沙灘，縱將下去，把天子扶到岸，又將方天戟桿挑馬的前蹄，此馬巴不能夠要起來，因前蹄著了力，後足一蹬，仁貴把戟桿一挑，縱在岸上。天子原上馬，仁貴走將上來說：「萬歲爺在上，小臣薛仁貴朝見，願我王萬萬歲！」天子叫聲：「小王兄平身，你在何處屯紮？因何曉得朕今有難，前來相救寡人？」仁貴說：「陛下不知其細，且到越虎城中，待臣細奏便了。但不知陛下親自出來有何大事，這些公爺們因何一個也不來隨駕？」天子說：「前日那些番兵圍合攏來，共有數十餘萬，把越虎城團團圍住，有二十餘天難以破番解圍，正在著急，幸虧中原來了一班小爵主殺退番兵，安然無事，寡人欲往郊外打圍，奈眾王兄不許朕出獵，故而沒有一人隨朕，此來不想遇著了蓋蘇文，險卻怕命不保，全虧小王兄相救，其功非小，到城自有加封。」仁貴道：「謝我王萬萬歲！」

天子在前面行，薛仁貴跨上雕鞍後面保駕一路行來。到了三叉路口，原扣住了馬立住，不認得去路，那邊來了四五騎馬，前邊徐茂公領頭，尉遲元帥、程咬金、秦懷玉帶下三千唐甲馬八百御林軍迎接龍駕。見了天子，茂公跳下馬來了，俯伏道旁叫聲：「陛下受驚了，臣該萬死萬罪。」天子說：「啊唷，好個刁滑道人，怎麼哄朕出來，幾乎送朕性命！」茂公說：「陛下，臣怎敢送萬歲性命？若不見蓋蘇文，焉能得遇應夢賢臣？」天子說：「雖只如此，幸有小王兄來得湊巧，救了寡人，若遲一刻，朕獻了血表，焉能君臣還得再會？」茂公說：「臣陰陽有准，算定在此，若沒有薛仁貴相救，我們領兵也早來了。今知我王不認得路道，所以到此相接。」天子道：「既如此，快領寡人回城去吧。」茂公領旨，眾臣前面引路，天子降寵，薛仁貴與他並馬相行。

參考資料：小說《說唐後傳 第四十二回 雪花鬃飛跳養軍山 應夢臣得救真命主》。

庚子（壁上土）【樑上之鼠】籤

天上聖母六十聖籤（○●●○●●）

庚子

運逢得意身顯變
君爾身中皆有益
一向前途無難事
決意之中保清吉

正德君戲鳳姐

求財	漸有	耕作	平有收	經商	竣發新日	歲君	平安	六甲	男女貴氣	婚姻	好
家運	居之平安	失物	難尋	六畜	適宜吉昌	築室	清吉	移居	好吉	墳墓	得其所說
出外	平平	行船	有利可得	凡事	有錢拖尾平安	治病	險不畏祈平安	作事	可成有口舌	功名	不好
官事	破財結局	家事	克振家聲	求兒	好吉	求雨	不日到			來人	立即到

屬：土利在四季，三、六、九、十二月。

艮爲山：艮者止也。艮土八純卦。

評曰：游魚避網之課，積小成高之象，葛芝纏身之意。

斷易大全：漢高祖困滎陽時卜得；只宜守舊也。

四月卦：春凶、夏平、秋凶、冬吉。

四季運：春財、夏官煞、秋比劫、冬食傷。

四季相：春死、夏相、秋休、冬囚。

飛：丙寅木。　伏：丁未土。

皂鞋圖意：

訴訟終吉。失物重逢。婚姻和合。貿易興隆。音書遠至。福壽無窮。財源廣進。孕上夢熊。

7 7

艮為山（艮上艮下）

艮：其背不獲其身。行其庭。不見其人。旡咎。

初六：艮其趾。旡咎。利永貞。

六二：艮其腓。不拯其隨。其心不快。

九三：艮其限。列其夤。厲熏心。

六四：艮其身。旡咎。

六五：艮其輔。言有序。悔亡。

上九：敦艮。吉。

寅木	▬▬	世	官鬼
子水	▬ ▬		妻財
戌土	▬ ▬		兄弟
申金	▬▬	應	子孫
午火	▬ ▬		父母
辰土	▬ ▬		兄弟

【正德君戲鳳姐】

寓龍頭紹仁堂編篡

卻說武宗帶著江彬，微服出德勝門，一出了關，即日至宣府，是時江彬早通信家屬，囑造一座大廈，名為鎮國府第，內中房宇幽深，陳設華麗，說不盡的美色崇侖。武宗到了宅中，一面飭侍役馳至豹房，輦運珍寶女御，移置行轅，一面與江彬尋花問柳，作長夜遊。但見宣府地方，所有婦女，果與京中不同，到處都逢美眷，觸目無非麗容。江彬導著武宗，駕輕就熟，每至夜分，闖入高門大戶，迫令婦女出陪。有幾家未識情由，幾乎出言唐突，經江彬與他密語，方知皇帝到來，各表歡迎，就使心中不願，也只好忍氣吞聲，強為歡笑。武宗但教有了美人兒，便好盡情調戲，歡謔一場。有合意的，就載歸行轅，央她奉陪枕席，江彬也不免分嘗禁臠。

一住數日，武宗因路途已熟，獨自微行，連江彬都未帶得，信步徐行，左顧右盼，俄至一家酒肆門首，見一年輕女郎，淡妝淺抹，艷麗無雙，不禁目眩神迷，走入肆中，借沽飲為名，與她調遣。那女子只道他是沽客，進內辦好酒餚，搬了出來，武宗欲親自接受，女子道：「男女授受不親，請客官尊重些兒！」隨將酒餚陳設桌上。武宗見她措詞典雅，容止大方，便問道：「酒肆中只你一人麼？」女子答道：「只有兄長一人，現往鄉間去了。」武宗又問她姓氏，女子靦腆不言。武宗又復窮詰，並及乃兄名字，女子方含羞答道：「奴家名鳳，兄長名龍。」武宗隨口讚道：「好一個鳳姐兒。鳳兮鳳兮，應配真龍。」李鳳聽著，料知語帶雙敲，避入內室。武宗獨酌獨飲，不覺愁悶起來，當下舉起箸來，向桌上亂敲，驚動李鳳出問。武宗道：「我獨飲無伴，甚覺沒味，特請你出來，共同一醉。」李鳳輕詈道：「客官此言，甚是無禮，奴家非比青樓妓女，客官休要錯視！」武宗道：「同飲數杯，亦屬無妨。」李鳳不與鬥嘴，又欲轉身進內。武宗卻起身離座，搶上數步，去牽李鳳衣袖。竟要動粗。嚇得李鳳又驚又惱，死命抵拒，哪及武宗力大，不由分說，似老鷹拖雞一般，扯入內室。李鳳正要叫喊，武宗掩她櫻口道：「你不要驚慌，從了我，保你富貴。」李鳳尚是未肯，用力抗拒，好容易扳去武宗的手，喘吁吁的道：「你是什麼人，敢如此放肆？」武宗道：「當今世上，何人最尊？」李鳳道：「哪個不曉得是皇帝最尊。」武宗道：「我就是最尊的皇帝。」李鳳道：「哄我作什麼？」武宗也不及與辯，自解衣襟，露出那平金繡蟒的衣服，叫她瞧著。李鳳尚將信未信，武宗又取出白玉一方，指示李鳳道：「這是御寶，請你認明！」李鳳雖是市店嬌娃，頗識得幾個文字，便從武宗手中，細瞧一番，辨出那「受命於天既壽永昌」八字，料得是真皇帝，不是假皇帝，且因平時曾夢身變明珠，為蒼龍攫取，駭化煙雲而散，至此始覺應驗。況武宗游幸宣府，市鎮上早已傳揚，此番僥倖相逢，怕不是做日後妃嬪，遂跪伏御前道：「臣妾有眼無珠，望萬歲恕罪！」武宗親自扶起，趁勢抱入懷中，武宗自己，亦脫下征袍，闔了內戶，便將李鳳輕輕的按住榻上，剛在彼此情濃的時候，李龍已從外進來，但見店堂內虛無一人，內室恰關得很緊，側耳一聽，恰有男女媟褻聲，不由的憤怒起來，亟出門飛報弁兵，引他捉姦。不意弁目進來，武宗已高坐堂上，呼令跪謁。弁目尚在遲疑，李鳳從旁嬌呼道：「萬歲在此，臣下如何不跪？」弁目聽得萬歲兩字，急忙俯伏稱臣，自稱萬死。李龍亦嚇得魂不附體，急跪在弁目後面，叩頭不迭。武宗溫諭李龍，著至鎮國府候旨。一面命弁目起身，出備輿馬，偕李鳳同入鎮國府中。李龍亦到府申謁，得授官職，蒙賜黃金千兩。

轉瞬間已是殘冬，京內百官，又連篇累牘的奏請迴鑾。武宗亦戀著鳳姐兒，無心啟程，且欲封鳳姐為妃嬪，令她自擇。李鳳固辭道：「臣妾福薄命微，不應貴顯，今乃以賤軀事至尊，已屬喜出望外，何敢再沐榮封？但望陛下早回宮闕，以萬民為念，那時臣妾安心，比爵賞還榮十倍呢。」好鳳姐比江彬勝過十倍。武宗為之頷首。且見李鳳玄衣玄裳，益顯嬌媚，所以暫仍舊服，不易宮妝。李鳳又嘗於枕畔筵前，委婉屢勸，武宗乃擇於次年正月，車駕還京。光陰似箭，歲運更新，武宗乃啟蹕回都，帶著李鳳及所有美人，一同就道，到了居庸關，忽天大雷雨，驚動嬌軀，關口所鑿四大天王，又是怒氣勃勃，目若有光。畢竟李鳳是小家碧玉，少見多怪，偶然睹此，不覺驚駭異常，暈倒車上。武宗忙把她救醒，就關外藉著驛館，作為行宮，令李鳳養疾。李鳳伏枕泣請道：「臣妾自知福薄，不能入侍宮禁，只請聖駕速回，臣妾死亦瞑目了。」武宗亦對她垂淚道：「朕情願拋棄天下，不願拋棄愛卿。」李鳳又嗚咽道：「陛下一身，關係重大，若賤妾生死，何足介懷？所望陛下保持龍體，惠愛民生。」說至此，已是氣喘交作，不能再言，過了片刻，兩目一翻，悠然長逝了。化作煙雲，應了夢兆，但觀她將死之言，恰是一位賢女子。武宗大為震悼，命葬關山上面，待以殊禮，用黃土封塋，一夜即變成白色。武宗道：「好一個賢德女子，至死尚不肯受封，可惜朕無福德，不能使她永年，作為內助。但一女子尚知以社稷為重，朕何忍背她遺言？」當下命駕入關。

參考資料：小說《明史演義　第四十九回　幸邊塞走馬看花　入酒肆游龍戲鳳》。

庚寅（松柏木）【出山之虎】籤

天上聖母六十聖籤（●○●●●●）

庚寅

名顯有意在中間
不須祈禱心自安
看看早晚日過後
即時得意在中間

三請孔明先生

求財	耕作	經商	歲君	六甲	婚姻
輕	有收可以	後有大財	順利	生男	成好
家運	失物	六畜	築室	移居	墳墓
恭順	難必在	有利可得	得意平安	有喜慶	地勢可佳還發
出外	行船	凡事	治病	作事	功名
必得利	平平得利	守己安分	平安痊癒	晚作好早無利	眞可喜
官事	家事	求兒	求雨		來人
了錢	門庭光耀進益	好	尚未		三日後到

屬：木利在春天，三、六、九、十二月。
水地比：比者和也。坤土歸魂卦。
評曰：眾星拱北之課，水行地上之象，和樂無閒之意。
斷易大全：陸賈將說蠻時卜得；乃勝蠻王歸順也。
七月卦：春病、夏平、秋吉、冬大吉。
四季運：春食傷、夏財、秋印、冬比劫。
四季相：春旺、夏休、秋死、冬相。
飛：乙卯木。　伏：甲辰土。

68 ䷇ **水地比**（坎上坤下）

比：吉。原筮旡永貞。旡咎。不寧方來。後夫凶。
初六：有孚。比之旡咎。有孚盈缶。終來有他吉。
六二：比之自內。貞吉。
六三：比之匪人。
六四：外比之。貞吉。
九五：顯比。王用三驅。失前禽。邑人不誡。吉。
上六：比之無首。凶。

紅頂圖意：
孕兆蘭慶。利用聯登。求財可以。望信未曾。
病逢福德。旅得賓朋。凡事再守。鵬自飛騰。

子水	⚋	應	妻財
戌土	⚊		兄弟
申金	⚋		子孫
卯木	⚋	世	官鬼
巳火	⚋		父母
未土	⚋		兄弟

【三請孔明先生】

寓鼇頭紹仁堂編纂

卻說玄德正安排禮物，欲往隆中謁諸葛亮，忽人報：「門外有一先生，峨冠博帶，道貌非常，特來相探。」玄德曰：「此莫非即孔明否？」遂整衣出迎。視之，乃司馬徽也。玄德大喜，拜問曰：「備日因軍務倥偬，有失拜訪。今得光降，大慰仰慕之私。」徽曰：「聞徐元直在此，特來一會。」玄德曰：「近因曹操囚其母，徐母遣人馳書喚回許昌去矣！」徽曰：「此中曹操之計矣。吾素聞徐母最賢，雖為操所囚，必不肯馳書召其子；此書必詐也。元直不去，其母尚存；今若去，母必死矣！徐母高義，必羞見其子也。」玄德曰：「元直臨行，薦南陽諸葛亮，其人若何？」徽笑曰：「元直欲去自去便了，何又惹他出來嘔心血也？孔明與博陵崔州平、潁川石廣元、汝南孟公威與徐元直四人為密友。此四人務於精純，惟孔明獨觀其大略。嘗抱膝長吟，眾問孔明之志若何？孔明每常自比管仲、樂毅，其才不可量也。」時雲長在側曰：「某聞管仲、樂毅乃春秋戰國名人，孔明自比此二人，毋乃太過？」徽笑曰：「以吾觀之，不當比此二人；我欲另以與周八百年之姜子牙，旺漢四百年之張子房比也。」眾皆愕然。徽下階相辭欲行。玄德留之不住。徽出門仰天大笑曰：「臥龍雖得其主，不得其時，惜哉！」言罷，飄然而去。玄德歎曰：「真隱居賢士也！」次日，玄德同關、張並從人等來隆中莊前，下馬親叩柴門，一童出問。玄德曰：「你只說劉備來訪。」童子曰：「先生今早少出。」玄德曰：「何處去了？」童子曰：「蹤跡不定，不知何處去了。」玄德曰：「幾時歸？」童子曰：「歸期亦不定，或三五日，或十數日。」張飛曰：「既不見，自歸去罷了。」玄德曰：「且待片時。」雲長曰：「不如且歸，再使人來探聽。」玄德從其言，囑咐童子：「如先生回，可言劉備拜訪。」

過了數日，玄德使人探聽孔明。回報已回，玄德便教備馬。張飛曰：「量一村夫，可使人喚來便了。」玄德叱曰：「汝豈不聞孟子云：『欲見賢而不以其道，猶欲其入而閉之門也。』孔明當世大賢，豈可召乎？」遂上馬再往訪孔明。時值隆冬，張飛曰：「天寒地凍，豈宜遠見無益之人乎？不如回新野以避風雪。」玄德曰：「吾正欲使孔明知我慇懃之意。」到莊前下馬，扣門問童子曰：「先生今日在莊否？」童子曰：「現在堂上讀書。」玄德大喜，遂跟童子而入。遇臥龍之弟諸葛均，曰：「將軍莫非劉豫州，欲見家兄否？」玄德驚訝曰：「先生又非臥龍耶？」諸葛均曰：「愚兄弟三人。長兄諸葛瑾，現在江東孫仲謀處為幕賓。孔明乃二家兄。」玄德曰：「臥龍今在家否？」均曰：「昨為崔州平相約，出外閒遊去矣。」均再曰：「家兄不在，不敢久留車騎；容日卻來回禮。」玄德曰：「豈敢望先生枉駕。數日之內，備當再至，以表劉備慇懃之意。」方上馬欲行，忽見童子招手籬外叫曰：「老先生來也。」玄德視之，遂滾鞍下馬，向前施禮曰：「先生冒寒不易，劉備等候久矣。」那人慌忙下驢答禮。諸葛均在後曰：「此非臥龍家兄，乃家兄岳父黃承彥也。」玄德聞言，辭別承彥上馬而歸。正值風雪又大，回望臥龍岡，悒怏不已。

玄德回新野之後，光陰荏苒，又早新春，再往臥龍岡謁孔明，於是三人乘馬引從者往隆中。離草廬半里之外，玄德便下馬步行，正遇諸葛均。玄德忙施禮，問曰：「令兄在莊否？」均曰：「昨暮方歸，將軍今日可與相見。」玄德曰：「今番僥倖得見先生矣！」三人來到莊前叩門，童子開門出問。玄德曰：「有勞仙童轉報：劉備專來拜見先生。」童子曰：「今日先生雖在家，但今在草堂上晝寢未醒。」玄德曰：「既如此，且休通報。」分付關、張二人，只在門首等著。玄德徐步而入，見先生仰臥於草堂几席之上。玄德拱立階下。關、張在外立久，不見動靜，入見玄德，猶然侍立。張飛大怒，謂雲長曰：「這先生如何傲慢！見我哥哥侍立階下，他竟高臥，推睡不起！等我去屋後放一把火，看他起不起！」雲長再三勸住。玄德仍命二人出門外等候。見先生翻身將起，忽又朝裡壁睡著。童子欲報。玄德曰：「且勿驚動。」又立了一個時辰，孔明才醒，翻身問童子曰：「有俗客來否？」童子曰：「劉皇叔在此，立候多時。」孔明乃起身曰：「何不早報？尚容更衣。」遂轉入後堂。又半晌，方整衣冠出迎。玄德下拜曰：「漢室末胄，涿郡愚夫，久聞先生大名。昨兩次晉謁，不得一見，已書賤名於文几，未審得入覽否？」孔明曰：「昨觀書意，足見將軍憂民憂國之心；但恨亮年幼才疏，有誤下問。」玄德曰：「司馬德操之言，徐元直之語，豈虛談哉？望先生不棄鄙賤，曲賜教誨。」孔明遂命童子取出畫一軸，掛於中堂，指謂玄德曰：「此西川五十四州之圖也。將軍欲成霸業，北讓曹操占天時，南讓孫權佔地利，將軍可佔人和。先取荊州為家，後即取西川建基業，以成鼎足之勢，然後可圖中原也。」玄德聞言避席拱手謝曰：「先生之言，頓開茅塞，使備如撥雲霧而睹青天。但荊州劉表、益州劉璋，皆漢室宗親，備安忍奪之？」孔明曰：「亮夜觀天象，劉表不久人世；劉璋非立業之主，久後必歸將軍。」玄德拜請孔明泣曰：「先生不出，如蒼生何？」言畢，淚沾袍袖，衣襟盡濕。孔明見其意甚誠，乃曰：「將軍既不相棄，願效犬馬之勞。」玄德大喜，遂命關、張入拜，獻金帛禮物。於是玄德等在莊中共宿一宵。次日，諸葛均回，孔明囑付曰：「吾受劉皇叔三顧之恩，不容不出。汝可躬耕於此，勿得荒蕪田畝。待我功成之日，即當歸隱。」玄德等三人別了諸葛均，與孔明同歸新野。

參考資料：小說《三國演義　第三十七回　司馬徽再薦名士　劉玄德三顧草廬》。

庚辰籤

庚辰（白蠟金）【恕性之龍】籤

天上聖母六十聖籤（〇〇●●●●）

庚辰

意中若問神仙路
勸爾且退望高樓
寬心且守寬心坐
必然遇得貴人扶

孔夫子答小兒

求財	漸有	家運	平安漸漸	出外	人遇貴	官事	後有貴人
耕作	照舊種可收成	失物	尋在	行船	先不利後小利	家事	永獲吉慶
經商	先平後利	六畜	不可	凡事	漸應	求兒	不可有事
歲君	淡安	築室	後好	治病	少貴人老拖運	求雨	未有
六甲	男女貴氣	移居	平平	作事	有貴人好到尾		
婚姻	成好	墳墓	地勢允好	功名	不好	來人	難在

屬：金利在秋天，四方皆宜。

風地觀：觀者觀也。乾金四世卦。

評曰：雲捲晴空之課，風揚塵埃之象，見華遇雨之意。

斷易大全：唐明皇遊月宮時卜得；雖有好事，然必違。

八月卦：春平、夏凶、秋吉、冬凶。

四季運：春財、夏官煞、秋比劫、冬食傷。

四季相：春囚、夏死、秋旺、冬休。

飛：辛未土。　伏：壬午火。

鳩杖圖意：

求財緩得。有礙旅行。商業宜守。訟事勿爭。疾病緩愈。婚姻遲成。諸事耐久。可卜豐亨。

58 ䷓ **風地觀**（巽上坤下）

觀：盥而不薦。有孚顒若。

初六：童觀。小人無咎。君子吝。

六二：闚觀。利女貞。

六三：觀我生進退。

六四：觀國之光。利用賓于王。

九五：觀我生。君子无咎。

上九：觀其生。君子无咎。

卯木	▅▅▅		妻財
巳火	▅▅▅		官鬼 申兄
未土	▅ ▅	世	父母
卯木	▅ ▅		妻財
巳火	▅ ▅		官鬼
未土	▅ ▅	應	父母 子子

【孔夫子答小兒】

寓鼇頭紹仁堂編篡

從前在春秋時代，有一個神童名叫項橐（也作項託），天生奇慧，當項橐七歲時，即與二個小孩在路上玩築城遊戲，土城築好後，項橐便在城內。剛好孔子周遊列國，所乘坐的馬車路過，便對項橐說：「何不避車」。項橐答道：「昔聞聖人有言，上知天文，下知地理，中和人情，從古至今，只聞車避城，豈聞城避車？」

孔子一時無辭以對，就命馬車繞道避城，並對項橐說：「你年雖小，知事甚大。」項橐答道：「吾聞魚生三日，遊於江海；兔生三日，盤地三畝；馬生三日，趁及父母；人生三日，知識父母；天生自然，何言大小。」

孔子又問項橐說：「你知何山無石？何水無魚？何門無關？何車無輪？何牛無犢？何馬無駒？何刀無環？何火無煙？何人無婦？何女無夫？何日不足？何日有餘？何雄無雌？何樹無枝？何城無使？何人無字？」項橐答道：「土山無石，井水無魚，空門無關，輿車無輪，泥牛無犢，木馬無駒，砍刀無環，螢火無煙，仙人無婦，玉女無夫，冬日不足，夏日有餘，孤雄無雌，枯樹無枝，空城無使，小人無字。」

孔子說：「善哉！善哉！吾與你共遊天下，可得已否？」項橐答說：「吾不遊也，吾有嚴父，當須侍之；吾有慈母，當須養之；吾有長兄，當須順之；吾有小弟，當須教之，所以不得隨君去也。」

孔子又說：「吾車中有雙陸局，共你博戲如何？」項橐回答說：「吾不博戲也。天子好博，風雨無期；諸侯好博，國事不治；吏人好博，文章稽遲；農人好博，耕種失時；學生好博，不讀詩書；小兒好博，答鞭及之；此是無益之事，何用學之。」

孔子又說：「吾與你平卻天下，可得已否？」項橐回答說：「天下不可平也，或有高山，或有江海，或有公卿，或有奴婢，是以不可平也。」

孔子又說：「吾與你平卻高山，塞卻江海，除卻公卿，棄卻奴婢，天下蕩蕩，豈不平乎？」項橐回答說：「平卻高山，獸無所依；塞卻江海，魚無所歸；除卻公卿，人作是非；棄卻奴婢，君子使誰？」

孔子又說：「善哉！善哉！你知屋上生松，戶前生葦，床上生蒲，犬吠其主，婦坐使姑，雞化為雉，狗化為狐，是何也？」項槖回答：「屋上生松是其椽；戶前生葦是其箔（門簾）；床上生蒲是其席；犬吠其主，為傍有客；婦坐使姑，初來花下也；雞化為雉，在山澤也；狗化為狐，在丘陵也。」

孔子問項槖說：「你知夫婦是親？父母是親？」項槖答道：「父母是親。」

孔子說：「夫婦是親，生同床枕，死同棺槨，恩愛極重，豈不親乎？」項槖回答說：「是何言欸歟！是何言歟！人之有母，如樹有根；人之有婦，如車有輪；車破更造，必得其新；婦死更娶，必得賢家；一樹死，百枝枯；一母死，眾子孤；將母化婦，豈不逆乎？」

項槖又問孔子說：「鵝鴨何以能浮？鴻鶴何以能鳴？松柏何以冬夏常青？」孔子回答說：「鵝鴨能浮者緣腳足方，鴻鶴能鳴者緣咽項長，松柏冬夏常青者緣心中強。」

項槖說：「不然也，蝦蟆能鳴，豈因咽項長；龜鱉能浮，豈猶腳足方；胡竹冬夏常青，豈猶心中強。」

孔子問項槖：「你知天高幾許？地厚幾丈？天有幾樑？地有幾柱？風從何來？雨從何起？霜從何邊？露出何處？」

項槖回答說：「天地相卻萬萬九千九百九十九里；其地厚薄，以天等同，風從蒼梧，雨出高處，霜出於天，露出百草，天亦無樑，地亦無柱，以四方雲而乃相扶，故以為柱，有何怪哉！」

孔子聽了嘆道：「善哉！善哉！方知後生實可畏也。」

此戲文所說乃是：一是學問（知識）是無止境的；二是要善於觀察、分析、積累。若只是捧著現有的知識，坐而不學，將被社會淘汰。

參考資料：小說《孔子傳　項橐智答孔子》。

庚午（路旁土）【堂裡之馬】籤

天上聖母六十聖籤（●○●○○○）

庚午

平生富貴成祿位
君家門戶定光輝
此中必定無損失
夫妻百歲喜相隨

三元會喜葛其蔡坤賣書

求財	有進	耕作	平平下半年好	經商	有成	歲君	平順	六甲	生男後女	婚姻	美滿
家運	五世其昌	失物	必在	六畜	可喜有利	築室	壽命長富貴至	移居	暫緩	墳墓	齊美
出外	平安	行船	有利	凡事	拖尾了錢	治病	少漸癒老不安	作事	難得成功	功名	近日高陞
官事	了錢可安	家事	大吉進益	求兒	好	求雨	下旬好			來人	月光有

屬：土利在四季，四方皆宜。

水天需：需者須也。坤土遊魂卦。

評曰：雲靄中天之課，密雲不雨之象，雪中梅綻之意。

斷易大全：蔡順遇赤眉賊時卜得；乃知必脫大難也。

八月卦：春吉、夏平、秋平、冬吉。

四季運：春財、夏官煞、秋比劫、冬食傷。

四季相：春死、夏相、秋休、冬囚。

飛：戊午水。　伏：癸丑土。

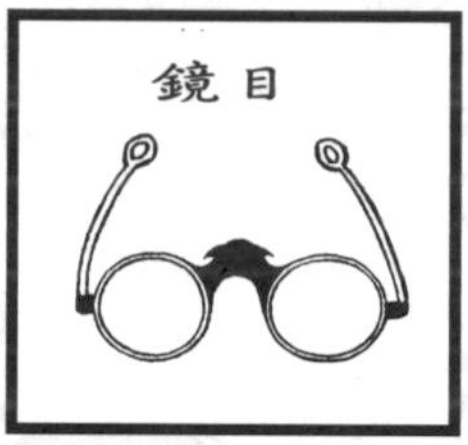

目鏡圖意：

婚事大吉。六畜成群。財利易見。音信音聞。

訟勝一半。財獲九分。入場應試。筆掃千軍。

61 ䷄ 水天需（坎上乾下）

需：有孚。光亨。貞吉。利涉大川。

初九：需于郊。利有恆。無咎。

九二：需于沙。小有言。終吉。

九三：需于泥。致寇至。

六四：需于血。出自穴。

九五：需于酒食。貞吉。

上六：入于穴。有不速之客三人來。敬之終吉。

妻財	- -	子水	
兄弟	—	戌土	
子孫	- -	申金	世
兄弟	—	辰土	
官鬼　巳父	—	寅木	
妻財	—	子水	應

【三元會喜葛其蔡坤賣書】

寓龍頭紹仁堂編纂

葛希諒，字弘忠，盧州府安慶縣人，離城十五里之地人氏，雙親早年過生，隻身孤苦。

蔡曼錦，盧州城人，父蔡良，學儒而七科不第，賭氣於街肆開書鋪賣書，生曼錦與一兒名豚，又名頓楣。蔡父曾交代，若有聰明秀士來買書時，能對出白鶴洞所出之仙對，即為蔡娘之夙世良緣。

葛希諒一日與友康秀才上街肆閒逛，心血來潮至書鋪買書，得遇蔡曼錦；因買書價十貫，雙方拌嘴殺價至五貫錢，引來曼錦與希諒暗賭，若希諒能背誦書籍內容文句，即將此書贈與希諒。嗣後希諒慷然對答，曼錦便將所殺價之書贈與希諒，然所贈之書，居然是日前希諒遊鳳眼山所題之詩集，此事令希諒十分好奇，當下告訴曼錦此事，於是曼錦約葛康兩生去家中午膳，另提出對仙對之請求，此時康秀才知難而退，唯有眼見豚而將希諒帶走。

蔡良於宴中提出仙對：日月會朔生成天上之明。希諒對曰：女子並肩湊合之日（此亦曼錦當日自對之詞）。令蔡翁十分激賞，而願將曼錦下嫁希諒。

話說南蠻第十八洞鐵沙洞，大王阮摸心自楊文廣大破十七洞，蠻夷族類被誅不盡，自束手投降以來，集結剩餘殘部萬人於海崗山，另圖興兵大宋，眼見盧州府糧草甚多，差派手下黑熊、黑虎，率部征糧，與鎮守盧州府城官拜都御史的劉七顯激戰，當時盧州府尹大閉城門拒敵，但城外官兵與蠻兵交相擄掠，希諒不得已與曼錦將被單折為兩份，各為日後表記，自而分散逃命。

曼錦隻身逃難改裝為一男子，自稱蔡坤，至一破廟，身上帶著希諒祖遺魁星與土地香火，無奈遇上掃帚精變身的黑二娘，意欲將蔡坤生呑蠶食，此時魁星與土地雙雙現身，逼退掃帚精，另因山東巡撫劉廷選十七歲之獨生女貞淑與希諒有夙世之緣，便指引蔡坤去投靠，不表。

劉貞淑彼時正與丫環梅香於後花園賞花，正遇蔡坤眠於花架之下，各通名姓之後，命梅香帶往廷選處，予以審問，不料劉廷選日前夜夢有雙草狀元與貞淑締姻之兆，故將女扮男裝的蔡坤留於府中，並執意將貞淑嫁於蔡坤，等吉日良時，讓兩口完婚。

但時過一年有餘，蔡坤仍常和衣而眠，引起劉貞淑的懷疑，隨後在假借酒宴的當下，瞭解到蔡坤是女扮男裝的女兒身，在傾訴與解釋的當口下，二人結拜為姊妹，進而偕同赴京找可能進京赴試的葛希諒，希望能夫婦重逢。

話說葛希亮，與妻分開後，走投無路，便直奔盧州城，向招討使廷望獻十策平蠻之書，並改名葛弘忠，官拜先鋒，業以領兵與蠻夷殊戰，並經年餘方得勝而歸。

後希亮至平山驛得遇蔡良翁舅，此時葛希亮正欲往慶州赴守備之職，於官驛中受文秀才訓誨武子汗夫，遂往京中考武狀元而去；在一番的比武試驗之下，順利考取武狀元。

在此同時，番蠻大金對朝中文武出一番對：琴瑟琵琶八大王一般頭腦。藉以嘲笑朝中無人可對，而葛希亮正好考中秋試武狀元，自薦對曰：魑魅魍魎四小鬼各樣心腸。此時皇帝龍心大悅，欽賜希亮文武狀元，加統兵大元帥，領兵三十六萬征伐大金，即刻啟程。

焉知蔡坤與劉貞淑一路辛勞到達京城，因不見希諒，便趁女扮男裝之便進京赴試，進而考取了文狀元。

在葛希諒兩年後平定番蠻大金大捷之時，朝廷派蔡狀元與王探花至番邦，奉命安南封王並運糧犒軍，此時夫妻不期相會，但因經過太多年，容貌多有所變，兩人卻無法相認，於是蔡坤假借一次醉酒的機會下，詢問希諒是否已有妻室，並延請希諒應娶妻室的建言下，得到希諒意執找到曼錦前妻的承諾後，方取出城隍、土地香火予以表明自己身世原是蔡曼錦的情況下，夫妻此時方能相認。

參考資料：梨園戲《葛希諒》。

庚申（石榴木）【食果之猴】籤

天上聖母六十聖籤（○○●○○○）

庚申

今行到手寔難推
歌歌暢飲自徘徊
雞犬相聞消息近
婚姻夙世結成雙

闍雞拖木屐山伯探英台

求財	難西戌日即成
耕作	平平有利
經商	遲有利
歲君	平和
六甲	先男後女
婚姻	偕老
家運	漸得平安
失物	尋在
六畜	不可
築室	九月以後好
移居	不可
墳墓	平平
出外	東北方好
行船	無財可得
凡事	和者吉
治病	拖尾戌日不畏
作事	難成
功名	無
官事	勝局
家事	克振家聲
求兒	不可
求雨	有
來人	戌日到

屬：木利在春天，宜其東方。
風天小畜：小畜者塞也。巽木一世卦。
評曰：匣藏寶劍之課，曉風殘月之象，相親相疏之意。
斷易大全：韓信擊取散關不下時卜得；後果破也。
十一月卦：春病、夏凶、秋口舌、冬吉。
四季運：春財、夏官煞、秋比劫、冬食傷。
四季相：春旺、夏休、秋死、冬相。
飛：甲子水。　伏：辛丑土。

銅鐘圖意：
佳音立至。婚事齊眉。求財易得。失物可追。家庭有慶。疾病不危。若問正事。件件堪爲。

風天小畜（巽上乾下）

5
1

小畜：亨。密雲不雨。自我西郊。
初九：復自道。何其咎。吉。
九二：牽復。吉。
九三：輿說輻。夫妻反目。
六四：有孚。血去惕出。无咎。
九五：有孚攣如。富以其鄰。
上九：既雨既處尚德載。婦貞厲。月幾望。君子征凶。

卯木	▅▅▅		兄弟
巳火	▅▅▅		子孫
未土	▅ ▅	應	妻財
辰土	▅▅▅		妻財 酉官
寅木	▅▅▅		兄弟
子水	▅▅▅	世	父母

【山伯探英台】

寓蘢頭紹仁堂編纂

從前有個姓祝的地主，人稱祝員外，他的女兒祝英台生於東晉孝武帝太元二年，不僅美麗大方，而且非常的聰明好學。但由於古時候女子不能進學堂讀書，祝英台只好日日倚在窗欄上，望著大街上身背著書箱來來往往的讀書人，心裡羨慕極了！難道女子只能在家裡繡花嗎？為什麼我不能去上學？她突然反問自己：對啊！我為什麼就不能上學呢？

想到這兒，祝英台趕緊回到房間，鼓起勇氣向父母要求：「爹，娘，我要到杭州去讀書。我可以穿男人的衣服，扮成男人的樣子，一定不讓別人認出來，你們就答應我吧！」祝員外夫婦開始不同意，但經不住英台撒嬌哀求，只好答應了。

第二天一清早，天剛濛濛亮，祝英台就和丫環扮成男裝，辭別父母，帶著書箱，興高采烈地出發去杭州了。到了學堂的第一天，祝英台遇見了一個叫梁山伯的男同學，學問出眾，人品也十分優秀。她想：這麼好的人，要是能天天在一起，一定會學到很多東西，也一定會很開心的。而梁山伯也覺得與她很投緣，有一種一見如故的感覺。於是，他們常常一起詩呀！文呀！談得情投意合，冷呀！熱呀！相互關心體貼。促膝並肩，兩小無猜。後來，兩人結拜為兄弟，更是時時刻刻，形影不離。

春去秋來，一晃三年過去了，學年期滿，該是打點行裝、拜別老師、返回家鄉的時候了。同窗共燭整三載，祝英台已經深深愛上了她的梁兄，而梁山伯雖不知祝英台是女生，但也對她十分傾慕。他倆戀戀不捨地分了手，回到家後，都日夜思念著對方。幾個月後，梁山伯前往祝家拜訪，結果令他又驚又喜。原來這時，他見到的祝英台，已不再是那個清秀的小書生，而是一位年輕美貌的大姑娘。再見的那一刻，他們都明白了彼此之間的感情，早已是心心相印。不久，梁山伯便風聞到祝英台回鄉後便許配給了貿城姓馬的人家。人非草木，梁山伯迫不及待地趕到祝家，豈奈木已成舟、只有淚眼相向，淒然而別。真是相見莫如不見，多情還似無情。

皇天不負苦心人，在愛情這一偉大動力的驅使下，梁山伯終於獲取了功名，又恰好被皇帝任命為貿城縣令。梁山伯到任以後，忙著施政聽訟，暫時還不便專注自己的私人事務，等到一切都就緒以後，衡情度理又不便貿然行事。貿城馬家世代為官，宗族繁盛，梁山伯實在想不出什麼充分的理由來橫刀奪愛。因愛故生憂，因愛故生怖。憂心如焚，悶悶不樂的梁山伯終至於一病不起，溘然而逝。

就像是晴天霹靂，祝英台先是目瞪口呆，繼而放聲大哭，既哭梁郎的可憐，也哭自己的可悲，更哭梁郎的無能。這邊是愁雲慘霧，了無生趣；那邊是催婚使者不斷。祝英台的父母用盡了方法，一面好言相勸，一面苦苦哀求，祝英台萬念俱灰，而且也再沒有理由加以搪塞，於是心思一横，答應了擇吉出嫁馬家。梁山伯死後，他的親友遵照他的遺願將他葬在貿城西郊邵家渡山麓，意思是要一睹祝英台出嫁時喜船路過的風彩。祝英台自然是為了情郎，非要在出嫁時經過邵家渡不可了。更提出要到昔日的同窗好友梁山伯的墓上去祭拜一番的要求。篤念舊誼，益見多情，雙方家長自然也不便峻拒。

祝英台的喜船經過邵家渡時，馬家迎親執事人等，原想順風急駛，讓船來不及靠岸就駛過邵家渡，如果要拜墓，等三朝過後與新郎雙雙前往也不為遲。誰料船至邵家渡時，忽然狂風大作，江面波濤洶湧，喜船連忙靠岸避風，祝英台也就從容上岸．前往梁山伯墳前祭拜，她脫去紅裝，一身素服，緩緩地走到墳前，一聲哀號，傷心欲絕，剎那間天搖地動，飛砂走石，白晝灰暝，就在迎親和送親的執事人員大驚失色時，忽見墳前裂開一條一尺多寬的隙縫，說時遲那時快，祝英台一躍而入，轉瞬風停地平，一切恢復正常。

其實，祝英台在答應出嫁的時候，便抱定了以身殉情的決心，她想過投江、自縊，總覺得不及親到梁山伯的墳前撞碑為佳，本來是打算祭拜以後，一頭向墓碑上撞去以結束自己的生命，不料卻天從人意，省去了許多周折。當時的人都認為是天意，連朝廷都嘖嘖稱奇，如果仔細探究起來，那天大約是龍捲風加上地震湊巧與祝英台拜墓的事湊在一塊而已。

不管怎麼說，這事是很感人，宰相謝安奏請孝武帝，敕封該地為「義婦墳」，並立廟祀奉。晉安帝時，國家多難，梁山伯又屢顯靈異為國效勞，為地方消災，於是被敕封為「忠義王」。後來邵家渡的山坡上，時有大蝶雙飛翩翩，據說黃色的蝴蝶就是祝英台，而褐色的蝴蝶就是梁山伯。

參考資料：小說《七世夫妻之梁山伯與祝英台》。

庚戌（釵釧金）【寺觀之犬】籤

天上聖母六十聖籤（○●○○●）

庚戌

一重江水一重山
誰知此去路又難
任他改求終不過
是非終久未得安

姜女送寒衣哭倒萬里長城

求財	耕作	經商	歲君	六甲	婚姻
無有益	無收成	難有成就	浮沉	生男後女	無望
家運	失物	六畜	築室	移居	墳墓
不安	難尋	不佳	不吉	午年叫吉	地運不佳遷移
出外	行船	凡事	治病	作事	功名
不好	有利可得	了錢過運	病險未日不畏	難成	不就
官事	家事	求兒	求雨		來人
不好	門庭難合	不雅	有小無大		未日到不到無

屬：金利在秋天，宜其西方。

火風鼎：鼎者定也。離火二世卦。

評曰：調和鼎鼐之課，去故取新之象，微服過宋之意。

斷易大全：秦君卜得；乃知得九鼎。

十二月卦：春吉、夏凶、秋凶、冬平。

四季運：春財、夏官煞、秋比劫、冬食傷。

四季相：春囚、夏死、秋旺、冬休。

飛：辛亥水。　伏：己丑土。

35 ䷱ **火風鼎**（離上巽下）

鼎：元吉亨。

初六：鼎顛趾。利出否。得妾以其子。无咎。

九二：鼎有實。我仇有疾。不我能即。吉。

九三：鼎耳革。其行塞。雉膏不食。方雨虧悔。終吉。

九四：鼎折足。覆公餗。其形渥。凶。

六五：鼎黃耳。金鉉。利貞。

上九：鼎玉鉉。大吉。无不利。

煙管

煙管圖意：

病犯天災。遠出破財。釋訟可也。求利難哉。音書不達。時運未開。婚姻懷孕。倏喜倏哀。

巳火	▅▅▅		兄弟
未土	▅ ▅	應	子孫
酉金	▅▅▅		妻財
酉金	▅▅▅		妻財
亥水	▅▅▅	世	官鬼
丑土	▅ ▅		子孫 卯父

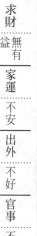

【姜女送寒衣哭倒萬里長城】

寓龍頭紹仁堂編纂

相傳在秦朝，有一戶姓孟的人家種了一棵瓜，瓜秧順著牆爬到姜家結了瓜。瓜熟了，一瓜跨兩院得分啊！打開一看，裡面有個又白又胖的小姑娘，於是就給她起了個名字叫孟姜女，兩家老倆口更是把她當成掌上明珠。

不知從何開始，秦始皇開始到處抓伕修長城。有一個叫范喜良的書生，嚇得從家裡跑了出來。他跑得口乾舌燥，想找點水喝，忽聽見一陣人喊馬叫和咚咚的亂跑聲。他來不及跑了，就跳進了孟家的後花園。恰巧遇上孟姜女跟著丫環出來逛花園。孟姜女一看范喜良是個白面書生模樣，長得挺俊秀，就和丫環回去報告員外去了。老員外在後花園盤問范喜良何以跳牆入院。范喜良一五一十地作了口答。員外見他挺老實，知書達禮、就答應把他暫時藏在家中。范喜良在孟家藏了些日子，老倆口見他一表人材，舉止大方，就商量著招他為婿。跟女兒一商量，女兒也同意。給范喜良一提，范公子也樂意，這門親事就這樣定了。老倆口一商量，擇了個吉日良辰，請來了親戚朋友，倆人就拜堂成親了。但小倆口成親還不到三天，突然闖來了一夥衙役，就生拉硬扯地把范公子給抓走了！

這一去明明是凶多吉少，孟姜女成天哭啊，盼啊！可是眼巴巴地盼了一年，不光人沒有盼到，信兒也沒有盼來。孟姜女實實地放心不下，就一連幾夜為丈夫趕做寒衣，要親自去長城尋找丈夫。她爹媽看她那執拗的樣子，攔也攔不住，就答應了。孟姜女打整了行裝，辭別了二老，踏上了行程，孟姜女一直奔正北走，穿過一道道的山、越過一道道的水。

孟姜女終於到了修長城的地方。她打問修長城的民工：「范喜良呢？」大伙吞吞吐吐地說：「范喜良上個月就累餓而死了！死的人太多，監工的都叫填到長城裡頭了！」

大伙話音未落，孟姜女手拍著長城，就失聲痛哭起來。她哭哇，哭哇。忽然「嘩啦啦」一聲巨響，長城像天崩地裂似地一下倒塌了一大段，露出了一堆堆人骨頭。那麼多的白骨，哪一個是自己的丈夫呢？她忽地記起了小時聽母親講過的故事：親人的骨頭能滲進親人的鮮血。她咬破中指，滴血認屍。她又仔細辨認破爛的衣扣，認出了丈夫的屍骨。孟姜女守著丈夫的屍骨，哭得死去活來。

秦始皇聽說孟姜女哭倒了城牆，立刻火冒三丈，率領三軍來到角山之下，要親自處置孟姜女。可是他一見孟姜女年輕漂亮，就要霸佔孟姜女。孟姜女哪裡肯呢！秦始皇於是派了幾個老婆婆去勸說，又派中書令趙高帶著鳳冠霞帔去勸說，孟姜女死也不從。最後，秦始皇親自出面。孟姜女強忍著憤怒聽秦始皇胡言亂語。秦始皇見她不吭聲，以為她是願意了，就更加眉飛色舞地說上勁了：「你開口吧！只要依從了我，你要什麼我給你什麼，金山銀山都行！」

孟姜女說：「金山銀山我不要，要我依從，只要你答應三件事！頭一件，得給我丈夫立碑、修墳，用檀木棺槨裝斂。第二件，要你給我丈夫披麻戴孝，打幡抱罐，跟在靈車後面，率領著文武百官哭著送葬。第三件，我要逛三天大海。」秦始皇說：「這個容易！好，這三件都依你！」

秦始皇立刻派人給范喜良立碑、修墳，採購棺槨，準備孝服和招魂的白幡。出殯那天，范喜良的靈車在前，秦始皇緊跟在後，披著麻，戴著孝。趕到發喪完了，孟姜女跟秦始皇說：「咱們遊海去吧，遊完好成親。」秦始皇可真樂壞了。忽聽「撲通」一聲，孟姜女縱身跳海了！

秦始皇一見急了：「決，快，趕快給我下海打撈。」

打撈的人剛一下海，大海就嘩！嘩！地掀起了滔天大浪。打撈的人見勢不妙，急忙上船。這大浪怎麼來得這麼巧呢？原來，龍王爺和龍女都同情孟姜女，一見她跳海，就趕緊把她接到龍宮。隨後，命令蝦兵蟹將，掀起了狂風巨浪。

秦始皇見孟姜女這樣堅貞，便令人護送其屍骨回鄉，并為她修了一所廟宇。後人封孟姜女為貞烈娘娘。

而在東周列國志中，齊莊公命令將戰死的勇士杞梁停殯在齊城郊外。莊公才進城郊，正碰上杞梁之妻孟姜來迎丈夫屍體。在杞梁之家設好靈位，進行吊唁。孟姜送丈夫的棺材于城外落葬。她露宿三天，撫棺大哭，眼淚哭乾，接著流血。齊城城牆忽然崩塌幾尺，這是由於孟姜哀哭悲切，精誠感動而造成的。後代傳說秦朝人范杞梁被派修長城而死，他的妻子孟姜女送寒衣到長城下，聽說丈夫已死，放聲痛哭，長城被她哭塌了。這是將齊將杞梁之事誤傳而成。這是周靈王二十二年的事。

參考資料：小說《東周列國志 第六十四回 曲沃城欒盈滅族 且于門杞梁死戰》與民間傳說故事總結。

辛丑籤

辛丑（壁上土）【路途之牛】籤

天上聖母六十聖籤（●○●○○●）

辛丑

一年作事急如飛
君爾寬心莫遲疑
貴人還在千里外
音信月中漸漸知

三嬸報喜蘇秦假不第

求財	未遇時月半合	耕作	小有收獲	經商	先無後有	歲君	起倒	六甲	先女後男	婚姻	平平
家運	光輝門庭	失物	難尋	六畜	緩日即好	築室	好	移居	不可	墳墓	可得吉地吉穴
出外	不利	行船	小有利益	凡事	候時過貴人成	治病	月半過有貴人	作事	月半好	功名	不就
官事	不畏	家事	喜遇貴人	求兒	平正	求雨	小許			來人	月光到

屬：土利在四季，四方皆宜。

水風井：井者盡也。震木五世卦。

評曰：珠藏深淵之課，守敬安常之象，海人求魚之意。

斷易大全：楊貴妃私與安祿山爲事時卜得；反受其害也。

三月卦：春凶、夏實、秋吉、冬有氣。

四季運：春財、夏官煞、秋比劫、冬食傷。

四季相：春死、夏相、秋休、冬囚。

飛：戊戌土。　伏：庚申金。

65 ䷯ 水風井（坎上巽下）

井：改邑不改井。旡喪旡得。往來井井。汔至。亦未繘井。羸其瓶。凶。

初六：井泥不食。舊井旡禽。

九二：井谷射鮒。甕敝漏。

九三：井渫不食。爲我心惻。可用汲。王用明並受其福。

六四：井甃旡咎。

九五：井冽寒泉食。

上六：井收勿幕。有孚元吉。

齒刷圖意：

貴人久候。病症遷延。財得子母。婚合坤乾。爭訟勝半。失物護全。佳音在近。免長望焉。

子水	- -		父母
戌土	——	世	妻財
申金	- -		官鬼　午子
酉金	——		官鬼
亥水	——	應	父母　寅兄
丑土	- -		妻財

【三嬸報喜蘇秦假不第】

寓鼇頭紹仁堂編篹

蘇秦辭別母親妻嫂，想再去秦國，但轉念又想：「當今七國之中，以秦國最為強大，本可以輔助它成就帝業，無奈秦王不肯用我。我現在去秦國，如果再像從前那樣，怎有臉面還鄉？」於是便想出了一個幫助六國拒秦的計策。

蘇秦東行來到趙國，先遊說奉陽君，奉陽君不肯聽從，蘇秦於是離開趙國，北行到燕國，蘇秦求見燕文公，燕文公左右之人都不肯為他傳話。蘇秦在燕國一住年餘，路費川資花光，旅店主人見他可憐，借給他一百小錢，這才使他免受饑餓之苦。這日正值燕文公出遊，蘇秦跪在路旁求見，知道他是蘇秦，燕文公大喜，遂將蘇秦召回朝堂請教。蘇秦奏道：「依臣之見，不如先與趙國結好，然後再聯合其他四國，合力與秦相抗，這才是保證燕國久安的辦法。」燕文公說：「先生想用南北合縱共抗西方強秦之計，來保證燕國安寧，我當然同意，但只怕其他五國不肯合縱結盟。」蘇秦說：「臣雖不才，願代大王去見趙侯，與他締結盟約。」燕文公大喜，當即向蘇秦提供金帛路費、高車駟馬，讓武士護送他赴趙。

此時奉陽君趙成已死，趙肅侯聞聽燕國護送蘇秦來到，忙降階相迎。蘇秦奏道：「天下才士賢人，無不頌揚君的高義，都願向君盡忠，是因為前相國奉陽君嫉賢妒能，人們這才裹足不前。臣聽說『保國不如安撫百姓，安民不如善交鄰國。』如今函谷關以東各國，以趙國最為強大，秦國最忌諱的也是趙國，它如今之所以不敢發兵攻趙，只是害怕韓、魏襲其後路。韓、魏無高山大川之險可憑，一旦遭秦國大舉進攻，勢必難以抵敵，韓、魏一亡，大禍馬上就會降落在趙國頭上。假使六國聯合，協力對付西方，破秦易如反掌。現在秦國以武力恐嚇各國諸侯，讓各國割地求和，不戰而割讓國土，實際上等於自我破滅。依臣之見，君不如與六國君臣在洹水會盟，結為兄弟盟邦，秦攻一國，則六國共同出兵救援，六國中如有背盟毀約者，則由其他五國出兵征討。秦國雖然強暴，它又怎敢以一國與天下為敵呢？」趙肅侯說：「我還年輕，執掌君位不久，還從未聽到如此高論。先生想糾合諸侯合縱抗秦，我怎敢不聽從！」於是便將相印贈給蘇秦，賜給他一所大宅，又給他車駕百輛，黃金千鎰，白璧百雙，錦繡千匹，讓蘇秦作為「縱約長」出使遊說各國合縱抗秦。蘇秦先派人帶著百兩黃金去燕國酬謝曾借給自己一百小錢的旅店主人，即刻動身起程。

當蘇秦完成六國的遊說後，正當北行回報趙肅侯，路過洛陽，諸侯們各派使臣相送，儀仗森嚴，前呼後擁，車馬輜重連綿二十餘里不斷。周顯王聞聽蘇秦將到，派人預先清掃道路，在郊外設帳迎接。蘇秦的老母，扶著拐杖在路旁觀看，嘴裡嘖嘖驚歎，兩位兄弟和妻子、寡嫂跪在郊外大道上迎接，不敢抬頭正視。蘇秦在車中對他嫂子說：「嫂子過去連飯都不肯為我做，如今為何如此恭敬我呢？」寡嫂說：「兄弟官位尊貴錢多，不容我不敬畏！」蘇秦長聲歎道：「『世情看冷暖，人面逐高低。』我今日才知道榮華富貴是這麼重要！」蘇秦用車帶上自己的親屬回到故里，建起一座大宅，讓全族居住，又出千金供養他們。蘇秦之弟蘇代、蘇厲羨慕不已，苦苦研讀《陰符》，學習遊說之術。

蘇秦在家住了幾日，便驅車趕赴趙國。趙肅侯封蘇秦為武安君，派遣使者與齊、楚、魏、韓、燕五國國君相約，準備在洹水會盟。蘇秦與趙肅侯先到洹水，建築祭壇，等待各國諸侯到來，不久，燕文公、韓宣惠公、魏惠王、齊宣王、楚威王也都陸續趕到。蘇秦先與各國大夫相見，商議排定座次，論理楚、燕是資歷較老的諸侯國，應該在前；齊、韓、趙、魏都是改姓新國，應該在後，但此時是戰爭之際，於是便以國家大小為序：楚國最大，以下依次是齊、魏、趙、燕、韓。六國中楚、齊、魏已經稱王，趙、燕、韓依舊稱侯，爵位不同，不便敘談會晤，蘇秦建議六國一概稱王。盟約為趙王所倡，趙王居主位，楚王等人以次序居客位。到了會盟之日，六國君王登上祭壇，依照次序排好，蘇秦登壇啟奏道：「諸君各掌大國，列位王爵，地廣兵強，足以自強稱雄，那秦君本是牧馬賤僕出身，如今卻憑藉著咸陽的險要，企圖吞食列國，諸君願意以君臣之禮侍奉秦國嗎？」六國君王都說：「我等決不向秦國臣服，願聽先生教誨。」蘇秦說：「合縱抗秦之計，我從前已對諸君說過，今日只須歃血結盟，對神明起誓，從此六國結為兄弟，患難與共。」

六王拱手說道：「遵命！」蘇秦於是手捧金盆，請六王以次歃血，拜告天地及六國列祖列宗，共誓：「如有一國叛盟背約，五國須當聯兵征討。」蘇秦讓人將誓約寫成六份，分別由六國君王收下，然後擺酒開宴。趙王說：「蘇秦以大計安定六國，應該封他高爵，使他能往來六國之間，保證盟約的執行。」五王都說：「趙王說得對。」於是六國君王合封蘇秦為「縱約長」，使他兼佩六國相印，總領六國臣民，蘇秦謝恩受命。六王散宴，各自歸國，蘇秦也隨趙肅侯回到趙國。

這是周顯王三十六年之事。

參考資料：小說《東周列國志 第九十回 蘇秦合縱相六國 張儀被激往秦邦》。

辛卯（松柏木）【蟾宮之兔】籤

天上聖母六十聖籤（○●●●●●）

辛卯

客到前途多得利
君爾何故兩相疑
雖是中間逢進退
月出光輝得運時

洪益春留傘愛陳三

求財	耕作	經商	歲君	六甲	婚姻
淡淡	平平	大吉利市	起倒	先女後男	中和
家運	失物	六畜	築室	移居	墳墓
左右平安	難尋	可納	可居安樂	大吉	地氣漸發財
出外	行船	凡事	治病	作事	功名
一路順風	大吉有利	月光好	月光安運光彩	遲至事成	必能得進
官事	家事	求兒	求雨		來人
了錢月光完局	志氣遠大	不可	未有		月半到

屬：木利在春天，宜其東方。

山地剝：剝者落也。乾金五世卦。

評曰：去舊生新之課，群陰剝盡之象，鼠穿倉廩之意。

斷易大全：尉遲將軍與金牙鬥爭時卜得；不利男子。

九月卦：春吉旺、夏平、秋凶、冬不利。

四季運：春食傷、夏財、秋印、冬比劫。

四季相：春旺、夏休、秋死、冬相。

飛：丙子水。　伏：壬申金。

7 8 山地剝（艮上坤下）

剝：不利有攸往。

初六：剝床以足。蔑貞凶。

六二：剝床以辨。蔑貞凶。

六三：剝之。无咎。

六四：剝床以膚。凶。

六五：貫魚以宮人寵。无不利。

上九：碩果不食。君子得輿。小人剝廬。

圓規圖意：

旅行漸吉。運纔亨通。失物在北。求財向東。
孕兆丹桂。病如金桐。爭訟二字。祇恐費工。

寅木	—		妻財
子水	--	世	子孫　申兄
戌土	--		父母
卯木	--		妻財
巳火	--	應	官鬼
未土	--		父母

【洪益春留傘愛陳三】

寓龍頭紹仁堂編篡

五娘是明朝人，其父黃九公是當時富翁，家住潮州城西門外的蔚園。黃九公有兩個女兒，大姐就是五娘，小妹名叫六娘。五娘丰姿艷麗，早已被城中西街武生林大悶(俗稱林大鼻)聘為妻。

福建泉州有個才子叫陳伯卿，家中排行第三，左鄰右舍皆稱他陳三。其兄長早年科舉高中進士，後官居廣東轉運使。那年，陳三奉母親命，從泉州護送家嫂到其兄官邸。路過潮州城，受到兄長同年好友潮州知府熱情款留。陳三與游潮州八景，路過蔚園，恰好看見繡樓中的五娘。陳三頓生愛慕之心，決意定要娶五娘為妻。陳三向知府相討娶五娘之事，才知道五娘已經訂了親。陳三發誓定要設計娶得五娘，即向潮郡師爺求教。師爺思索後詢問：「五娘還有姊妹嗎？」答：「有小妹六娘還沒有定親。」師爺便對陳三說：「公子何不娶六娘？」師爺嘰嘰咕咕對陳三耳語一通，最後說：「公子就先聘定六娘吧！」陳三聽後高與得請知府做媒，到黃家聘定了六娘。

陳三照師爺的計謀行事，先護送嫂嫂去廣州；臨行時，對府衙紳士說：「陳三已和五娘訂了親。」這些言語傳到林大鼻耳朵裡，就叫媒人去質問黃九公，黃九公說：「哪有許婚換婚之理。陳三聘的不是五娘，是我的小女六娘。」媒人把黃九公的話回稟林大鼻，林聽後才放心。幾個月後，陳三從廣州回到潮州府衙，即擇了吉日，準備迎親。這時他在潮州城製造傳聞：「陳三就要迎娶五娘啦！」林大鼻一而再聽到陳三要娶黃五娘，一定是黃家攀陳家官大，以桃代李，心裡非常緊張，叫親友去質問黃九公。黃九公一聽，火冒三丈，說：「老夫是潮郡知名賢明鄉紳，哪能做出傷風敗俗的事來！況且陳三是廣東轉運使的弟弟，替他說媒的又是潮州知府，皆是明法守紀之人，現婚帖俱在！」來人被呵斥一頓，林大鼻只好忍氣吞聲。

陳三迎娶那天，請了府衙裡許多身強力壯的兵勇沿途護衛，又帶了許多親丁到黃家，把六娘接上花轎，還秘密派人再傳聞：「陳三已奪得了五娘！」消息傳到了林家，這時旁人對林獻計道：「陳三雖是官家子弟，可他家遠在泉州，相公是本地豪紳，他敢搶人，我們人多勢眾難道還怕搶不過他嗎？」林大鼻覺得有理，便令人立刻佈置廳堂準備迎親，自己帶家丁人等到半途，攔截陳三搶其愛妻黃五娘的花轎。陳三那幫人假裝抵敵不過，將花轎讓由大鼻的人抬走了。

花轎抬到林家，早已賓朋親友滿堂，林大鼻掀起轎門一看，新娘是六娘不是五娘。林大鼻一時不知如何是好，府衙已派差役傳林大鼻上公堂，潮州知府大罵林大鼻目無王法，光天化日搶奪官親！念你尚有認罪表現，本府寬恕於你。但六娘花轎已抬進你家，夫妻名份已定，你就將錯就錯娶了六娘吧。」陳三終於如願娶得了五娘。

據戲劇所說，其不同點為：

時值端午時節，陳三護送嫂嫂到廣南後，起身回泉州，再度經過潮州，在西街上又遇見那位女子及其丫頭登樓賞景，這位女子心生愛慕，就用手帕包著荔枝，丟下樓去，陳三拾起，留存為記。

陳三向磨鏡師父李公伯打探消息，原來這位女子是潮州富貴人家黃九郎的千金黃五娘，身旁的丫頭則叫做益春，只可惜五娘早已許配給人稱林大鼻的林大，只是尚未正式成親。陳三為五娘傾心不已，央求李公伯幫忙撮和二人，於是李公伯設計教陳三學磨銅鏡，再趁著到黃家磨鏡的時候，將黃家一面價值連城的寶鏡打破，然後假裝身無分文、賣身為奴，陳三依計行事，就此當起黃家三年的長工，得以有親近五娘的機會。

有一天，陳三照例打掃內外，故意掃到五娘閨門外，遇見益春捧著洗臉水準備進五娘房間，陳三自願幫益春捧盆水，益春不肯，陳三再三請求，益春才答應，陳三終於可以進入閨房，與五娘互訴情衷。不久，益春進門，五娘一見，反羞成怒，指責陳三竟敢亂闖小姐的閨房，而將陳三趕走；陳三生氣、失望之餘，決心離開黃家。五娘心知不妙，便命益春前往留傘，藉著留傘來留住陳三的人，最後透過益春的巧言妙語，陳三了解五娘的矜持，便回頭繼續留在黃家。而在益春留傘的過程中，益春趁機羞赧地向陳三提起自已的心意，陳三才知道原來益春也對自已有意思，於是答應益春的婚事，同時收納五娘和益春，享起齊人之福。

後來，林家因為黃家再三延遲娶親的日期，乃前來逼親，並且約定八月中秋成親。陳三見機不妙，要求五娘與他私奔，說道：只要能逃到泉州就可相安無事，因為他那官拜運使的哥哥，和官拜都台的叔叔都可以為他平息此事。起先五娘為顧及體面、及想起父母無人侍奉而不肯答應，但為求能與陳三共相廝守，終於還是答應與陳三、益春利用三更半夜時逃離黃家。

林家知道陳三與五娘私奔之事，乃報官捉拿陳三，所幸經由陳三兄長陳必賢出面調解，終於化險為夷，有情人終成眷屬，林大則改娶五娘的妹妹六娘，歡喜收場。

參考資料：戲劇《陳三五娘與荔鏡緣》與筆記小說《清人鄭昌時　韓江見聞錄》。

辛巳籤

辛巳（白蠟金）【冬藏之蛇】籤

天上聖母六十聖籤（○●○●●●）

辛巳

花開今已結成果
富貴榮華終到老
君子小人結會合
萬事清吉莫煩惱

薛仁貴困白虎
關父子不相逢

求財	耕作	經商	歲君	六甲	婚姻
可得萬貫	允順	舊業後發後呆	平和	先男後女	中和
家運	失物	六畜	築室	移居	墳墓
福利合亨	歸	興旺	居之即安	平平	代代簪纓
出外	行船	凡事	治病	作事	功名
平平	先無後有	以禮待人	老惡運少不畏	月先好	晚成大器
官事	家事	求兒	求雨		來人
難完局拖尾	瓜瓞綿綿	好	再幾日有		未日到

屬：金利在秋天，宜其西方。
火地晉：晉者進也。乾金遊魂卦。
評曰：龍劍入匣之課，以臣遇君之象，人登玉階之意。
斷易大全：司馬周卜得；進策後果爲丞相也。
三月卦：春吉、夏平、秋凶、冬吉。
四季運：春財、夏官煞、秋比劫、冬食傷。
四季相：春囚、夏死、秋旺、冬休。
飛：己酉金。　伏：壬午火。

木屐圖意：
訟結延緩。行旅乎安。財通舟楫。婚卜鳳鸞。疾病勿惱。商賈非難。家宅墳墓。苟美苟完。

38 **火地晉**（離上坤下）

晉：康侯用錫馬蕃庶。晝日三接。
初六：晉如摧如。貞吉。罔孚。裕旡咎。
六二：晉如愁如。貞吉。受茲介福。于其王母。
六三：眾允。悔亡。
九四：晉如鼫鼠。貞厲。
六五：悔亡。失得勿恤。往吉。旡不利。
上九：晉其角。維用伐邑。厲吉。旡咎。貞吉。

巳火	━━		官鬼
未土	━ ━		父母
酉金	━━	世	兄弟
卯木	━ ━		妻財
巳火	━ ━		官鬼
未土	━ ━	應	父母　子子

【薛仁貴困白虎關父子不相逢】

寓龍頭紹仁堂編纂

唐軍離開寒江關，一路之上勢如破竹，很順利地來到了白虎關前，安營下寨。這座營盤是九宮八卦連環式，進可以攻，退可以守。軍士們立轅門，挖壕溝，佈置鹿角，掛好天燈，下好埋伏，這才埋鍋造飯。薛仁貴當眾宣佈：「咱們起兵之時，白虎關的大帥名叫楊凡，此人武藝精通，善施暗器，各位將軍要多加留神謹慎，哪一個能戰勝楊凡，奪過白虎關，也算首功一件。」前部正印先鋒官大刀周青躬身施禮：「大哥，我願領兵帶隊，會鬥楊凡。」周青轉身走了，周文、周武、薛顯圖要求給周青助一臂之力，四員大將翻身上馬，點兵一萬趕奔兩軍陣。皇上唐王和軍師守營，餘者眾將全部隨元帥出營。

薛仁貴手拿畫桿描金戟，站立纛旗之下向對面觀看。時間不大，唐兵已攻到白虎關下，樹起雲梯，奮勇登城。守把城池的西涼兵，箭如雨發，唐軍傷亡慘重，想一舉拿下關城不那麼容易。大帥吩咐鳴金！收兵鑼一響，周青知道，元帥不贊成這種戰術，確實傷亡慘重。沒有辦法，剛撤到半道上，白虎關中三聲炮響，闖出一員大將，正是白虎關的大帥醜鬼楊凡。楊凡背後帶著五虎八標上將至，與周青馬打對頭。楊凡最近發現樊梨花不願嫁給他。聽說樊梨花殺父、誅兄，獻了寒江關，而且把終身許配給唐營二路元帥薛丁山。

楊凡使了個迴光返照絕命刀，奔周青砍來，「喀嚓」一聲，周青人頭落地，死屍栽於馬下。楊凡用刀尖把周青的腦袋挑起來：「這就是你們的下場。哪一個過來送死！」元帥薛仁貴見周青陣亡，不由得眼前發黑，胸口發熱，哇的一聲，一口鮮血噴了出來。眾將急忙上前，把元帥搶救過來，有人衝上去把周青的屍體搶回。周青手下的三員副將周文、周武、薛顯圖，急紅了眼珠，十幾個回合過去，三人戰不下楊凡，被使了個左右開弓，把周文、周武砍落馬下，二人當場斃命，薛顯圖撥馬就走，楊凡拽出一支三稜透甲錐，隨手一箭，正好射中薛顯圖的咽喉。三員大將死了一對半。趕緊把三人死屍搶回，薛仁貴又昏過去了。

薛仁貴明白過來，猶如凶神附體一般。程咬金一看：「你剛吐完血，這個戰場你無論如何上不得。」薛仁貴雙腳一磕飛虎韂，馬往前催，晃動獨龍戟，來到楊凡的馬前。楊凡不容分說，朝薛仁貴頂梁砍來，只聽鏜啷一聲，把薛大帥震得幾乎落馬。兩個人打了五十多個回合不分輸贏。薛仁貴心想，乾脆我用戟裡夾鞭把他戰敗，反手一鞭打向楊凡的後腦勺。楊凡趕緊使了個縮頸藏頭，使勁往馬身上一趴，薛仁貴這一鞭就打空了。兩個人又打十幾個回合。楊凡帶有十二把飛刀，打到第七刀上，扎上肩頭這地方，先是一疼，緊跟著發麻，就知道這是毒藥刀。一撥馬頭，敗回本隊。一頭從馬上栽了下來，人事不省。程咬金一看，將陣亡，大帥受傷，這仗是沒法打了，趕緊收兵撤隊。轅門關閉，免戰牌高懸。

軍醫官經過商量，開出了藥方，先讓元帥服下解毒藥，又拔下了飛刀。只見傷口像個小洞，正中穴道。又上過止痛和解毒的藥，忙了兩個多時辰，才算安定。

大伙商議，這仗怎麼打？程咬金說：「陛下，我看要想勝楊凡，非得薛丁山不可。但他在勞軍營服役。可叫他戴罪立功，必須把楊凡贏了，把他爹救了，不然的話，再重重處罰於他，您看怎麼樣？」皇上提筆刷了旨意，交給程咬金。老程上馬，抱著聖旨，帶著人，趕奔離前敵十五里地的勞軍營。

程咬金說：「薛丁山在什麼地方？我要見見他。」老程一見，原來薛丁山正在掄錘打鐵哩。這是元帥的意思，哪兒艱苦、累，叫他到哪兒幹。副將來到近前喊道：「薛將軍，魯國公看你來了。」薛丁山趕緊跑過來施禮：「爺爺，您怎麼跑到這裡來看我？」程咬金把他領到沒人的地方：「你知道不知道兩軍陣前正在開兵見仗？跟你實話實說了吧，周青、周文、周武、薛顯圖，你四個盟叔都陣亡了。一開始，你父親跟楊凡打得是棋逢敵手，後來楊凡這小子扔出來毒藥飛刀，把兒爹給打傷了，我們是大敗而歸，現在你爹人事不省，命在旦夕。」

薛丁山聽罷「哎呀」一聲，又頓足捶胸，眼淚就掉下來了。程咬金接著說：「薛丁山接旨！」把聖旨打開，他也不認識字，就把大意說了一遍，意思是先把薛丁山赦免出勞軍營，讓他戴罪立功，欽此。薛丁山趴在地下磕響頭：「罪臣謝恩。萬萬歲！」程咬金把他拉起來：「收拾收拾東西，跟我走。」

薛丁山騎著馬，老程帶著他，來到前敵。薛丁山更換衣服，先看爹爹的傷症。一轉身，拉住程咬金：「爺爺，這是楊凡打的嗎？我要趕奔兩軍陣前，活捉楊凡，給我爹報仇雪恨。」

參考資料：小說《薛家將 第十九回 白虎關前楊凡逞威 周青斃命元帥負傷》。

辛未（路旁土）【得祿之羊】籤

天上聖母六十聖籤（○●●○●○）

辛未

功名得位與君顯
前途富貴喜安然
若遇一輪明月照
十五團圓照滿天

江中立遇永樂君

求財	平平	耕作	平正	經商	利市三倍	歲君	吉	六甲	先男後女	婚姻	偕老
家運	安居樂業	失物	月光有	六畜	平平	築室	得其所居	移居	好	墳墓	得其吉地
出外	有貴人好	行船	可喜吉利	凡事	大吉利	治病	老拖尾少立癒	作事	成好	功名	有
官事	破財完局	家事	福祉其昌	求兒	好	求雨	月光到			來人	月半有

䷕ 73 山火賁（艮上離下）

賁：亨。小利有攸往。
初九：賁其趾。舍車而徒。
六二：賁其須。
九三：賁如濡如。永貞吉。
六四：賁如皤如。白馬翰如。匪寇婚媾。
六五：賁于丘園。束帛戔戔。吝。終吉。
上九：白賁。無咎。

屬：土利在四季，四方皆宜。
山火賁：賁者飾也。艮土一世卦。
評曰：猛虎靠岩之課，門內競美之象，明不及遠之意。
斷易大全：管鮑卜得；後果獲金彼此相遜，終顯名義。
十一月卦：春平、夏凶、秋吉、冬平。
四季運：春財、夏官煞、秋比劫、冬食傷。
四季相：春死、夏相、秋休、冬囚。
飛：己卯木。　伏：丙辰土。

面盆圖意：
功名有望。福壽無疆。財利迪吉。商賈禎祥。
婚得和合。孕產兒郎。百事如意。志氣揚揚。

寅木	—		官鬼	
子水	--		妻財	
戌土	--	應	兄弟	
亥水	—		妻財	申子
丑土	--		兄弟	午父
卯木	—	世	官鬼	

【江中立遇永樂君】

寓龍頭紹仁堂編篡

江中立，字雲琴，生於泉州府惠安縣，少時聰慧好學，文思敏捷，深得學館老先生的疼愛，又一表人才，是個風流才子。

江中立在讀書時，有一次，縣衙教諭（督學）來到學館檢查，想在他老師身上搾點油水，對學館老師十分挑剔，有意為難，但江中立對老師非常尊敬，真為老師抱不平，等老師不在時，私自跑到教諭面前請教文章，有意想難倒教諭。教諭見他是小學童，根本不把他放在眼裡，就信口開河道：「有什麼要請教儘管講來。」江中立也很不客氣先請教對對子。教諭見江中立如此傲慢，便搶先出題：「小子學里鄰焉知三江五嶽。」江中立答：「大名垂宇宙不廢萬古千秋。」教諭大怒，又緊接著出一題：「人小膽大不知天高地厚。」江中立手勢一劃，自如應道：「水深海闊自有浪靜風平。」此時教諭不覺驚奇起來，心想果真有神童，只好作罷。

第二天教諭要離開輞川時，在老先生面前誇獎江中立，並與老師一道到江家訪其父母，請他們用心栽培。

再有一年，惠安來了一個新縣令，是從內山調來的，曾微服出訪，來到輞川下江村頭，見一群十多歲的小孩在村前大榕樹下玩，其中一為首頑童，眉目俊秀，爬上樹梢，盪鞦韆一樣搖來擺去，好不威風。樹下小孩齊聲叫喊：「江中立真有本事」。

縣令聽見「江中立」三字，便故意問道：「江中人怎可榕樹上爬？」

江中立指著空中飛過的鳥應道：「山上鳥為何輞川裡飛」！

縣令聽罷，十分驚訝，心想，這小孩怎知我的身世，莫非神童，不可小看。立即下馬，想考他一考，便大聲說道：「小子無知敢曰江中立足。」

江中立騎在榕樹上不慌不忙地答道：「大人有識不聞天上摘星」。

縣令此次微服私訪，路人盡不知曉，此小孩怎知他是大人？便熱情地叫小孩下來，縣令用手撫摸他的小腦袋說：「你這孩子出口不凡，我再出個對子給你對，如何？」江中立欣然應允。

縣令念道：「小孩爬大樹樹不搖葉不落」，江中立毫不客氣地回答：「大人騎瘦馬馬難跑塵難揚。」縣令又出一句：「江中何以立足？」答曰：「岸上自有神扶。」江中立不想再與縣令周旋，邊喊邊快速走開了。

從此江中立更加勤奮攻書，在年輕時中了秀才，明永樂年間又中了舉人，幸逢大比之年，他進京會試時正值元宵佳節，京都官民同樂。這天晚上，兵部尚書眷屬也都出來賞景觀燈。夜幕降臨，江中立與一班舉子來到大街小巷，見處處張燈結綵，熱鬧非常，竟忘乎所以，舉子相戲起來。同伴們對江中立道：「汝是惠安有名的美男子，若敢調戲兵部尚書的千金小姐，我等佩服汝大膽，情願認輸。」江中立聽後不作聲，心生一計，學古人王禅，借方便之機，用濃墨在左手掌中寫下「江中立之妻」五個反手字，然後隨人潮來到街中，等兵部尚書眷屬一到，便擠進人流中，看準兵部尚書白其祥之女媚娥，把左手按在她背上，這樣，小姐的衣服就印上了「江中立之妻」五個字。

江中立知道這不是一般的玩笑，就匆忙返回客店，閉門高聲朗讀，好讓路人聽到，以證實自己並未上街觀燈。正在這時永樂皇帝微服出遊，路經此地，聽到客店中有琅琅書聲，心想，如此良辰美景，尚有人這等用功，實是難得棟樑，便命隨從叩門求見，永樂帝親自問其姓名，答曰：「江中立。」永樂帝道：「身在江中立，為何得身乾？」江中立答：「太陽當面照，身乾有何難！」永樂帝深喜此人聰慧，便出一聯讓他對，並言明對得好自有重賞，聯曰：「月明燈明大明天下。」江中立隨口答道：「君樂民樂永樂萬年」。永樂帝大喜，即封他為欽賜狀元。

第二日早晨，兵部尚書心中不悦，本想啟奏昨晚小姐發生之事，又聞朝中傳言，永樂帝昨晚微服出遊，見才子江中立閉門攻書，親自考試，已封江中立為欽賜狀元。兵部尚書聽後心想，莫非他家千金與江中立是天作之合，何不就此招親，結為姻緣。

在永樂帝的促成之下，江中立一夜之間得了狀元，又做了兵部尚書的女婿。

參考資料：梨園戲《江中立》。

辛酉（石榴木）【龍藏之雞】籤

天上聖母六十聖籤（○○●○●○）

辛酉

君爾何須問聖跡
自己心中皆有益
于今且看月中旬
凶事脫出化成吉

李三娘井邊會

求財	輕	家運	門庭小吉	出外	先凶後吉	官事	先凶後吉
耕作	中中	失物	尋有	行船	春夏好	家事	門閭得宜
經商	利市	六畜	平安	凡事	先凶後好	求兒	好
歲君	淡安	築室	有合不畏	治病	逢末月平安十一月不吉	求雨	未入
六甲	年頭生女年尾生男	移居	正好	作事	二次即成		
婚姻	正好	墳墓	地勢正當	功名	有	來人	月光到

屬：木利在春天，宜其東方。

風火家人：家人者同也。巽木二世卦。

評曰：入海求珠之課，開花結子之象，有氣無形之意。

斷易大全：董永喪父賣身時卜得；感得天女為妻。

六月卦：春吉、夏凶、秋平、冬凶。

四季運：春財、夏官煞、秋比劫、冬食傷。

四季相：春旺、夏休、秋死、冬相。

飛：己丑土。　伏：辛亥水。

53 ䷤ **風火家人**（巽上離下）

家人：利女貞。

初九：閑有家。悔亡。

六二：无攸遂。在中饋。貞吉。

九三：家人嗃嗃。悔厲吉。婦子嘻嘻。終吝。

六四：富家。大吉。

九五：王假有家。勿恤。吉。

上九：有孚威如。終吉。

東箭圖意：

失物早究。旅客將歸。財有根蒂。訟多是非。

婚姻成就。疾病希微。逢凶化吉。事事無違。

卯木	⚊		兄弟
巳火	⚊	應	子孫
未土	⚋		妻財
亥水	⚊		父母 酉鬼
丑土	⚋	世	妻財
卯木	⚊		兄弟

【李三娘井邊會】

寓龍頭紹仁堂編纂

知遠聞說節度使岳勳招軍，便慌忙來投軍，正好招軍已滿，不得將知遠安於長行隊。一日知遠巡更轉過營，凜冽寒風，於是於街樓馬房中暫時安身，就在朦朧之時，忽然看見一襲紅錦戰袍飄飛過來蓋在身上。此是小姐岳秀英見知遠受寒而贈，不料卻引起岳節度使的誤會，以為是知遠所竊，於是將其吊起來拷打，此時二小姐道：「告爹爹知道，奴家夜來層樓上做女工針指，只見窗外紅光閃爍，紫霧騰騰。奴家推窗一看，原來是巡軍。見他身上寒冷，本待拿一件舊衣與他遮寒，不想拿錯了，把爹爹戰袍與他。」岳勳道：「此人明日爵位大似我的，我如今將二小姐招他做個東床。明日吩咐管家，安排酒席，權且冠帶成親。後來有功，奏過聖上，加他官職。」

話說三娘自從丈夫去後，被兄嫂凌逼。洪一見三娘情願做苦工，與老婆道：「叵奈賤人執性不肯，情願挑水挨磨。我如今使個計策，做一雙水桶，兩頭尖的橄欖樣，一肩直挑在廚下去。你便管他挨磨。水缸鑽些眼，越挑越不滿，你便打他不挨磨。如今賤人身上將要分娩，你在荷花池邊，造一所磨房，五尺五寸長，罰這賤人進裡面磨麥，叫他頭也抬不起。待他分娩，或男或女，不要留他，這是劉窮的骨血。過了三朝滿月，你把花言巧語，哄那小廝，抱在手中，把他撇在荷花池內淹死了。」一日，三娘腹中一陣陣疼痛，料想分娩在今宵，便向嫂嫂借箍桶與剪刀，無奈一切皆無，就把口來咬斷臍腹，幸好生下一個兒子，命名為咬臍郎。而嫂嫂計畫將嬰兒丟入池塘一事，卻被火公竇老知道，道：「你哥哥不仁不義，一定要下落他性命，怎麼養得到五歲？我老人家打聽得劉官人在并州，有些勾當。我不辭辛苦，將小官人送到并州，待他顧乳母養他長成。也得子母團圓。我攢得些錢在身畔，買塊糕兒餵他。他若要乳吃，路途間人家有小廝吃乳的，我就雙膝跪下：『奶奶，沒娘的小廝，求一口乳兒與他吃。』一路討將去，不要愁。」不止一日，竇老來到岳府，問守門官：「此間可是岳府？有個劉知遠？我是徐州沛縣沙陀村火公竇老遞送家書的。」門官於是入內通報，知遠出來一見，竇老道：「懷抱小廝是你兒子，三娘沒有剪刀，把口咬斷臍腸，叫他咬臍郎。」知遠回頭對夫人道：「夫人，實不相瞞，前日府中說沒有妻子。我有前妻李氏三娘，生下一子，著火公竇老送到這裡來。夫人肯收，著他進來。夫人不肯收，早早打發他回去。」夫人道：「既是前妻姐姐養的孩兒，著人千山萬水送來，怎麼說收也不收？前妻姐姐養的，就是我養的一般，看孩兒容貌希奇，收留在此猶如嫡子，長成時莫忘了竇公恩義。」

蘇林老將只因朝廷有功不賞，有罪不誅，以致落草為寇，哨聚山林。知遠受岳節度使的提拔，官封太尉。現因太行山強梁作反，朝廷拜知遠為總兵元帥，前去收伏此賊。在點選衣甲時，想到向年在那沙陀村臥牛岡上瓜園內，有天賜寶刀，金盔衣甲。兵書戰策，並李家莊暴劣紅鬃馬。不免差旗牌去取來一用，必然取勝收功。另火速通知二爺史弘肇知道，即便披掛為前部先鋒，前途等候。卻說不一時，太行山寇賊連連戰敗，只待追入巢穴，盡滅其餘。便寫捷書一封，飛報朝廷。不一時皇帝詔賜知遠為九州安撫使。先鋒史弘肇特升為九州安撫使部下團練使，掌管一十六萬雄兵。

話說春三二月，各衙舍人都去郊外打圍，咬臍郎遠跑到山凹追白兔兒，於井邊見一婦跣足蓬頭，便問源由：「曾有丈夫麼？被甚麼人凌賤你？你丈夫姓甚名誰？」三娘答道：「嫁得個劉知遠潑喬才，往九州按撫投軍去，現被無知兄嫂忒毒害，孩兒被火公竇老送到爹行去，一別今經十八載，親生一子叫做咬臍郎。」咬臍郎回營中對知遠道：「告爹爹知道，孩兒前往郊外打圍，草中趕走一個白兔。孩兒一箭正中，那兔連箭便走。孩兒加鞭拍馬，直趕到徐州沛縣，地名沙陀村，八角琉璃井邊，有一個婦人，跣足蓬頭。問起根由，卻被哥嫂磨滅，在井邊汲水。我問他可有丈夫、可有孩兒，他的丈夫、孩兒名字與爹爹、孩兒相同。我問他丈夫那裡去了，他說往九州按撫投軍去了。我就說，俺爹爹九州按撫，我回去稟過爹爹，軍中帖出告示，捱問你丈夫書來夫妻重會。那婦人拜孩兒兩拜，孩兒跌倒兩次。不知為何？」知遠道：「兒既來問我。華堂享富貴的是你繼母，那村僻婦人是你親母。」此時正巧岳小姐從窗邊而過，怒道：「相公既有前妻姐姐在家，何不將我鳳冠接取到來，同享榮華，願為姐妹。」知遠接著道：「明日與史弘肇叔叔說，點起三千壯士，把李家莊圍住了，拿了李洪一夫妻兩口，綁將出來，刀刀割肉，劍劍抽筋。」

隔日，知遠帶領兵士回到沙陀村，將洪一夫婦捆縛，再找到三娘，三娘哭著道：「相公，恩將恩報，非為人也。仇將恩報，才為人也。若把哥哥典刑，奴家父母在九泉之下也不瞑目。我死之後，怎見父母之面？我受十六年之苦，命該如此，也不怨他。把我哥哥饒了罷？」於是知遠放了洪一，轉頭對其嫂嫂道：「那當初曾有言：『劉郎若得身發跡，做支蠟燭照乾坤。』這潑婦怎生饒得？叫左右，吩咐有司，取香油五十斤，麻布一百丈，把這潑婦做個照天蠟燭，以洩此恨。」知遠再道：「叫左右，一壁廂打點祭禮，到我岳父岳母墳上祭掃。一壁廂將黃金五十兩，與叔公重修馬鳴王廟。一壁廂備馬一匹，去取竇老至我府中養老終身。」

正是：「貧者休要相輕棄，否極終有泰時，留與人間作話題。湛湛青天不可欺，未曾舉意早先知。善惡到頭終有報，只爭來早與來遲。」

參考資料：梨園戲《白兔記》。

辛亥（釵釧金）【圈裡之豬】籤

天上聖母六十聖籤（○○○●●●）

辛 亥

陰世作事未和同
雲遮月色正朦朧
心中意欲前途去
只恐前途運未通

蜻蜓誤入蜘蛛網

求財	輕無財	耕作	不吉	經商	無財	歲君	浮沉	六甲	生男	婚姻	不好
家運	邪氣不安	失物	尋無望	六畜	不可	築室	不可決定	移居	不好	墳墓	地氣不佳
出外	不可向前	行船	了無利	凡事	被人害和者吉	治病	鬼作祟未日寅辰卯不畏	作事	難成未日抽成	功名	無
官事	未可	家事	不合	求兒	不可	求雨	暴到			來人	未日到

屬：金利在秋天，宜其西方。

天地否：否者塞也。乾金三世卦。

評曰：天地不交之課，人口不圓之象，寒鶯待春之意。

斷易大全：蘇秦將遊說六國時卜得；後果爲相矣！

七月卦：春吉、夏凶、秋平、冬凶。

四季運：春財、夏官煞、秋比劫、冬食傷。

四季相：春囚、夏死、秋旺、冬休。

飛：乙卯木。　伏：甲辰土。

青燈圖意：

婚事有變。病費延醫。遺失無跡。音信未知。求利遭厄。爭訟受欺。旅客遠出。難覓一枝。

18 天地否（乾上坤下）

否：否之匪人。不利君子貞。大往小來。

初六：拔茅茹以其彙。貞吉亨。

六二：包承。小人吉。大人否亨。

六三：包羞。

九四：有命旡咎。疇離祉。

九五：休否。大人吉。其亡其亡。繫於苞桑。

上九：傾否。先否後喜。

戌土	⚊	應	父母
申金	⚊		兄弟
午火	⚊		官鬼
卯木	⚋	世	妻財
巳火	⚋		官鬼
未土	⚋		父母 子子

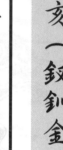

【蜻蜓誤入蜘蛛網】

寓龍頭紹仁堂編纂

那明州劉黑闥是夏明王竇建德的元帥，因建德被害，眾將推劉黑闥為主，稱後漢王，這日遂帶了元帥蘇定方，點兵十萬，望陝西長安進發。行到魚鱗關，離城十里安營，劉黑闥令元帥蘇定方前去搶關。那守關將軍王九龍大驚，吩咐閉城堅守，遂差官上本往長安，見高祖告急求救。再說高祖設朝，命建成、元吉即日興師。二王領旨出朝，向魚鱗關進發。行到關下，總兵王九龍前來迎接，進了帥府，九龍擺酒接風。次日，二王同王九龍領兵出城，來到陣前，建成叫道：「劉黑闥，爾等何故興兵犯我邊界？如今速速退去，萬事皆休。倘若不聽，悔之晚矣！」黑闥大怒，回顧蘇定方道：「快與我擒來！」蘇定方大吼一聲，一馬衝出，舉槍就刺。王九龍一馬上前，舉槍來迎，未及十合，被蘇定方一槍，刺落馬下。建成大怒，拿金背刀來戰定方，黑闥見了，使大刀來戰建成。元吉搖動金槍，衝將過來，定方接住廝殺，大戰十合，建成被黑闥一鞭，打中後心，滿口噴紅，伏鞍敗走。元吉見建成著了一鞭，心中一慌，早被蘇定方一槍，刺中了左腿，幾乎落馬。那建成一戰大敗，走入城來，閉門不及，被劉黑闥率兵一湧而進，只殺得屍山血海。二王失了魚鱗關，敗往紫金關去了。那劉黑闥得了魚鱗關，出榜安民，養兵三日，殺奔紫金關來，離關五里安營，不表。

再說建成、元吉，領了敗兵來到紫金關下。那把關守將，姓馬名伯良，就是兵部尚書劉文靜的妻舅，是個酒色之徒。聞知二王兵敗回來，出城迎接。到了帥府見禮畢，擺酒接風。馬伯良就請兩粉頭前來陪酒：那粉頭一個名叫隨地滾，一個名叫軟如綿，俱生得十分美貌。建成道：「馬將軍，你原來是個妙人兒！只是你姊夫做人不好，往往與孤家作對。」馬伯良道：「千歲，既不容我姊夫，何不用計除之？」建成道：「我欲除之久矣，惜無機會耳！」馬伯良道：「千歲放心，待臣捉他一個短處，與千歲出氣便了。」二王大喜。

忽小軍來報，劉黑闥兵馬離城五里安營了，二王大驚失色，馬伯良道：「不要理他，我們今日且吃酒吧。」兩個粉頭嬌聲軟語，慇懃敬酒，二王大悅，其夜盡歡而睡。次日，馬伯良對二王道：「千歲爺可速往長安，見萬歲說，在未到之前，魚鱗關已失，如今明州兵紮營紫金關外了。要奏臣馬伯良大勝明州兵，只是兵微將寡，還要添兵救應。如承此奏法，定然無事，還要千歲尋個有本事的將官，前來幫助。我那姊夫的首級，都在小臣身上就是了。」二王滿口應，起身往長安去了。馬伯良閉城堅守，按下不表。

再說秦叔寶同程咬金、羅成一家同住，不料叔寶因少年積受風霜，吃盡勞苦，得了吐血的病症；一日睡在牀上，忽想起秦王受罪天牢，不覺流淚哭道：「我主公呵，今生只怕不能見你了！未知你近來如何？」羅成道：「表兄，你若記念主公，待小弟扮做客商，前往長安，探望主公何如？」叔寶聞言大喜，忙爬起來說道：「多謝表弟代我一行。」便寫書一封，交與羅成道：「你交這書，可往兵部尚書劉文靜府中投下，自然得見主公。切不可給兩個奸王看破，若被他看破，只恐別生事端，反為不美。」羅成道：「曉得，明日就行。」

到了次日，羅成拜別母親，又別妻子表兄表嫂，並程咬金，帶了羅春，扮做客商，往陝西大路而來。及到長安，正要到劉文靜府中去，忽然想起表兄一封書，丟在家中，忘記帶來，如何去見他？我今日尋旅店住下，再作商議。就尋了一家歇店，主僕二人進店。不料殷齊二王在店門首經過，被他們看見，心中大喜，正好害他。次日，高祖早朝，二王奏道：「臣兒奉旨領兵到魚鱗關，不料其關已失，只得守住紫金關，被叵連敗數陣。奈軍中無有上將，不能擒拿賊首，望父王再發一員上將，隨臣征剿。」高祖道：「如今要差那一位去好？」建成道：「今有越國公羅成，現在飯店住下。父王可頒旨一道，賜他原官，掛先鋒印，前去滅賊，劉黑闥必被擒矣。」高祖允奏，即發聖旨來召羅成。那羅成在旅店，次早起身，準備去見劉文靜。忽有差官捧聖旨來到，召他做先鋒，羅成沒奈何，領旨謝恩，就有軍士來接。羅成便命羅春往天牢去看秦王，自己上馬，往教場演武廳上，參見二王，即掛了先鋒印，放炮起身。及行到紫金關，馬伯良前來迎接，同入帥府。

次日，二王升帳，眾將禮畢。二王令羅成出陣，務要生擒劉黑闥、蘇定方，違令者斬，羅成得令，提槍上馬，來到陣前討戰。明州軍士，飛報進營，說外邊有將討戰。劉黑闥道：「那守將馬伯良，連日任我叫罵，只是不出來。今日想是有救兵到了，不知是誰，待俺親自去會他。」遂提刀上馬，出營一看，認得是羅成，叫一聲：「羅將軍，請了。孤與將軍在揚州一別，聞得將軍歸了唐家，無罪被革。今日我兵殺到，無人抵敵，又來用你。眼見得唐家待人無情無義，日後太平，依然不用。我勸將軍不如歸了孤家，與你平分土地，有何不美？」羅成大怒，把槍刺來，黑闥舉刀迎敵，大戰十餘合。蘇定方看見黑闥漸漸招架不住，遂暗放一箭射來。這裡羅成一槍，正中劉黑闥，忽聞得弓弦響，羅成將身一閃，劉黑闥就逃回營去了。這蘇定方的箭，正中羅成腿上，羅成大怒，撥出腿上的箭，回射蘇定方，正中左臂，幾乎落馬。羅成本欲踹營，拿捉定方，因腿上疼痛，不便再殺上去，只得回營繳令。

二王問道：「羅成今日出兵，可拿下劉黑闥麼？」羅成道：「今日出兵，大敗劉黑闥。正要擒他，忽破蘇定方暗放冷箭，中在腿上，以此被他逃走。」二王大怒道：「你昔日在金鎖山，獨擒五王，這些本事，到那裡去了？今日要擒一個劉黑闥，為何不能？明明欺我不是你的主公了！這樣國賊，違孤軍令，吩咐綁去砍了！」武士一聲答應，把羅成綁了，推出轅門。當下馬伯良道：「千歲爺，目今敵兵未退，不若放羅成轉來，待他殺退明州兵，那時尋個事端，慢慢殺他未遲。」二王道：「既如此，死罪饒了，活罪難免。」吩咐就在軍前，捆打四十棍。那羅成被武將拖轉來，打了四十棍，兩腿竟打得皮開肉綻。正遇羅春趕到，忙扶主人至帳中睡下，就把看秦王之事，說了一番，又道：「主人問，你今日落在奸王手裡，必遭其害。不著私自回家，也得清閒自在，若再住在此間，定然性命難保。」羅成喝道：「胡說，自古認『忠臣不怕死，怕死不忠臣。』我今奉聖上旨意，豈可不赤心盡力？若然私自回家，豈是忠臣所為？從今以後，不許你多言！」這話按下不表。

再說明州細作，打聽羅成被責四十棍之事，向來通報劉黑闥。劉黑闥聞報大喜道：「此天助我也！兩個狗王，不會用人，如此一員虎將，無罪受責。眼見得關內無人，此關唾手可得也。」就令大小三軍，直抵關下，布起雲梯，架起火炮，盡力攻打。眾將得令，大家奮勇當先，攻打十分厲害。關內小軍，連忙報知二王，二王聞報，即同馬伯良上城，親自督兵緊守。看見明州兵馬盔甲，滾滾層層，就像潮水一般，湧將上來。二王看了，大驚失色道：「如今怎麼好？」馬伯良道：「現有勇將羅成在此，千歲放心，如今可著他返兵。退得賊兵，將他殺了，退不得賊兵，也將他殺了。豈非一舉兩得？」二王道：「有理。」遂發一支金口令箭，著人去召羅成殺退敵兵。

羅成按令箭，跳起身來就走。羅春忙扯住道：「主人呵，你棒瘡未癒，如何殺得賊？」羅成道：「我但知報國殺賊，那裡顧得身軀？就去也不妨。」羅春道：「主人既要去，今日不曾吃飯，可用些酒飯去。」羅成自恃驍勇，不聽羅春之言，提槍上馬，竟奔紫金關來。羅春無奈，只得拿些麵餅，藏在懷中，隨羅成到了關上。二王道：「將軍，你速速出城殺賊。若生擒這兩個賊首，包管封你為公侯，若誤了軍令，一定斬首，決不輕恕。」羅成得令，殺出城來，羅春相隨而出，那些人馬，看見羅成，都退下去。羅成手執長槍，殺入明州營內，如入無人之境。直殺得劉黑闥甲散盔歪，眾將一齊上前救護。那羅成連挑上將一十八員，明州軍抵敵不往，退下四十餘里，方才歇息。劉黑闥見這番大敗，就要回兵，蘇定方忙止住道：「主公不可退兵，勝敗乃兵家常事。臣有一計，可殺羅成，此處有一地方，名喚淤泥河。必須如此如此，不怕羅成不死在我手裡。羅成一死，這紫金關唾手可得也！」黑闥聽了大喜，一一準備，依計而行。

再講羅成追趕明州兵，殺了半日，腹中饑餓，腿上棒瘡又痛，只得回至城下叫關。二王在城上問道：「劉黑闥與蘇定方的首級可曾拿來？」羅成道：「不曾。」二王道：「既無二人首級回來，又違我的軍令了！回來怎麼？」羅成道：「千歲既要二人首級也不難，且開了城門，待俺吃飽了飯，再去出戰，取他首級未遲。」二王大怒，吩咐左右放箭，軍士一聲答應，城上的箭，一齊射下。羅成看見，把馬退去。忽見羅春走到馬前，懷中取出麵餅，與羅成充饑。羅成把餅吃了幾個，忽見蘇定方一馬跑到，大叫：「羅成，你有此功勞，殷齊二王待你如同冤仇。今日大獲全勝，飯也沒有得吃，我勸你不如歸我主公吧？」羅成聽了，又氣又惱。催馬上前，一槍刺來，定方把槍相迎，戰了數合，定方回馬就走。

羅成隨後赴來，趕了廿餘里，羅春跟到，大叫：「家主爺，你豈不曉得窮寇莫追？方才明州兵敗去，今蘇定方又來交戰，其中必然有詐，我勸家主爺不要追趕了，況二位奸王，一心要害你，不如早早回家去吧。」羅成聽了，就住了馬。定方見羅成不追，他又回馬，大聲罵道：「羅成小賊種，你有能耐取得你爺老子的首級，方為好漢！」羅成大怒，又趕上去。那羅春步行，再也趕不上。蘇定方在前，且走且罵，羅成隨後緊緊追趕，足足又趕了二十里。到了淤泥河，忽見劉黑闥獨自一個，坐在對岸，大笑道：「羅成，你今番卻該死了？」羅成一見大怒，棄了蘇定方，即奔劉黑闥，一馬搶來，哄通一聲，陷入淤泥河內。河內都是淤泥，並無滴水，只道行走得的，誰知陷住了馬腳，不得起來。河邊蘆葦內，埋伏二千弓箭手，一聲梆下響，箭如雨下。羅成叫道：「中了蘇定方計了！」亂箭齊著，頃刻喪命。

當下羅成被亂箭射死在淤泥河內，就像個柴把子一般，一點靈魂，竟往山東來見妻子。是夜羅夫人抱著三歲孩子羅通，睡在牀上，時交三更，看見羅成滿身鮮血，周圍插箭，上前叫道：「我的妻呀！我因探望秦王，被建成、元吉設計相害，逼我追趕劉黑闥，中了蘇定方奸計，射死淤泥河內。妻呵，你好生看管孩兒，我去也！」羅夫人驚醒，卻是南柯一夢。次日，夫人將此夢說與太太知道，太太大驚，連忙說與秦叔寶、程咬金知道，都各各驚疑此夢不祥。

正如：蜻蜓誤入蜘蛛網，頃刻難逃一命魂。

參考資料：小說《說唐 第六十回 紫金闕二王設計 淤泥河羅成捐軀》。

壬子（桑拓木）【山上之鼠】籤

天上聖母六十聖籤（○○○○●●）

壬子

言語雖多不可從
風雲靜處未行龍
暗中終得明消息
君爾何須問重重

蘇小妹答佛印

求財	輕淡利
耕作	早好
經商	夥不和者無利
歲君	浮沉
六甲	生男
婚姻	口舌多難成
家運	平常
失物	無
六畜	不好
築室	好
移居	不好
墳墓	地勢漸發吉
出外	不可
行船	先凶後吉
凡事	不和有鬼作祟
治病	老不好少不畏
作事	未日辰日成好
功名	不可
官事	平後拖尾了錢
家事	門第大益
求兒	不好有呆人
求雨	尚未
來人	未日到

屬：木利在春天，宜其東方。

天山遯：遯者逃也。乾金二世卦。

評曰：豹隱南山之課，守道去惡之象，鑿井無泉之意。

斷易大全：孟嘗君進白狐裘夜度函谷關卜得；果脫身也。

六月卦：春吉、夏凶、秋平、冬凶。

四季運：春食傷、夏財、秋印、冬比劫。

四季相：春旺、夏休、秋死、冬相。

飛：丙午火。　伏：甲寅木。

17 ䷠ 天山遯（乾上艮下）

遯：亨。小利貞。

初六：遯尾。厲。勿用有攸往。

六二：執之用黃牛之革。莫之勝說。

九三：係遯。有疾。厲。畜臣妾。吉。

九四：好遯。君子吉。小人否。

九五：嘉遯。貞吉。

上九：肥遯。无不利。

酒瓶圖意：

音信雖至。訟逢暗刀。結婚無望。求利徒勞。

商賈宜守。時運不遭。諸物被竊。尚未遠逃。

戌土	▅▅▅		父母
申金	▅▅▅	應	兄弟
午火	▅▅▅		官鬼
申金	▅▅▅		兄弟
午火	▅ ▅	世	官鬼　寅妻
辰土	▅ ▅		父母　子子

【蘇小妹答佛印】

寓鼈頭紹仁堂編纂

佛印禪師姓謝氏，名瑞卿，江西饒州人。與寧州黃山谷友善，同山谷上東京應舉。不第，因山谷而與東坡為友。佛印天才高妙，嗜酒能詩。東坡愛其才，留居署中，日以詩酒為樂。佛印為僧，非其本意。初時不說，久而相安，益與坡公往來院署，詩酒盤桓，縱樂無拘。一日坡公謂佛印曰：「汝嘗稱古人詩云：『時聞啄木鳥，疑是叩門僧。』又云：『鳥宿池邊樹，僧敲月下門。』前輩以鳥對僧，不無薄僧之意。不意長老，身自居之。」佛印曰：「山僧亦悔當日之言，所以如今罰對學士耳。」

秦觀，字少游，揚州高郵人。年十八歲，舉於鄉。上京會試，春闈未開。聞小妹之才，以詩文稿，呈於老泉，有求婚之意。是科，少游高中一甲第三人，遂以及第之日為婚娶之期，贅入蘇府，行花燭之禮。一日，少游回楊拜掃，小妹獨留京師。不覺日久，少游寄有家報，於書尾附詩一首，乃是連理回文之句。小妹將詩遞與東坡，東坡不解，小妹曰：「有何難哉，我念與兄聽。靜思伊久阻歸期，久阻歸期憶別離。憶別離時聞漏轉，時聞漏轉靜思伊。」

東坡曰：「吾妹大才，愚兄誠不及也。我二人何不各作一首何如？」小妹請東坡先之。東坡詩曰：

賞花歸去馬如飛，去馬如飛酒力微；酒力微醒時已暮，醒時已暮賞花歸。

彩蓮人在綠楊津，在綠楊津一闋新；一闋新歌聲漱玉，歌聲漱玉彩蓮人。

佛印禪師聞知小妹善解回文，寫了一篇連理轉折詩，寄與東坡。詩曰：

野野　鳥鳥　啼啼　時時　有有　思思　春春　氣氣　桃桃　花花　發發　滿滿　枝枝　鶯鶯　雀雀　相相
呼呼　喚喚　巖巖　畔畔　花花　紅紅　似似　錦錦　屏屏　堪堪　看看　山山　秀秀　麗麗　山山　前前
煙煙　霧霧　起起　請請　浮浮　浪浪　促促　潺潺　湲湲　水水　景景　幽幽　深深　處處　好好　追追
游游　傍傍　水水　花花　似似　雪雪　梨梨　花花　光光　皎皎　潔潔　玲玲　瓏瓏　似似　墜墜　銀銀
花花　折折　最最　好好　蒙蒙　茸茸　溪溪　畔畔　草草　青青　雙雙　蝴蝴　蝶蝶　飛飛　來來　到到
落落　花花　林林　裡裡　鳥鳥　聲聲　叫叫　不不　休休　為為　憶憶　春春　光光　好好　楊楊　柳柳

枝枝　頭頭　春春　色色　秀秀　時時　常常　共共　飲飲　春春　醪醪　酒酒　似似　醉醉　鬧鬧　行行

春春　色色　裡裡　相相　逢逢　兢兢　憶憶　游游　山山　水水　心心　息息　悠悠　歸歸　去去　來來

休休　役役

東坡細看此詩，計二百六十字，一百三十對，竟解不出來。小妹曰：「有何難哉，此亦拆卸玲瓏之體。不過依我們連理之詩而作，待我讀與兄聽之。」

野鳥啼　野鳥啼時時有思　有思春氣桃花發　春氣桃花發滿枝

滿枝鶯雀相呼喚　鶯雀相呼喚岩畔　岩畔花紅似錦屏　花紅似錦屏堪看

堪看山山秀麗山　秀麗山前煙霧起　山前煙霧起清浮　清浮浪促潺湲水

浪促潺湲水景幽　景幽深處好　深處好追游　追游傍水花

傍水花似雪　似雪梨花光皎潔　梨花光皎潔玲瓏　玲攏似墜銀花折

似墜銀花折最好　最好蒙茸溪畔草　蒙茸溪畔草青青　雙雙蝴蝶飛來到

蝴蝶飛來到落花　落花林裡鳥聲叫　林裡鳥聲叫不休　不休為憶春光好

為憶春光好楊柳　楊柳枝頭春色秀　枝頭春色秀時常　時常共飲春醪

共飲春醪酒似醉　似醉閒行春色裡　閒行春色裡相逢　相逢兢憶遊山水

兢憶遊山水心息　心息悠悠歸去來　歸去來休休役役

參考資料：歷代筆記《東坡詩話》。

壬寅（金箔金）【遇林之虎】籤

天上聖母六十聖籤（●○●●○○）

壬寅

佛前發誓無異心
且看前途得好音
此物原來本是鐵
亦能變化得成金

小兒遇三煞

求財	大吉
耕作	早好晚平
經商	先平平後大吉
歲君	吉
六甲	男女貴氣
婚姻	成者大吉
家運	瑞氣滿門
失物	急尋在
六畜	平安大進
築室	慢吉
移居	好
墳墓	吉地吉穴
出外	不可
行船	早晚平平
凡事	有公人求完吉
治病	平安老拖尾
作事	難成
功名	無
官事	拖尾
家事	家庭進益
求兒	好大吉
求雨	及時
來人	月光到

屬：金利在秋天，宜其西方。

水澤節：節者止也。坎水一世卦。

評曰：船行風習之課，寒暑有節之象，作穿自隕之意。

斷易大全：孟姜女送寒衣時卜得；知亡夫不吉也。

十月卦：春吉、夏吉、秋凶、冬凶。

四季運：春食傷、夏財、秋印、冬比劫。

四季相：春囚、夏死、秋旺、冬休。

飛：丁巳火。　伏：戊寅木。

紅帽圖意：

訟當和解。求財得時。旅逢貴客。孕得佳兒。五穀皆熟。四季咸宜。救星在北。病速延醫。

62 ䷻ 水澤節（坎上兌下）

節：亨。苦節。不可貞。

初九：不出戶庭。无咎。

九二：不出門庭凶。

六三：不節若。則嗟若。无咎。

六四：安節。亨。

九五：甘節。吉。往有尚。

上六：苦節。貞凶。悔亡。

子水	⚋		兄弟
戌土	⚊		官鬼
申金	⚋	應	父母
丑土	⚋		官鬼
卯木	⚊		子孫
巳火	⚊	世	妻財

【小兒遇三煞】

寓龍頭紹仁堂編篹

南陽宗定伯，年少時，夜行逢鬼。問曰：「誰？」鬼曰：「鬼也。」鬼曰：「卿復誰？」定伯欺之，言：「我亦鬼也。」鬼問：「欲至何所？」答曰：「欲至宛市。」鬼言：「我亦欲至宛市。」共行數里。鬼言：「步行太亟，可共迭相擔也。」定伯言：「大善。」鬼便先擔定伯數里。鬼言：「卿太重，將非鬼也？」定伯言：「我新死，故重耳。」定伯因復擔鬼，鬼略無重。如是再三。

定伯復言：「我新死，不知鬼悉何所畏忌？」鬼曰：「唯不喜人唾。」於是共道遇水，定伯因命鬼先渡；聽之了無聲。定伯自渡，漕漼作聲。鬼復言：「何以作聲？」定伯曰：「新死不習渡水耳。勿怪！」行欲至宛市，定伯便擔鬼至頭上，急持之。鬼大呼，聲咋咋，索下。不復聽之，徑至宛市中。著地化為一羊，便賣之。恐其變化，乃唾之。得錢千五百，乃去。于時言：「定伯賣鬼，得錢千五百。」

南陽人宗定伯年輕時走夜路遇到鬼。定伯問：「誰？」鬼說：「我是鬼，你又是誰？」定伯騙他說：「我也是鬼。」鬼又問：「你要到哪裡去？」定伯答說：「要到宛城市場去。」鬼說：「我也是。」他們一同結伴同行了數里路後，鬼說：「這樣步行實在是太累了，不如我們輪流背著走吧！」定伯也正有此意，便說：「不如就這樣吧！」於是鬼便先背起定伯走了幾里路後，回頭對定伯說：「你怎麼這麼重，你該不是與我同類的鬼吧？」定伯說：「我是才死沒多久的新鬼，所以比較重些。」後來輪到定伯背鬼，而鬼卻絲毫沒有什麼重量。如此來來回回輪換了好幾次。

一段時間後，定伯問鬼說：「因為我是一個新鬼，能不能請教一下我們鬼類有什麼畏懼忌諱的事？」鬼瞧了一眼定伯說：「就怕生人吐我們唾沫。」忽然前面遇到了一條溪流，於是定伯要鬼先行渡過溪水，在鬼渡溪時聽不到任何聲音，但定伯渡溪時卻把水搞得悉哩嘩啦起來。此時鬼對定伯說：「為什麼會搞出這麼多的聲音？」定伯狡辯說：「因為我剛死沒多久，是個新鬼，不習慣渡水，所以才會有這麼多的聲音發出來，你也不要那麼地大驚小怪的！」當快到宛城市場時，定伯就將鬼扛在肩膀上，且緊緊的抓住不讓他脫逃。鬼大吃一驚而不停喊叫，要求定伯將他放下來，但定伯並未理會，反而更加快腳步朝市場方向走去。當定伯到市場後，便將鬼重重的往地上摔去，此時鬼卻變成了一頭羊，而定伯便趁機將羊給賣了，為了怕鬼又有什麼變化，就對羊吐了唾沫，以免鬼又作怪。

定伯賣羊得到了一千五百錢，才離開宛城市場。

當時人們四處傳言：「宗定伯賣鬼，賺到了一千五百錢的利潤。」

編註：鬼因含「貧孤苦」等三項不吉，故又有三殺(煞)之說。

參考資料：小說搜神記《宗定伯》與列異傳《宗定伯賣鬼》。

壬辰（常流水）【行雨之龍】籤

天上聖母六十聖籤（●●○●●○）

壬辰

東西南北不堪行
前途此事正可當
勸君把定莫煩惱
家門自有保安康

宋朝趙匡胤困河東

求財	耕作	經商	歲君	六甲	婚姻
冬天大吉	早平晚好	大利	吉	男女貴氣	成好
家運	失物	六畜	築室	移居	墳墓
門庭永昌	尋有	有利	平平	不可	地勢適宜
出外	行船	凡事	治病	作事	功名
不可	了本	自守待運	命拖尾老少安	勤成	後科
官事	家事	求兒	求雨		來人
萬和	門庭大益	平平	不日到		月光到

屬：水利在冬天，宜其北方。

震爲雷：震者動也。純木八純卦。

評曰：震驚百里之課，二龍欲珠之象，有聲無形之意。

斷易大全：李靜仙師遇龍母借宿，替龍行雨時卜得；
官至僕射。

十月卦：春旺、夏平、秋平、冬半吉。

四季運：春食傷、夏財、秋印、冬比劫。

四季相：春休、夏囚、秋相、冬旺。

飛：庚戌土。　伏：辛卯木。

干樂圖意：

病卻有救。貴人東窗。財沉北海。信沒西江。
婚註結合。訟須獻降。不可遠出。宜守家邦。

䷲ 44 震為雷（震上震下）

震：亨。震來虩虩。笑言啞啞。震驚百里。不喪匕鬯。

初九：震來虩虩。後笑言啞啞。吉。

六二：震來厲。億喪貝。躋于九陵。勿逐。七日得。

六三：震蘇蘇。震行无眚。

九四：震遂泥。

六五：震往來厲。億无喪有事。

上六：震索索。視矍矍。征凶。震不于其躬。于其鄰。无咎。婚媾有言。

戊土	- -	世	妻財
申金	- -		官鬼
午火	——		子孫
辰土	- -	應	妻財
寅木	- -		兄弟
子水	——		父母

【宋朝趙匡胤困河東】

寓鼇頭紹仁堂編篡

卻說北漢主劉鈞，聽知大宋平定各鎮，與群臣議曰：「先君與周世仇。宋主之志更不小，今既削平諸國，寧肯容孤自霸一方乎？」諫議大夫呼延廷出奏曰：「臣聞宋君英武之主，諸國盡已歸降。今陛下一隅之地，何況兵微將寡，豈能相抗？不如修表納貢，庶免生民之禍，而保河東無虞也。」忽樞密副使歐陽昉進曰：「呼延廷與宋朝通謀，故令陛下納降。乞斬呼延廷以正國法。倘或宋師致討，臣願獨當之。」鈞允奏，令押出呼延廷斬首。國舅趙遂力奏曰：「呼延廷之論，忠言也，豈有通謀宋朝之理？主公若輒斬之，使宋君聞知，則征討有名耳。必欲不用，只宜罷其職而遣之。」劉鈞下令削去官職，將其罷歸田里。呼延廷謝恩而退，即日收拾行裝，帶家小直向絳州而去。歐陽昉尚不遂意，深恨呼延廷，便遣張青、李得率部眾將呼延廷老幼盡皆殺了，只有妾劉氏抱著幼子，走入廁中，保得性命。至四更，劉氏放聲大哭。劉氏正慌間，忽一伙強人擁入，見劉氏，捉住來見馬忠。馬忠曰：「汝何處女子，抱著孩兒在此？適夜巡人來報，驛中有官宦被劫。汝若肯隨吾回莊，撫養孩兒長成，可乎？」劉氏曰：「願從大王而去。」馬忠即引劉氏，回至莊上。劉氏密遣人去驛中收殮其主屍首，埋於一處，立意只圖報冤，撫養孩兒。

不覺時光似箭，將近七年光景，馬忠與其子取名曰福郎，送往從師學業。年至十四五，走馬射箭，武藝通曉。馬忠見其雄勇，改名曰馬贊。一日，隨馬忠出莊外，見一起腳夫扛著大石碑來到，上寫道：「上柱國歐陽昉」數字。馬忠曰：「此人十五年前，害卻呼延廷一家。」便要贊去問劉氏，劉氏嗚咽而泣曰：「我含此冤恨，今十有五年矣。汝正是呼延廷之子，此父乃托養汝者也。」正值耿忠來此曰：「適與強人相爭馬，名曰『烏龍馬』。將要送往河東，賣與歐陽丞相，因過尊兄莊上，特來相訪。吾有一計，可以殺歐陽昉。」耿忠令贊近前，謂之曰：「汝今只將此馬送入歐陽昉府中，稱作拜見之物。他得此馬，定問汝要何官職，須道不願為官，只願跟隨相公養馬，彼必喜而收留。待遇機會處，因而殺之，此冤可報也。」贊依言而行。開寶七年九月九日，卻是昉之生辰，約近四更，贊走出院外，見四下寂靜，腰間取出尖刀，復入書院，拿住歐陽昉曰：「汝認得呼延廷之子麼？」話聲未絕，贊即揮刀，刺入咽喉，歐陽昉命歸陰府。贊既殺歐陽昉，將夫人並至親四十餘口盡皆屠了。

且說呼延贊同眾人回至寨中，專待朝廷招安。開寶九年三月，宋太祖聞劉鈞嚴設警令，日夕操作軍馬，與趙普等議征伐之計。適歸德節度使高懷德入奏邊事，言：「河東文武不睦，陛下宜乘其亂而圖之。」樞密使潘仁美亦奏親征。太祖乃下詔，以潘仁美為監軍，統十萬精兵，望潞州征進。消息傳入晉陽，劉鈞大驚。初戰趙遂大敗，走入澤州駐兵，遂即差人星夜赴河東，奏知劉鈞。丁貴進曰：「此行他將非宋之敵，主公須再召山後楊令公，發兵來救，可退宋師。」劉鈞依其言，即遣使，齎金寶，逕詣山後，來見楊令公，楊業得書，與諸將議曰：「往年周主下河東，吾父子大勝其軍，足以振威矣。今宋師又至，漢主復下詔來召，還當救之。」道未了，七郎曰：「中原軍馬甚盛，大人此一回且莫發兵，待宋師將困河東，救之未遲。」王貴曰：「小將軍此道差矣！君命召，不俟駕而行。嘗言：『救兵如救火。若待宋師臨城，則成涓涓之勢，徒勞無益也。正須亟出兵相援，庶表忠國之志。」楊業然其言，乃令長子淵平守應州，自與王貴部兵，即日赴晉陽，來見劉鈞。高懷德聞知大驚，急與懷亮引馬軍一萬來敵。楊業直殺入宋陣中。懷德提槍迎之。兩馬相交，戰有五十餘合，楊業打馬復回，懷德驟馬追之。旁邊轉過楊延昭，截懷德於馬下，卻得懷亮拼死力戰，救援懷德回陣，王貴麾軍掩殺，宋兵折去無數。太祖歎曰：「莫非天意不欲朕平定河東乎？」即與諸將商議班師。楊光美進曰：「楊業之眾，已與趙遂相並，聲勢頗振。若今班師而去，倘或敵人追來，吾軍見北兵之盛，不戰而潰，反取辱於外人也。為今之計，可遣人與楊業講和，然後回兵，可無後顧之憂矣。」太祖曰：「誰可為使前往？」光美曰：「臣願奉詔一行。」太祖允之，即令文臣草詔，與光美齎往澤州見楊業，道知講和之意。光美辭退，再入別營見趙遂，道知通和之由。遂喜曰：「宋君吾之尊主也。既有通好之意，安敢不從？」光美辭遂，歸見太祖，奏知允和之事。太祖大悅，乃下詔班師。有小卒報入寨中，道知宋太祖下河東，不利而回。呼延贊大悅，與李建忠議曰：「吾與河東有切齒之仇。今當下山攔住車駕，問求衣甲三千副，弓弩三千張，與吾眾人演習。待車駕再下河東，充為先鋒，建功績於大宋，豈不勝於為寇乎？」建忠然其言，即與人馬五千。贊披掛齊備，引人來於山下，排開陣勢，阻住去路。

太祖聞知即令軍政司搬過衣甲、弓弩，與光美交割呼延贊。贊大悅，因拜受命。遂引建忠、呼延贊至駕前拜見太祖。黨進奏知呼延贊本末。因言：「二人皆欲盡忠於陛下，乞陛下旌獎之。」太祖曰：「朕之諸命，未隨軍行，權封李建忠為保康軍團練使，呼延贊為團練副使。朕回汴之後，即遣使宣召。」。

卻說宋太祖回至京師，因途中冒衝暑氣，養疾宮中，累日不朝。延至冬十月，轉加沉重。時漏下四更，俄而帝崩，在位十七年，壽五十。

參考資料：小說《楊家將　第一回　北漢主屏逐忠臣　呼延贊激烈報仇》。

壬午（楊柳木）【軍中之馬】籤

天上聖母六十聖籤（●○○●○●）

壬午

功名事業本由天
不須介意意懸懸
若問中間遲與速
風雲際會在眼前

上帝公收龜蛇

求財	浮沉	家運	到處有貴人	出外	行遇主公	官事	有處
耕作	平平有收	失物	難尋	行船	有利可得	家事	家庭大吉
經商	萬商雲集	六畜	有利	凡事	慢成大險	求兒	有好事
歲君	起倒	築室	可以平安	治病	三日過貴人好	求雨	多風雨少
六甲	生男後女	移居	平正	作事	難成		
婚姻	成好	墳墓	穴場允吉	功名	揚名在即	來人	立即到

屬：木利在春天，宜其東方。

澤水困：困者危也。兌金一世卦。

評曰：河中無水之課，守己待時之象，澤中脫濕之意。

斷易大全：李德裕罷相時卜得；乃知身命無氣也。

五月卦：春吉、夏凶、秋口舌、冬凶。

四季運：春食傷、夏財、秋印、冬比劫。

四季相：春旺、夏休、秋死、冬相。

飛：戊寅木。　伏：丁巳火。

26 ䷮ **澤水困**（兌上坎下）

困：亨。貞。大人吉。无咎。有言不信。

初六：臀困于株木。入于幽谷。三歲不覿。

九二：困于酒食。朱紱方來。利用亨祀。征凶。无咎。

六三：困于石。據于蒺藜。入于其宮。不見其妻。凶。

九四：來徐徐。困于金車。吝。有終。

九五：劓刖。困于赤紱。乃徐有說。利用祭祀。

上六：困于葛藟。于臲卼。曰動悔。有悔。征吉。

雨傘圖意：

訟宜早釋。病安名成。風雨立至。財利自生。貴人在野。旅客歸程。諸事如意。勿用心驚。

未土	⚋		父母
酉金	⚊		兄弟
亥水	⚊	應	子孫
午火	⚋		官鬼
辰土	⚊		父母
寅木	⚋	世	妻財

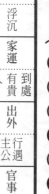

【上帝公收龜蛇】

寓龍頭紹仁堂編纂

妙樂天尊在雲端見祖師功成，漸入仙道，但未去五臟中之髒。天尊顯出神通，念動咒語，從空中指出兩個瞌睡蟲飛去，打在祖師身上，祖師一時睡去不省。天尊即喚出剖肚神，即將寶劍一把，吩咐叫他剖開祖師腹中。剖肚神得令，即將祖師衣帶解開，當胸一剖，將肚腸取出。天尊吩咐將肚腸放去岩下，用石蓋住，將衣衫一幅，放入腹為肚，飛帶一條為腸，用線縫合。又取出還魂丹一個，放入祖師口中，叫剖腹神迴避。一日祖師於岩上梳頭，霎然想起血身無用，自覺意懶，頭亦不梳，撇向後面，沉吟半晌，將身視下岩去，那岩下卻有十餘丈深。耳聞天書一到，五龍捧起祖師，祖師見旨到跪接。祖師聽讀罷，叩頭謝恩畢，回身梳洗，髮不能上。

卻說曹州太守林彪，生下一女，名金菊小姐，年方二九，青春年少，生得唇紅齒白，十分美貌。又有推官趙漢，亦有一女，年方二八，名喚嬌娘，體態妖嬈，眉清目秀。一日同太守小姐金菊，在花園中玩花，被小妖打探看見。回報龜、蛇二怪，果見二女在後園中玩賞，生得十分美貌，被二怪各抱一個，駕雲而去。太守、推官二人大驚，商議吩咐手下禮房寫牒，二人親自坐轎去城隍廟，燒牒到城隍，城隍得牒，即時著小鬼無常，出牌前去，拘本府各處山神土地前來。城隍升堂，眾土地跪在案前稟曰：「我等山中俱未有妖，惟武當山有二妖，想是他搶去。」城隍問曰：「二怪是誰？」土地曰：「一個乃是龜怪，一個是蛇怪。」城隍又問曰：「武當為何有二怪？」土地曰：「昔年淨洛國王太子玄元，在此山中修行。一日成功，換那肚腸在岩下。其肚腸先受靈氣，年深月久，肚成龜怪，腸成蛇怪，正在那山中作亂甚慘，必是他拿去。那二怪食人無厭，神通廣大，安肯還他？」城隍依言，即點本部神兵，直至武當山圍繞洞門，喊殺連天。

龜蛇二妖正在飲酒，洞門外喊殺連天。小妖慌忙報曰：「今有本府城隍，聞二位大王捉小姐到洞，統起神兵前來，口口聲聲叫大王放出二小姐便罷，半言不肯，殺進洞中，寸草不留。」二妖聽罷，舉槍直刺城隍。城隍挺刀來迎。自午至酉，不分勝負。二妖顯出神通，龜變成大山，蛇盤於大山上，殺將下來，城隍不能抵敵，大敗而走。二妖亦不去趕，收兵入洞。城隍走至本司，武當土地稟曰：「都爺不必憂慮，某日前問得有一神，乃是玄天上帝。玉帝命他下凡除妖氣，今變道人，在三清觀息住。此必有神通者，都爺可去投告此人，若得他來，必然收得此二妖。」城隍趕至三清觀請祖師，祖師便念動真言，手持七星劍，駕雲直到水火洞來戰。小妖報知二妖，二妖出洞。道人高聲叫曰：「二妖不得無禮，某奉玉旨降妖，快速歸降，免遭天戮！」二妖見說，心中大怒，持槍殺進。祖師將劍一指，指出丙丁火。龜屬水，一見真火便走；蛇乃火星不怕，更加精神殺上來。祖師又將劍往北方一指，指出壬癸水。蛇見真水一至，不能擋，便走。

卻說二妖被祖師趕走，無處安身，十分惱恨。蛇妖曰：「到此肚餓難忍，一時又沒安身之所，不如兄長變作渡船，我變竹篙，在此三里溪等有人過渡，載至半江，沉而食之豈不美哉？」龜妖大悅，即變渡船、竹篙。祖師駕雲在半空中，見二妖變作渡篙。祖師下凡變一道士，向前將身跳入渡中，拿住那篙，慢慢撐至半江。龜妖大喜，正欲顯神通，便作欲沉之狀。祖師一見念動真言，手持三台七星劍，身長萬丈。蛇妖變篙被祖師捉在手中，心中大驚，翻身一跳，跳下水中。龜怪變出本相，將祖師欲沉下水底。祖師顯出神通，頭頂三十三天，足踏五湖四海，將龜蛇踏在溪底，不能得脫。那蛇妖一見，騰上半空，喊一聲說：「有天書到。」祖師聞有天書到，把手接天書，那龜妖即時走出。卻說二妖得脫，商議走入一古井中躲避，等有人打水，欲拿人吃。本坊土地大驚，路逢祖師前來，土地跪接。土地即引祖師至井邊。

祖師拔出三台七星劍，念動真言，望井中一指，那二妖走出井外，與祖師對敵。祖師又用劍自南方一指，北方一指，水火俱到，二妖大敗而走。祖師趕去，那二妖走入蓮藕之中。祖師趕近一見，取起蓮藕在手，亂亂而砍至尾。二妖躲在內中大驚，搖身一變，將身化粟米大，祖師扳下一粒來，正是二妖藏身之處。二妖下地便走，祖師見二妖走了，又趕至一石榴樹。正見二妖走在石榴樹上，去石榴中躲避。祖師一見，將三台七星劍自南至北一指，水火俱到，石榴枝葉搖動，紅光耀人，將樹帶根罩起，二妖怕見水火，不敢走脫。祖師念動咒語，水火大作。二妖在內，龜怕火，蛇怕水，難禁火燒水淹，只得連聲叫苦。祖師曰：「願降否？」二妖連聲答應，願歸順上帝。祖師住了水火。二妖出見祖師，拜伏在地。祖師曰：「汝二人甘心肯降否？」二妖曰：「永隨上帝，不敢反異。」祖師曰：「汝既傾心肯降，各現本身形象，與我一看。」龜、蛇得令。蛇變原形，生得獨角金鱗鐵骨，龜形生得背有九宮八卦，三眼三尾。祖師見現出真形，用七星劍押住，取出火丹二枚，與二妖各吞一枚，吩咐曰：「汝二人適才食我火丹在腹，久後若有反亂，呼聲火發，汝命即死。」二怪拜服。祖師帶上天曹，見玉帝奏明前事。玉帝大悅，即封龜、蛇二怪為水火二將，常隨祖師行法。

參考資料：小說《北遊記　卷二　祖師下凡收二怪》。

壬申（劍鋒金）【清秀之猴】籤

天上聖母六十聖籤（○○○○●○）

壬申

看君來問心中事
積善之家慶有餘
運亨財子雙雙至
指日喜氣溢門閭

蘇秦回家假不第

求財	耕作	經商	歲君	六甲	婚姻
有利	中平	有利可得	中平	先男後女	成好
家運	失物	六畜	築室	移居	墳墓
禎祥福祉	授尋	平安	可好	平安	大吉
出外	行船	凡事	治病	作事	功名
好	大吉利	大吉有貴人	拖尾不畏平安	成好	無
官事	家事	求兒	求雨		來人
緊審和好	進益無窮	大富貴	月尾到		月光到

䷌ 天火同人（乾上離下）

1 3

同人：于野。亨。利涉大川。利君子貞。

初九：同人于門。無咎。

六二：同人于宗。吝。

九三：伏戎于莽。升其高陵。三歲不興。

九四：乘其墉。弗克攻。吉。

九五：同人。先號咷而後笑。大師克相遇。

上九：同人于郊。旡悔。

壬申（劍鋒金）【清秀之猴】籤：

屬：金利在秋天，宜其西方。

天火同人：同人者親也。離火歸魂卦。

評曰：游魚從水之課，闇夜捐燈之象，管鮑分金之意。

斷易大全：劉文龍在外爲官時卜得；後衣錦還鄉。

正月卦：春平、夏吉、秋平、冬吉。

四季運：春食傷、夏財、秋印、冬比劫。

四季相：春囚、夏死、秋旺、冬休。

飛：己亥金。　伏：戊午火。

令旗圖意：

婚娶大吉。孕婦生男。爭訟遇敗。合股防貪。

貴人西北。財星東南。捫心自問。所作皆堪。

戌土	⚊	應	子孫
申金	⚊		妻財
午火	⚊		兄弟
亥水	⚊	世	官鬼
丑土	⚋		子孫
卯木	⚊		父母

【蘇秦回家假不第】

寓鼇頭紹仁堂編纂

話說蘇秦、張儀辭別先生鬼谷子下山，張儀自去魏國，蘇秦則回到洛陽老家。

蘇秦現有老母在堂，他本有一兄二弟，如今兄長去世，剩下蘇代、蘇厲兩個弟弟。蘇秦離家數年，今日重新團聚，全家歡喜，自不必說。

過了幾天，蘇秦想出外遊仕列國，於是便向母親請求，想變賣家產，作為川資路費。老母、寡嫂和妻子阻止他說：「你不願從事耕種工商，竟想通過口舌來博取富貴，日後生計無著，窮困潦倒，可就悔之晚矣！」蘇代、蘇厲也說：「兄長如真的精通遊說之術，何不就近遊說周王，在家鄉也能博取功名富貴，又何必離家遠行呢？」蘇秦被全家阻攔，只得就近遊說周顯王，向他講述自己的富國強兵主張。顯王將他留在館舍，周顯王的左右大臣都知道蘇秦出身農商之家，懷疑他的主張空疏迂腐，不切實際，都不肯在周顯王面前保舉他。蘇秦在館舍一住年餘，不得進身重用，於是便發憤回家，將家中產業盡數變賣，換得黃金百鎰。

他讓人為自己做了一件黑色貂裘，又買下車馬雇上隨從，周遊列國。

蘇秦沿途探訪各地的山川地形與風土人情，將天下的形勢利害詳盡記載下來。如此幾年，蘇秦仍未受到列國重用，他聽說衛鞅被封為商君，甚得秦穆公歡心，便西行來到咸陽。等他到了咸陽，穆公已經去世，衛鞅也已被處死，於是蘇秦請求拜見惠文王。惠文王將他召到大殿，問他：「先生不遠千里來到敝國，有什麼要指點寡人的嗎？」蘇秦奏道：「臣聽說大王要求各國諸侯割地，是想要安坐而吞併天下嗎？」惠文王說：「是。」蘇秦說：「大王東有關河，西有漢中，南有巴、蜀，北有胡貉作屏障，更有沃野千里、雄兵百萬，憑大王的賢能，秦國百姓的眾多，如果肯聽從臣的計謀，吞併諸侯、周室，一統天下易如反掌。世上哪裡有安坐就能成就大業的呢？」惠文王剛剛處死衛鞅，心中十分憎惡遊說之士，便推辭說：「我常聽人說：『羽毛未豐，不能高飛。』你說的這些我眼下還無法做到，等以後兵力雄厚再說吧。」蘇秦退下，將古代帝王以武力得天下的方策彙編成書，共十幾萬字，第二天將它獻給惠文王，惠文王雖然將書收下，卻依舊未有起用蘇秦之意。蘇秦又去拜見秦相國公孫衍，公孫衍嫉妒蘇秦之才，不肯引薦他。

蘇秦在秦國又呆了一年，所帶黃金已經用完，身上所穿貂裘也已破舊，他無計可施，只得將車馬僕人賣掉，作為回鄉路費，自己擔著行李徒步回家。

母親見他這種狼狽相，對他出言責難，妻子正在織布，見蘇秦回來，竟不下機相見；蘇秦饑渴難耐，向嫂子要飯吃，嫂子說家中無柴，不肯為他做飯。

真個是：富貴途人成骨肉，貧窮骨肉亦途人。試看季子貂裘敝，舉目雖親盡不親。

見此光景，蘇秦不覺落淚，歎道：「一身貧賤，妻子不把我當丈夫，嫂子不把我當小叔，母親不把我當兒子，這都是我的過錯啊！」

於是查檢書箱，看到一冊太公《陰符篇》，蘇秦忽然醒悟道：「鬼谷先生曾說：『如果遊說不得志，只須仔細探討此書，自會大有收益。』」從此蘇秦閉門苦讀，晝夜不息，夜晚因倦想睡，使用鐵錐刺其腿部，鮮血直流到腳上。

他讀通《陰符篇》，盡得書中要義，然後將它和自己掌握的各國形勢揣摩對比，一年之後，天下分合與亡大勢已了然于胸，蘇秦自慰說：「我蘇秦有如此學識，用它來遊說各國掌權人，出入朝堂，取得卿相之位實在是易如反掌。」於是對其弟蘇代、蘇厲說：「我學業已成，眼下取得功名富貴就如將寄存的東西取回，兩位兄弟可幫我出些路費，我日後得志，必當將兩位兄弟舉薦給國君。」又把《陰符篇》講解給兩個兄弟聽，蘇代、蘇厲也有所領悟，於是便各出黃金錢財，助蘇秦出遊。

參考資料：小說《東周列國志 第九十回 蘇秦合縱相六國 張儀被激往秦邦》。

壬戌（大海水）【顧家之犬】籤

天上聖母六十聖籤（○○●○○●）

壬戌

孤燈寂寂夜沉沉
萬事清吉萬事成
若逢陰中有善果
燒得好香達神明
小姐求佛嫁良緣

求財	先無後有	家運	門庭興旺	出外	須靠自己	官事	和好
耕作	允好	失物	緊尋在	行船	小利	家事	望神保佑
經商	勿與人合夥	六畜	小利	凡事	清吉不用財	求兒	成好
歲君	淡淡	築室	小吉	治病	不畏拖尾祈神	求雨	必來
六甲	先女後男	移居	好	作事	難成		
婚姻	大吉	墳墓	地氣亨通	功名	有善心	來人	月尾到

壬戌（大海水）【顧家之犬】籤：

屬：水利在冬天，宜其北方。

巽爲風：巽者順也。巽木八純卦。

評曰：風行草偃之課，上行下效之象，枝折幹仆之意。

斷易大全：范蠡辭官入湖時卜得；乃知越國不久也。

四月卦：春平、夏吉、秋囚、冬吉。

四季運：春食傷、夏財、秋印、冬比劫。

四季相：春休、夏囚、秋相、冬旺。

飛：辛卯木。　伏：庚戌土。

寶劍圖意：

婚姻註定。孕慶添丁。豐盈黍稷。清吉家庭。
財如降雨。病得救星。欲謀諸事。急作勿停。

5 5 ䷸ **巽為風**（巽上巽下）

巽：小亨。利有攸往。利見大人。
初六：進退。利武人之貞。
九二：巽在床下。用史巫紛若。吉。无咎。
九三：頻巽吝。
六四：悔亡。田獲三品。
九五：貞吉。悔亡。无不利。无初有終。先庚三日。後庚三日。吉。
上九：巽在床下。喪其資斧。貞凶。

卯木	兄弟	世
巳火	子孫	
未土	妻財	
酉金	官鬼	應
亥水	父母	
丑土	妻財	

【小姐求佛嫁良緣】

寓鼇頭紹仁堂編纂

次日，胡發夫妻南莊已回，馬迪見禮道：「小婿東郊遊春，回來困倦，在此歇了。」胡發道：「我們不在家，卻不怠慢了賢婿！」馬迪道：「至親之間，怎說這話。」胡發夫婦即時備酒在廳，款待女婿。飲酒之間，馬迪看見文氏立在屏風後，偶生一計，叫聲：「岳父，那進興被五個人拐去，做了強盜，如今拿來，打死在牢內了，岳父你知道否？」胡發道：「幸喜不在我家，真真造化。」

文氏聞言大驚，奔回廚下，叫：「女兒，不好了！你丈夫被那五人拐去，做了強盜，打死在牢中了！」鳳嬌失驚道：「此話那裡來的？」文氏道：「馬公子在廳對你叔叔說的。」鳳嬌道：「母親休要信他！我看那人，鼠頭狼面，乃是一個不良之人，定然揑造此言，決非真事。」文氏道：「你休錯說了好人，昨日他憐我孤苦，送我銀子一兩，如何你說他是不良之人？」鳳嬌道：「他與你銀子，你道是好心麼？乃是他的奸計，其中必有緣故。我今後只宜遠他。」再說外廳馬迪，暗想：「若要小姐到手，須在此慢慢緩圖，自然必得。」便叫：「岳父，小婿在家，人多吵鬧，不能靜養攻書。此間清雅，小婿欲在此攻書，不知可否？」胡發遂即吩咐打掃書房，好好服侍，不可怠慢。馬迪大喜，遂在此住了半月有餘，朝思暮想，連面也不能見，茶飯不吃，害起相思病來了。馬迪之父聞知，差管婆於媽來看。於婆一至胡家書房，見馬迪面皮黃瘦，不住歎氣，於婆道：「大爺，你為何病的這般光景？」馬迪就把想鳳嬌小姐，害起相思之病，說了一遍。於婆道：「這有何難，待我去做媒，心然事成。」馬迪道：「你若說得成時，真真是我的大恩人。先與你白銀五兩，事成還要重謝你哩！」於婆接了銀子，滿心歡喜，來至廚下，見了文氏，連叫：「安人，恭喜了！我特來與小姐說媒。我家公子，十分愛慕小姐，使老身前來說合，安人一允，擇吉成親，送小姐到西莊居住，與英娘無分大小，安人也不在此受苦了，豈不是大喜！」文氏就把神人托夢，比合硃砂記，已許了進興之事，說了一遍。於婆道：「安人好沒主意，怎麼把一個標緻小姐，倒許了進興？那進興乃胡宅奴才，如今逃走；我家大爺乃宦門人家，其富巨萬。安人不可錯了主意，許了我家大爺，勝於進興萬倍不止。」文氏未及回答，鳳嬌發怒，喝道：「老賤人！你不過是馬家家人媳婦，敢如此無禮！他家富貴由他，我的貧窮曾受。老賤人言三語四，你看我是何等之人？還不快走，如是不走，難免我一頓巴掌！」遂伸手要打。於婆滿面通紅，忙忙走出。當下於婆回至書房，氣得半晌方說道：「我今有一計在此，待至晚上，大爺先藏在廚房左右僻處，等到人靜之時，悄悄走到他房中，看機會，或者弄得到手。不然，與他乾肉麻，也好叫他落個臭名，也出了我的氣。」馬迪道：「妙極！」到了晚間，悄地入內，閃在廚下，見旁邊有一大空雞籠，將身鑽入籠中，如烏龜一般。

少時文氏與鳳嬌來廚下收拾傢伙，鳳嬌一眼看見雞籠內有人，也不做聲，暗暗與文氏打個照會，先將灶內鍋煤扒些出來，灑進雞籠，又將油水往上淋滴下去，淋得馬迪滿面都是鍋煤油水，忍著不敢作聲。鳳嬌又暗與繡娘說知，叫他如此這般。收拾完，文氏與鳳嬌入房去了。繡娘故意對胡發說：「廚下什麼響動，想必有賊。」胡發聞言，走至廚下，只見雞籠裡面有人，大叫一聲：「果然有賊！」家中大小人等照頭亂打。馬迪受打不過，大叫道：「岳父，不要打，我是馬迪。」眾人方才住手，上前一看，果是馬迪。胡發問道：「為何在此？」馬迪滿面羞慚，假裝瘋顛的模樣。於是胡發不好意思，到了次日，將馬迪瘋顛報知馬府，英娘坐轎回家來看。馬迪見了妻子，就同眼中釘，看了半日，只是歎氣。英娘道：「果真瘋顛了，叫乘暖轎來，先送他回馬府會罷。」

馬迪到家，心中氣忿，叫過幾個家丁，每人賞銀五錢，要大街小巷，遍處謠言，說胡家逃奴進興做了強盜，拿來打死牢中。眾家丁奉命而去。果然不消三日，滿城遍知。鳳嬌道：「母親不要驚慌，我看他決不做此不良之事。繡娘可到陳姐夫家，央他各衙門打聽消息，便見明白。」

繡娘聽了，即時出了後門，來到陳進家，見了鸞嬌，把謠言進興之事，說了一遍，鸞嬌大驚，忙催丈夫往各衙門去打聽。陳進果到各衙門打聽，並無此事，回至家中，告知繡娘。鸞嬌道：「我大舅母與鳳妹若不放心，那觀音庵大士的籤十分靈驗，叫他二人去求問一籤，便知吉凶。我有錢五百文，繡娘拿去，與他做轎錢香金。」繡娘回至胡府，來到廚下，就將陳進打聽的話並鸞姐叫他求籤的話，一一說出。文氏母女二人十分感激，擬定次日到觀音庵問籤。

不料於婆尚在胡宅未回，一聞此信，心中大喜，即回馬府，見了馬迪道：「他母女央陳進衙門打聽，並無此事，他母女二人放心不下，明日觀音庵問籤。老身聞知，特來報與大爺。快去庵中，叫張、李二尼來，等他母女二人到庵問籤，須要設局款留到晚，與大爺成其好事。」

話說二尼見了馬迪所贈之銀子，滿心歡喜，眉頭一皺，計上心來，叫聲：「大爺，這有何難！他母女明日到庵，只須如此如此，其事必成，倘若不允，再動起蠻來，不怕他不從。況且小庵前後又無人家，就喊叫也無人救應。一到了手，不怕他不嫁大爺。」馬迪道：「此計甚妙。請先收下這一百兩銀子，事成再找那一百兩。」

參考資料：小說《薛剛反唐 第四十三回 躲雞籠嬌婿受打 貪財利奸尼設計》。

癸丑（桑柘木）【家內之牛】籤

天上聖母六十聖籤（●●○○○●）

癸丑

須知進退總虛言
看看發暗未必全
珠玉深藏還未變
心中但得枉徒然

玉堂春求佛嫁良緣

求財	輕	家運	先凶後吉	出外	無貴人	官事	拖尾
耕作	平平	失物	難尋	行船	了無工	家事	家庭多逢口舌
經商	了錢	六畜	了工無利	凡事	無利益	求兒	不可
歲君	安	築室	難得平安	治病	不好拖尾	求雨	未有
六甲	先男後女	移居	不宜	作事	難成		
婚姻	不成	墳墓	地勢不吉	功名	等後科	來人	未日到

屬：木利在春天，宜其東方。
雷風恒：恒者久也。震木三世卦。
評曰：日月常明之課，四時不沒之象，无咎无譽之意。
斷易大全：宋玉奪韓朋妻時卜得；後果成配偶也。
正月卦：春吉、夏凶、秋失財、冬平。
四季運：春食傷、夏財、秋印、冬比劫。
四季相：春旺、夏休、秋死、冬相。
飛：辛酉金。　伏：庚辰土。

䷟ 45 雷風恒（震上巽下）

恒：亨。无咎。利貞。利有攸往。
初六：浚恒。貞凶。无攸利。
九二：悔亡。
九三：不恒其德。或承之羞。貞吝。
九四：田无禽。
六五：恒其德。貞。婦人吉。夫子凶。
上六：振恒。凶。

筆架圖意：
遠行招損。訟宜息戈。園枯瓜果。四憔稻禾。壽占北斗。病夢南柯。求財難得。婚事不和。

戌土	⚋	應	妻財
申金	⚋		官鬼
午火	⚊		子孫
酉金	⚊	世	官鬼
亥水	⚊		父母 寅兄
丑土	⚋		妻財

【玉堂春求佛嫁良緣】

寓龍頭紹仁堂編纂

明朝正德年間，南京金陵城有一人，姓王名瓊，別號思竹，中乙丑科進士，累官至禮部尚書。因劉瑾擅權，劾了一本，聖旨發回原籍。王尚書辭了官，帶著家眷要回南京安享晚年，吩咐三公子王景隆，字順卿，年方一十七歲，暫時留在北京清理舊帳。不覺三月有餘，三萬銀帳，都收完了。平時在家，王尚書盯得緊、管得嚴，除了讀書之外，順卿很少出門。此時心想：「來北京這許多年，不趁機會逛逛街，看看這繁華京城豈不可惜？」逛過紫禁城，到了酒樓，店小二誇讚怡春院裡的玉堂春生得標緻，有如嫦娥下凡，人間無人能及。說得順卿心裡癢癢地，決定到怡春院看看她的風采。

王順卿人長得俊，風度翩翩。玉堂春聽他言談不俗，不像一般尋花問柳的花花公子，暗自歡欣。二人品酒聊天，這才知道，玉堂春本來是大同縣周姓人家的姑娘，幾年前被蘇淮買騙到怡春院來，鴇母一秤金好幾次逼她下海，玉堂春始終堅持她的原則：「賣面不賣身。」但是今天不同了，她和王順卿情投意合，如魚得水，一夕情話綿綿。玉堂春珍惜這段姻緣，鼓勵順卿奮發上進，盡早離開怡春院，這種場所從來只是認錢不認人。王順卿已經陷入情關，那聽得進去，照樣出手大方，揮金如土，果然一年不到，三萬多兩銀子全用光了。

蘇淮夫婦一看王順卿再也榨不出油水，設下個圈套，將他掃出怡春院；玉堂春傷心欲絕。老鴇問：「三姐！你這兩日不吃飯，還是想著王三哩！」玉姐說：「娘！我心裡一件事不得停當，我當初要王三的銀子，指著城隍爺爺說誓。如今等我還了願，就接別人。」老鴇問：「幾時去還願？」玉姐道：「十五日去吧！」預先備下香燭紙馬。時候一到，叫丫頭拿著紙馬，逕往城隍廟裡去。

那曉得三官卻躲在東廊下相等，先已看見玉姐。玉姐叫丫頭燒了紙馬，我兩邊看看十帝閻君。玉姐叫了丫頭轉身，逕來東廊下尋三官。玉姐將所帶二百兩銀子東西，付與三官，叫他置辦衣帽，買騾子，再到院裡來，「你只說是從南京才到，休負奴言。」二人含淚各別。玉姐回至家中，鴇子見了，欣喜不勝。說：「我兒還了願了？」玉姐說：「我還了願，發下新願。我要再接王三，把咱一家子死的滅門絕戶，天火燒了。」鴇子說：「我兒這願，忒發得重了些。」從此歡天喜地不提。且說三官回到王匠家，將二百兩東西遞與王匠。收拾打扮停當，僱了兩個小廝跟隨，就要起身。王匠說：「三叔！略停片時，小子置一杯酒餞行。」公子說：「不勞如此，多蒙厚愛，異日須來報恩。」三官遂上馬而去。

轉眼已經是中秋節了，玉堂春準備香燭說道：「今日乃是你姐夫進三場日子，我燒一炷香來保佑他。」一當天井跪下，說：「天地神明，今日八月十五日，我哥王景隆進了三場，願他早占鼇頭，名揚四海。」祝罷，深深拜了四拜。不料卻被洪同縣的馬販沈洪看上了，老鴇一秤金貪圖錢財，暗地裡又將玉堂春賣給了沈洪。

沈洪販馬經常南來北往，妻子皮氏不甘寂寞，勾搭了鄰居趙昂，二人明來暗去，城裡人幾乎都知道了這回事，只把沈洪蒙在鼓裡。

皮氏一見丈夫公然帶個標緻姑娘回家，一肚子氣卻還假裝殷勤，親自做了兩碗湯麵，她知道丈夫喜歡吃辣，在辣湯麵裡下了砒霜，另一碗不辣也無毒，心想不論誰死，對他來說總算出口怨氣。丫頭端上湯麵，玉堂春正哭罵著沒良心的一秤金，那還有胃口？沈洪卻一口氣把二碗麵都吃光了，還來不及收拾碗筷，只聽得沈洪大叫一聲，在地連翻帶滾，七孔流血，兩腳一蹬死了。皮氏一把眼淚一把鼻涕，遞狀告進衙門，她買通了縣官，將玉堂春問成謀殺罪名，下獄等候處決。此時三公子在任年余，官聲大著，行取到京。吏部考選天下官員，公子在部點名已畢，回到下處，焚香禱告天地，只願山西為官，好訪問玉堂春消息。須臾馬上人來報：「王爺點了山西巡按。」

卻說劉志仁與玉姐寫了一張冤狀，暗藏在身，到次日清晨，王知縣坐在監門首，把應解犯人點將出來。隨解子到了察院門首，伺候開門。巡捕官回風已畢，解審牌出。公子先喚蘇氏一起。玉姐口稱冤枉，探懷中訴狀呈上。公子抬頭見玉姐這般模樣，心中悽慘，叫聽事官接上狀來。就在行刑前夕，山西巡按突然來洪同縣視察，玉堂春詳詳細細地寫一狀，訴說冤情。巡案大人用盡心思，將關係人：蘇淮、一秤金夫妻，以及皮氏和丫嬛，一一傳喚到衙門重新更審，從他們四人的對話中找出破綻，這才真象大白，洗刷了玉堂春的冤情。玉堂春無罪獲釋，抬頭一見巡按（原來王順卿高中第四名），二人不禁愕然，悲喜交集，原來這位巡案大人就是日夜惦記的王順卿。王順卿一年任滿，牽著玉堂春的小手，一起回南京，枕邊細語，自有那說不完的蓬萊舊事。後來王景隆官至都御史，妻妾俱有子，至今子孫繁盛。

參考資料：小說《警世通言　第三十四章　玉堂春落難逢夫》。

癸卯（金箔金）【出林之兔】籤

天上聖母六十聖籤（●○○●●●）

癸卯

病中若得苦心勞
到底完全總未遭
去後不須回頭問
心中事務盡消磨

楊戩得病

求財	空無	耕作	平平	經商	多勞辛苦	歲君	顧安	六甲	先女後男	婚姻	不可
家運	平常同居	失物	未日在	六畜	不可	築室	疾病不佳	移居	不好	墳墓	平平
出外	在家待時	行船	無利益	凡事	小心爲要	治病	先凶後吉	作事	難成	功名	難望
官事	拖尾	家事	門庭小吉	求兒	不吉	求雨	尚未			來人	未日到

癸卯（金箔金）【出林之兔】籤：

屬：金利在秋天，宜其西方。

澤地萃：萃者聚也。兌金二世卦。

評曰：魚龍會聚之課，如水就下之象，鯉魚登門之意。

斷易大全：呂后疑韓信時卜得；然後擒而戮之也。

六月卦：春吉、夏吉、秋平、冬平。

四季運：春食傷、夏財、秋印、冬比劫。

四季相：春囚、夏死、秋旺、冬休。

飛：乙巳火。　伏：丁卯木。

28 ䷬ 澤地萃（兌上坤下）

萃：亨。王假有廟。利見大人。亨利貞。用大牲吉。利有攸往。

初六：有孚不終。乃亂乃萃。若號。一握爲笑。勿恤。往无咎。

六二：引吉。无咎。孚乃利用禴。

六三：萃如嗟如。无攸利。往无咎。小吝。

九四：大吉。无咎。

九五：萃有位。无咎。匪孚。元永貞。悔亡。

上六：齎咨涕洟。无咎。

棋盤

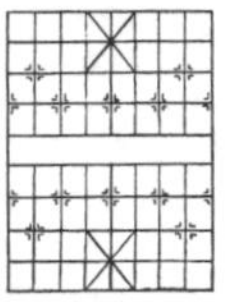

棋盤圖意：

疾病遲癒。訟枉徒然。求財不得。失物難還。

貴人隱匿。旅客憂煎。婚姻懷孕。未能團圓。

未土	- -		父母
酉金	——	應	兄弟
亥水	——		子孫
卯木	- -		妻財
巳火	- -	世	官鬼
未土	- -		父母

【楊戩得病】

寓龍頭紹仁堂編纂

話說子牙把打神鞭祭起，正中雲霄，弔下青鸞。有碧霄急來救時，楊戩又放起哮天犬，把碧霄肩膀上一口，連皮帶服扯了一塊下來。菡芝仙放出黑風。子牙急睜眼看時，又被彩雲仙子一戳目珠打傷眼目。瓊霄發劍沖殺，幸得楊戩前後救護。子牙走回蘆篷，閉目不睜。燃燈下篷忙取丹藥療治，一時而愈。雲霄被打神鞭打重了；碧霄被哮天犬咬了。三位娘娘曰：「莫言他玉虛門下人，你就是我師伯，也顧不得了！」雲霄謂聞太師曰：「把你營中大漢子選六百名來與吾，有用處。」雲霄三位娘娘同二位道姑往後營，用白土畫成圖式：何處起，何處止。內藏先天秘密，生死機關；外按九宮八卦，出入門戶，連環進退，井井有條。

那一日，雲霄進營來見聞太師，曰：「今日吾陣已成，請道兄看吾會玉虛門下弟子。此陣內按三才，包藏天地之妙；中有惑仙丹，閉仙訣，能失仙之神，消仙之魄，陷仙之形，損仙之氣，喪神仙之原本，損神仙之肢體。神仙入此而成凡，凡人入此而即絕。九曲曲中無直，曲盡造化之奇，抉盡神仙之秘。任他三教聖人，遭此亦難逃脫。」太師聞說大喜，傳令：「左右，起兵出營！」聞太師上了墨麒麟，四將分於左右。五位道姑齊至篷前，大呼曰：「左右探事的！傳與姜子牙，看他親自出來答話。」探事的報上篷來：「湯營有眾女將討戰。」子牙傳令，命眾門人排班出來。雲霄曰：「姜子牙，若論二教門下，俱會五行之術。倒海移山，你我俱會。今我有一陣，請你看。你若破得此陣，我等盡歸西岐，不敢與你拒敵。你若破不得此陣，吾定為吾兄報仇。」楊戩曰：「道兄，我等同師叔看陣，你不可乘機暗放奇寶暗器傷我等。」雲霄曰：「你是何人？」楊戩答曰：「我是玉泉山金霞洞玉鼎真人門下楊戩是也。」碧霄曰：「我聞得你有八九元功，變化莫測。我只看你今日也用變化來破此陣，我斷不像你等暗用哮天犬而傷人也。快去看了陣來，再賭勝負！」楊戩等保著子牙來看陣圖。及至到了一陣，門上懸有小小一牌，上書：「九曲黃河陣」，旗旛五色。

碧霄大喝楊戩曰：「你今日再放哮天犬來？」楊戩倚了胸襟，仗了道術，催馬搖鎗來取。瓊霄在鴻鵠鳥上執劍來迎。未及數合，雲霄娘娘祭起混元金斗，楊戩不知此斗利害，只見一道金光，把楊戩吸在裏面，往「黃河陣」裏一摔。金吒大喝曰：「將何左道拿吾道兄！」仗劍來取。瓊霄持寶劍來迎。金吒祭起綑龍樁。雲霄二起金斗，把金吒拿去，摔入「黃河陣」中。瓊霄再祭金斗，木吒躲不及，一道金光，裝將去了，也摔在「黃河陣」中。雲霄將混元金斗拿文殊廣法天尊，拿普賢真人，拿慈航道人、道德真君，拿清微教主太乙真人，拿靈寶大法師，拿懼留孫，拿黃龍真人：把十二弟子俱拿入陣中；止剩的燃燈與子牙。雲霄娘娘又倚金斗之功，大呼曰：「月缺今已難圓，作惡到底！燃燈道人，今番你也難逃！」又祭混元金斗來擒燃燈，燃燈見事不好，借土遁化清風而去。

再說元始天尊落了沉香輦，南極仙翁執羽扇隨後而行。燃燈、子牙請天尊上蘆篷，倒身下拜。子牙俯伏啟曰：「三仙島擺黃河陣，眾弟子俱有陷身之厄，求老師大發慈悲，普行救拔。」元始曰：「天數已定，自莫能解，何必你言。」元始天尊次日清晨命南極仙翁：「將沉香輦收拾，吾既來此，須進黃河陣走一遭。」燃燈引道，子牙隨後，下篷行至陣前。待元始天尊進陣繞行一圈後，燃燈曰：「老師進陣內，眾道友如何？」元始曰：「三花削去，閉了天門，已成俗體，即是凡夫。」燃燈又曰：「方纔老師入陣，為何不破此陣，將眾道友提援出來，大發慈悲。」元始笑曰：「此教雖是貧道掌，尚有師長，必當請問過道兄，方纔可行。」言未畢，聽空中鹿鳴之聲，元始曰：「八景宮道兄來矣。」老子乘牛從空而降，元始遠迓，大笑曰：「為周家八百年事業，有勞道兄駕臨！」燃燈明香引道上篷，玄都大法師隨後。

次日，老子謂元始曰；「今日破了黃河陣早回，紅塵不可久居。」元始曰；「道兄之言是也。」命南極仙翁收拾香輦；老子上了板角青牛，燃燈引道，行至「黃河陣」前，老子見眾門人似醉而未醒，沉沉酣睡，呼吸有鼻息之聲。又見八卦臺上有四五個五體不全之人，老子歎曰：「可惜千載功行，一旦俱成畫餅！」瓊霄見老子進陣來，便放起金蛟剪，落將下來。老子在牛背上看見，把袖口望上一迎，那剪子如芥子落於大海之中，毫無動靜。碧霄又把混元金斗祭起，老子把風火蒲團往空中一丟，喚黃巾力士：「將此斗帶上玉虛宮去！」三位娘娘大呼曰：「罷了！收吾之寶，豈肯干休！」三位齊下臺來，仗劍飛來直取。老子將乾坤圖抖開，命黃巾力士：「將雲霄裹去了，壓在麒麟崖下！」力士得旨，將圖裹去。瓊霄仗劍而來。元始命白鶴童子把三寶玉如意祭在空中，正中瓊霄頂上，打開天靈，一道靈魂往封神臺去了。碧霄用一口飛劍來取元始天尊，被白鶴童子一如意，把飛劍打落塵埃。元始袖中取一盒，揭開蓋，丟起空中，把碧霄連人帶鳥裝在盒內；不一會化為血水，靈魂也往封神臺去了。菡芝仙同彩雲仙子還在八卦臺上，看二位天尊。元始既破「黃河陣」，眾弟子都睡在地上。老子用中指一指，地下雷鳴一聲，眾弟子猛然驚醒；連楊戩、金、木二吒齊齊躍起，拜伏在地。老子乘牛轉出，回至篷上。眾門人拜畢。元始天尊曰：「今日諸弟子削了頂上三花，消了胸中五氣，遭逢劫數，自是難逃。況今姜尚有四九之驚，爾等要往來相佐；再賜爾等縱地金光法，可日行數千里。爾等鎮洞之寶，俱裝在混元金斗內，將取來還你等。」遂命「返駕」，眾門人排班送二位天尊回駕。

參考資料：小說《姜尚伐商　第五十回　三姑計擺黃河陣》。

癸己（常流水）【草中之蛇】籤

天上聖母六十聖籤（○●●○○○）

癸己

勸君把定心莫虛
前途富貴喜安然
到底中間無大事
又遇神仙守安居

龐涓孫臏學法

求財	耕作	經商	歲君	六甲	婚姻
輕得	平平有收	小有成就	淡安	先女後男	大吉
家運	失物	六畜	築室	移居	墳墓
神仙扶平安	難尋物	平平	平平	尚可	地運如意
出外	行船	凡事	治病	作事	功名
遇貴人提	平平有財	心意定	平平貴人	成好	努力可考中
官事	家事	求兒	求雨		來人
宜求和解	且喜進益	大吉	不日到		未日到

71 ☶☰ **山天大畜**（艮上乾下）

大畜：利貞。不家食吉。利涉大川。
初九：有厲利已。
九二：輿說輻。
九三：良馬逐。利艱貞。日閑輿衛。利有攸往。
六四：童牛之牿。元吉。
六五：豶豕之牙。吉。
上九：何天之衢。亨。

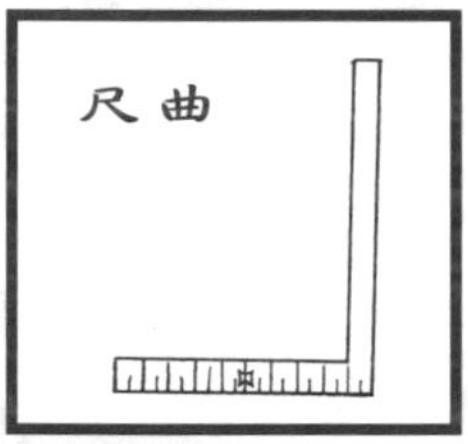

屬：水利在冬天，宜其北方。
山天大畜：大畜者剛健也。艮土二世卦。
評曰：龍潛大壑之課，金在巖中之象，淺水行舟之意。
斷易大全：神堯時卜得；後果登天位也。
十二月卦：春吉、夏凶、秋凶、冬平。
四季運：春食傷、夏財、秋印、冬比劫。
四季相：春休、夏囚、秋相、冬旺。
飛：甲寅木。　伏：丙午火。

曲尺圖意：

家宅清吉。災害難侵。商賈淡淡。音信沉沉。
訟事自解。貴人已臨。百盤振作。久待遂心。

寅木	▅▅▅	官鬼	
子水	▅ ▅ 應	妻財	
戌土	▅ ▅	兄弟	
辰土	▅▅▅	兄弟	申子
寅木	▅▅▅ 世	官鬼	午父
子水	▅▅▅	妻財	

【龐涓孫賓學法】

寓龍頭紹仁堂編纂

話說周國的陽城，有一個地方名叫鬼谷。因其山深林密人跡罕至而得名。谷中有一個隱士，自號鬼谷子，相傳姓王名栩，是晉平公時之人，曾在雲夢山與墨翟一同採藥修道。王栩隱居鬼谷，人們都稱他為鬼谷先生，其人學問精湛，有通天徹地之能。鬼谷先生身懷四大奇學：一是數學：對日月星相了若指掌，占卜古今之事，無不靈驗；二是兵法：六韜三略，變化無窮，排兵佈陣，鬼神難測；三是雜學遊說：博聞強記，出口成章，談鋒萬人難擋；四是出世之學：修真養性，精於導引養氣長壽之術，羽化升仙不費吹灰之力。

鬼谷先生既懂仙家羽化飛升之道，為何還要屈身這茫茫塵俗之間呢？原來他想引度幾位聰明弟子，同歸仙境，所以這才在鬼谷隱居。最初他偶然為人占卜，所說的凶吉死生應驗如神，人們一傳十，十傳百，於是便有人前來投師求學。鬼谷先生根據學生的天資稟性，因材施教，一是想培養一些人才，為列國所用；二是想找到一些有仙骨的人，與自己一同研討出世升仙之道。他住在鬼谷，不計年月時日，所教過的弟子也不知有多少。這裡單說同時求學的幾個有名的弟子：齊國人孫賓，魏國人龐涓、張儀，洛陽人蘇秦。

孫賓與龐涓結為兄弟，同學兵法戰策，蘇秦與張儀結為兄弟，同學雜學遊說。龐涓學習兵法已有三年多，自認為已經學成，這日偶然在山下聽到魏國招賢，心中大動，想辭別鬼谷先生下山應召，但又怕先生不讓他去，因而心中躊躇不決。鬼谷先生察言觀色，早已瞭解他的心意，於是便笑著對他說：「你時機已到，為何不早早下山求取富貴榮華？」龐涓跪下說道：「弟子早有此意，只是不知此行能否成功。」鬼谷先生說：「你去摘一支山花，我為你占卜一下。」

龐涓答應，到周圍去尋找山花。這時正是六月暑天，百花開過，沒有山花。龐涓找了半天，只採得一莖草花，他想將草花交給老師，但又忽然想道：「這草花又弱又小，先生定會認為我難成大器。」將草花拋開，又去尋找了一番，無奈仍然未能找到山花。龐涓只得回去將那莖草花拾起，藏在袖中，報告鬼谷先生說：「山中沒有花。」鬼谷先生說：「山中沒有花，你衣袖中的又是何物？」龐涓被先生識破，只得將草花呈上。這草花離土多時，又加上日曬，早已枯萎。鬼谷先生說：「你知道這朵花的名子嗎？它叫馬兜鈴，一開十二朵，是你享受榮華富貴的年數。你在鬼谷採到它，它又被太陽曬得枯萎，『鬼』傍著『委』，你的發跡之地必在魏國。」龐涓聽著，心中暗暗稱奇。鬼谷先生接著又說：「但你方才不應欺瞞為師，欺騙他人，最終必會被他人欺騙，你千萬要去掉這一毛病。我有八字相贈，你要牢牢將它記住，『遇羊而榮，遇馬而瘁。』」龐涓跪下謝道：「弟子一定牢記先生的教導。」龐涓臨行前，孫賓送他下山，龐涓說：「我與孫兄有八拜之交，此番若能得到重用，一定會將孫兄舉薦給魏君。」孫賓說：「賢弟說得可是真話？」龐涓發誓道：「我若言而無信，就讓我死在萬箭之下！」孫賓說：「多謝厚意，賢弟何必發此重誓！」兩人灑淚告別。

孫賓回山，鬼谷先生見他臉上有淚痕，問道：「你捨不得龐涓離去嗎？」孫賓說：「同學深情，怎能不留戀？」鬼谷先生又說：「你說以龐涓之才，能擔當大將之任嗎？」孫賓說：「他受先生教導多年，拜將入相自是綽綽有餘。」鬼谷先生搖頭說：「未必，未必！」孫賓大驚，問先生為何說出此話，鬼谷先生不答。到了第二天，鬼谷先生對眾弟子說：「我晚上睡覺，特別討厭老鼠磨牙的聲音，從今日起，你們輪留給我值夜驅鼠。」眾弟子答應。這天晚上輪到孫賓值夜，鬼谷先生從枕頭下取出一卷書冊，對孫賓說：「這是你祖父孫武子的兵法十三篇，過去你祖父將他獻給吳王闔閭，闔閭用它大敗楚軍，後來闔閭珍惜此書，不願讓它流傳世上，便把它放在鐵匣之中，藏在姑蘇台內。後來越兵攻破吳國，焚毀姑蘇台，此書也就在世上失傳。我與你的祖父交情甚深，曾從他那裡得到此書副本，並親自為它做了注釋，但卻從未輕易傳授給他人。我見你心地忠厚善良，今日特將它交還給你。」孫賓說：「弟子從小失去父母，又與宗族離散，雖聽說祖父有此書，卻從未見過。先生既為此書做注，為何不把它交給龐涓，卻獨送給弟子呢？」鬼谷先生說：「得到此書的人，若用得好會對天下有利，若用得不好，則會對天下造成大害。龐涓人品不佳，為師怎能輕易傳授給他？」孫賓捧書回到臥室，日夜研讀，三日之後鬼谷先生將原書回收了去。

鬼谷先生翻開書冊，逐篇考問孫賓所學，孫賓對答如流，一字不漏。鬼谷先生大喜說：「你如此勤奮用心，你的祖父如地下有知，一定會感到高興的。」

參考資料：小說《東周列國志 第八十七回 說秦君衛鞅變法 辭鬼谷孫臏下山》。

癸未（楊柳木）【群內之羊】籤

天上聖母六十聖籤（○○●○●●）

癸未

蛇身意欲變成龍
只恐命內運未通
久病且作寬心坐
言語雖多不可從

袁達入昭國關

求財	淡淡	耕作	中平	經商	無利可求	歲君	平平	六甲	弄璋之喜	婚姻	不言
家運	不順	失物	尋在	六畜	了錢不利	築室	等待	移居	不可	墳墓	穴地平安
出外	未日抽成好	行船	可得小利	凡事	不好難成	治病	拖尾痊癒	作事	未日抽成好	功名	未該得不能進
官事	反覆	家事	漸得	求兒	不可	求雨	遠			來人	己未日到

屬：木利在春天，宜其東方。

風山漸：漸者進也。艮土歸魂卦。

評曰：高山植木之課，積小成大之象，千里一步之意。

斷易大全：齊晏子應舉時卜得；後果爲丞相也。

正月卦：春吉、夏吉、秋吉、冬不利。

四季運：春食傷、夏財、秋印、冬比劫。

四季相：春旺、夏休、秋死、冬相。

飛：丙申金。　伏：丁丑土。

57 ䷴ **風山漸**（巽上艮下）

漸：女歸吉。利貞。

初六：鴻漸于干。小子厲。有言。无咎。

六二：鴻漸于磐。飲食衎衎。吉。

九三：鴻漸于陸。夫征不復。婦孕不育。凶。利禦寇。

六四：鴻漸于木。或得其桷。无咎。

九五：鴻漸于陵。婦三歲不孕。終莫之勝。吉。

上九：鴻漸于陸。其羽可用爲儀。吉。

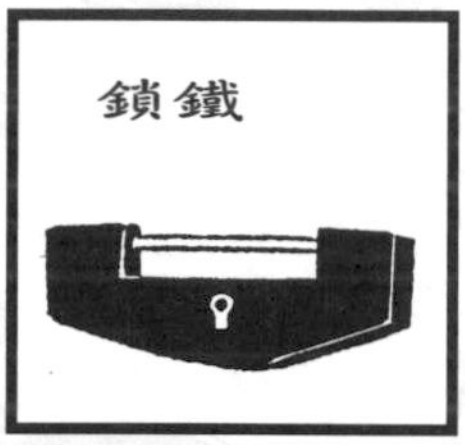

鐵鎖圖意：

財利微小。疾病久纏。婚姻難散。音信遲延。訟宜早解。宅勿急遷。百事守舊。可保安全。

卯木	⚊	應	官鬼
巳火	⚊		父母 子妻
未土	⚋		兄弟
申金	⚊	世	子孫
午火	⚋		父母
辰土	⚋		兄弟

寓龍頭紹仁堂編纂

【袁達入昭國關】

且說袁達、李牧帶了三千齊兵，星夜望易州而來。不上幾日，已到易水。離秦營不遠，袁達就傳令三軍安營，立了大帳。

再說袁達與王賁又鬥至十餘個回合，袁達用斧柄照王賁的右跨裡一挑，叫聲下去罷，把王賁挑下馬去。王翦一見，叫聲不好，忙取箭在手。袁達見挑王賁下馬，心中大喜，忙催馬舉斧來取王賁，王翦的箭早已來到。袁達聽見弦響，舉目一看，見箭來得切近，一手罩著。早知王翦善射連珠箭，一箭方離，第二箭又到面前。袁達接之不及，正中護心鏡，滿臉上嚇得焦黃，不敢上前，一圈馬敗回大營。李牧吩咐排灑，與兄長慶功。酒席之間，便對袁達道：「兄長今日雖斬了秦將，到底也有些小挫。秦兵諒我們懸軍在此，今夜必來劫營，我等不可不防。」袁達道：「我們今夜兩下埋伏，殺退秦兵便了。」二人用罷了酒飯，各自提兵，在營左右埋伏。

等至三更時分，果然見一支秦兵前來劫營。袁達、李牧二將大喜，一齊放炮殺來，把秦兵圍住亂殺。正殺之間，只見後營火起，火光沖天，有無數秦兵往營後殺來。又聽得炮聲不絕，反把自己的兵團團圍住。袁達一見大怒，手中亂舞鋼斧，往來衝殺。無奈秦兵勝過齊兵百倍，袁達、李牧雖然驍勇，到底寡不敵眾。看看自己的兵馬反吃虧了，李牧便叫聲：「兄長，我們護著眾兵，捨了營盤，殺出去罷。」秦兵那裡肯捨，隨後追來。王翦本欲想祭寶劍，奈黑夜不便。又見袁達勇猛，要再追趕，恐傷自己人馬。此時袁達馬已去遠，只得回營。

這一陣，秦兵雖奪得齊營，也傷了好些人馬。這邊袁達、李牧護著齊兵敗下去有六七里之遙，然後聚集殘兵。此時天已大亮，袁達傳令三軍造飯已畢，復回原處，紮下營盤。袁達全身披掛，直抵秦營討戰。章邯聞報道：「必待本帥去親自會他一會。」只見王翦上帳道：「昨夜末將本欲祭劍誅袁達，今他自取滅亡，末將情願出馬。」王翦辭了元帥，帶兵臨陣。袁達認得是昨日放箭之人，便大叫：「來將慢來，快報名領斧。」王翦聞言道：「袁達你問某的名麼，我乃始皇駕下的臣，官拜殿西侯，加封正印先行之職，你老爺姓王名翦。」袁達大笑道：「原來你就是王翦麼，你不該昨日在陣上用暗箭傷人。公爺正要尋你，一來報昨日暗箭之仇，二者為孫家父子解恨。」說罷，一抬加鋼斧，照頂門砍來。王翦見來得勢重，兩手用丈八蛇矛架開鉞斧，虎口上動了一動；一回馬，便照袁達前心一矛挑來。袁達用斧往下一撓，輕輕拔開，接上手來，強戰幾個回合，便打馬往陣角上敗走。袁達叫道：「來時如此英雄，原來馬蹄尚未走熱，你就走了。往那裡走。」一催征駒，飛趕下來。王翦心中大喜，忙念動靈咒，掐指把寶劍祭起。只見空中立刻紅雲托起，飛奔袁達頂門而來。然後大叫：「袁達，你慢趕，看某的寶劍來取你了。」袁達抬頭一看，見一朵紅雲托定一口寶劍，望頂門而來。叫聲「不好，這個道兒我可不曉，走罷！」撥回馬就跑。王翦一見大笑道：「袁達，你要逃走，除非是再認母投胎了。」念動咒語，這寶劍如飛的趕來。袁達回頭一看，見寶劍追將下來，離太陽不遠。忙取斧想去招架，怎能架得。忽響亮一聲，袁達中了寶劍，翻身落馬，享年五十四歲。齊兵見袁達落馬，大喊一聲，齊撒征駒，上前奪回屍首。王翦收回寶劍，也不追趕，打得勝鼓回營。

且說王翦斬了袁達，打得勝鼓回營，早有人報知章邯，親自帶領眾將出營迎接。王翦下馬，同攜手上大帳。章邯道：「賀喜殿西侯。今日誅了全山的袁達，天下揚名，建立大功，可喜可賀。」章邯吩咐一面擺酒，一面差官報知始皇。始皇就宣元帥先鋒進帳。二人領旨進帳，始皇傳旨賜坐，便對王翦道：「王兄今日斬了袁達，建不世之功，寡人無物可敬，與軍師備下酒宴，與王兄慶功。」王翦叩頭謝恩，大帳上擺了幾桌酒宴，君臣進座暢飲。

且說天臺山天臺洞的孫臏老祖，正坐蒲團上，忽然心血來潮，忙掐指一算，早知就裡，由不得眼中落淚，叫聲：「門徒呀，可憐你英雄蓋世，今日命喪於寶劍之下。貧道眼睜睜的不能救你，可憐跟我一場，在陰雲中同受過磨折，吞了仙丹，只望棄了紅塵，到名山勝地，可得一個地仙之分。又誰知你貪戀爵位，棄不了名利，如今身喪沙場，雖是天命，豈有脫不過大難之理。」李叢與清風、明月在旁，見老祖無故大放悲聲，李叢忙上前道：「老師何故啼哭？」孫臏道：「你師兄死了，叫我如何不哭。」李叢聞言道：「弟子的師兄是誰，因何而死？」孫臏道：「你大師兄袁達。」李從道：「弟子聞得人講，袁達有萬夫不當之勇，殺得那上邦進貢，下邦讓位。現在東齊封公爵，如何死了，他死在何人之手？」孫臏道：「也是死在秦將王翦之手，因燕昭王差你師弟闖出重圍，上臨淄取救，李牧與你師兄，同領兵去易州解圍，因此命喪于秦人之手。如今秦師攻易州甚急，待貧道下山助燕國一陣。」說罷，架拐出了天臺洞，望著易州念念有詞。將杏黃旗連指三指，那易州之處，結下了一場大冰，把易州城凍的如冰山一般。秦兵雖眾，卻不能爬城，整整三日才出太陽。然後冰山一泄，城如油滑。

參考資料：小說《鋒劍春秋　第七回　中寶劍袁達冤亡　受亂箭李牧自刎》。

天上聖母六十聖籤（●●●●●○）

癸酉

有心作福莫遲疑
求名清吉正當時
此事必能成會合
財寶自然喜相隨

老鼠精亂宋朝

求財	耕作	經商	歲君	六甲	婚姻
好有利益	有收成	先凶後有利	平和	男女貴氣	成好
家運	失物	六畜	築室	移居	墳墓
門庭增輝	未日在	平平	吉	好	地運參差
出外	行船	凡事	治病	作事	功名
平平	後吉	後吉	丑寅過不畏	成好	有可得
官事	家事	求兒	求雨		來人
中中	百福百祿	你可得	不日到		未日到

屬：金利在秋天，宜其西方。
地雷復：復者反也。坤土一世卦。
評曰：掏沙見金之課，反覆往來之象，重修破屋之意。
斷易大全：唐太宗歸天時卜得；後七日復還魂也。
十一月卦：春平、夏凶、秋吉、冬吉。
四季運：春食傷、夏財、秋印、冬比劫。
四季相：春囚、夏死、秋旺、冬休。
飛：庚子水。　伏：乙未土。

84 ䷗ **地雷復**（坤上震下）

復：亨。出入无疾。朋來無咎。反復其道。七日來復。利有攸往。
初九：不遠復。无祇悔。元吉。
六二：休復。吉。
六三：頻復。厲无咎。
六四：中行獨復。
六五：敦復。无悔。
上六：迷復。凶。有災眚。用行師。終有大敗。以其國君凶。至於十年不克征。

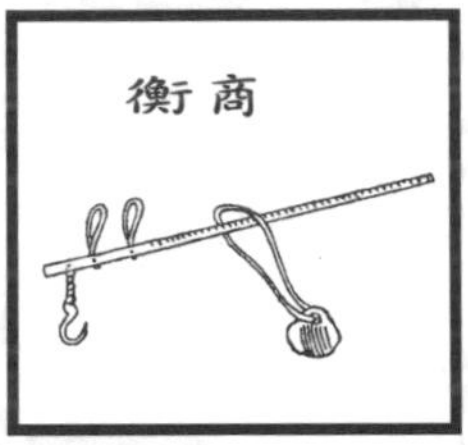

商衡圖意：
孕兆能夢。五谷豐收。婚姻易合。疾病勿擾。訟無不敗。財有可求。欲建基業。事事完周。

酉金	⚋		子孫
亥水	⚋		妻財
丑土	⚋	應	兄弟
辰土	⚋		兄弟
寅木	⚋		官鬼 巳父
子水	⚊	世	妻財

【老鼠精亂宋朝】

寓龍頭紹仁堂編篡

西天雷音寺，乃上界世尊如來講經說法道場。有一彈子和尚，不尊佛法，謗道重愆之徒，玷厚清規，激怒世尊。慈顏將彈子貶作一隻無聊老鼠，每遇朔望，世尊登於蓮座說經講法，那鼠伸出頭來盜聽經法。耳聽心聰，法力漸大，變幻無窮。一隻老鼠變化為五隻老鼠。一日，一鼠邀同兄弟道：「我等兄弟五個住在西天，不敢挫肆橫行。莫若你我五人撇了此處，下去各自任意施為，以顯神通，多少快樂。」第五鼠聞言不勝歡喜，道：「大哥此言極甚有理，不知列位所好，主意何如？」

卻說包丞相鎮守邊庭，忽報朝廷有聖旨到，包拯看詔書已畢，知是朝廷有變。即日收拾，起馬回朝。仁宗皇帝見了包相到，即退居偏殿，把妖怪為害之事，歷其始末根因，細說與包文拯知。包公聽知聖上所說緣故，即奏道：「萬歲放心！量此妖怪，知他作怪，不久去除。容臣數日，必然審問明白，方回奏陛下。」

到開封府衙，於通天牢裡取出一班人犯，齊到開封府投到。包公點數，委的有兩個王丞相，兩個施俊，一個國母，一個仁宗。包公一見，笑道：「內王丞相與施俊未審哪個真假，惟國母與聖上這兩個是假的無疑矣。不必再審，且令監起。待我今夜申牒交與城隍，然後審問，自然無差。」將一干犯人復取入監去。卻說四個老鼠精兄弟，私自商量道：「城隍知之，必然來證出我們兄弟本相。雖然他縱有刑法，亦是動作我們不得，可請一鼠哥哥來此酌議，保全性命。」於是把難香呵動。

一鼠聞得包爺審問，自笑道：「待我來做個包丞相，看你如何判斷！」變做包公，坐於府堂判事。恰遇真包公正出牒告城隍轉衙，忽報堂上有一包公坐在府堂判事。真包公忽喝道：「孽畜敢如此！」著令公牌拿下。那妖魔走下堂來，眾公牌不知哪個是真的，哪個是假的？堂下真包公怒從心上起，抽身吩咐公牌：「你眾人緊守衙門，不得走透消息，待我出堂，方得上堂伺候。」公牌領諾，包公退入後堂。假的故在堂上理事，只是公牌疑惑，不依呼召。只說包拯入見李夫人道：「異怪難明，吾當訴之上帝，除此惡孽。爾將吾屍被緊蓋牀上，休得移動，不則二晝夜復轉。」將衣領所帶的孔雀血細嚼幾口，包公死去。那真性靈魂直到天門，遇著把守天門兩員天將，一員是關元帥，一員是趙元帥。一見文曲星包文拯慌忙走到天門，關元帥道：「小將隨送丞相前往。」包公直到靈宵殿，玉帝問道：「文曲星，孤差你臨凡下界，日則判陽，夜則判陰，有何事故，來此為甚？」包文拯將施俊求名，路遇妖怪，複述一遍，奏曰：「如今天子、國母與小臣，妖怪也都變成兩個，滿朝文武莫能辨焉。」

玉帝聞奏，即查得此妖怪乃是西方雷音寺靈怪五鼠精走落中界作怪。世尊依其言，令童子取過寶蓋籠來。揭開籠蓋，脫出金貓，口誦偈語一遍，那貓頓時伏身短小，縮如一捧之大，付與包文拯，令藏於袖中。又教之捕鼠之法。包公拜辭世尊，同天使回來，復見玉帝。包文拯奏聞玉帝：「臣在西天懇求世尊借得玉面金貓來了。」玉帝聞奏大悅，又命太乙天尊以楊柳枝水與文曲星飲之，其毒自解。

李夫人見包公呑了孔雀血，吩咐家人忙扛屍身安頓牀上，將錦被蓋住了，只等回陽。一連三日三夜，不見動靜。又過了一日，仍不見醒來，守了四日，一連五個晝夜，竟不回陽。事在忙逼之間，只聽得包拯喉內一聲響，包公忽然抬身轉動，起來坐於牀上。夫人問道：「如今何以處置？」拯輕輕付耳云：「爾明日入朝去見國母，道知其詳，請國母擇五月初五日，在南郊築起高台，方斷此事。」夫人謹記其心。次日起早，步行進宮朝見國母，國母即宣狄青：「密督領兵三千往南郊之外，揀擇平坦去處築起三丈高台，刻日即成，不可誤事。」卻說包公在府衙裡，吩咐二十四名雄健漢各執槍刀器械，擇定是日布列台前，聽候使喚。是日，包公焚香，登台坐定，審問施事。鬧動東京城，軍民哪個不來看此事。當日，真仁宗、假仁宗，真國母、假國母，真丞相、假丞相，真施俊、假施俊都在台下立定。文官居左，武將居右，都在兩班排列。獨有真包公在台上立定，那假包公卻在台下爭辯。將近午時，包公從袖中取出貓來。那貓聞得台下有鼠，兩隻金睛內金光閃閃，咆哮一聲，如半空霹靂一般，飛下台去，先將三鼠假仁宗一口咬倒在地。那第二鼠是假國母，露形要走，卻被神貓伸出左腳，一把抓住。一鼠乃是假包公，那神貓再伸出右腳，一爪把一鼠抓來，放開口一連咬倒地下。軍民見者齊的吶喊一聲，那假王丞相是四鼠，假施俊是五鼠，二隻鼠脫身要走上雲霄，卻被神貓飛身趕上咬倒一個下來，乃是假丞相。單走了五鼠，那玉面金貓不捨，隨著金光飛去了。見咬倒四鼠大奇，約長有丈餘，四爪即如人之手足一般。被咬傷處，皆流出白膏，並無紅血。且說這神貓不捨五鼠，直跟隨金光趕去。那五鼠東逃西竄，後面神貓如飛趕來，他無處逃身，只得走上天去。剛剛走到天門邊，遇著關、趙二大元帥把守天門前，知文曲星借貓收妖之事，二將把妖押見玉帝。玉帝將他解到西天如來處問罪。五鼠拜見世尊，懇求赦宥：「望世尊發慈悲之念，恕小畜之罪，日後再不敢為非。」但五鼠去了靈通，依舊是只碩鼠，化作原形，永在凡間受罪，盜得者食，不盜得者則餓。五鼠只得稽首受領佛命而行。這玉面金貓依舊伏入寶蓋籠中。二天將退守天門去了。

參考資料：小說《包公案　五鼠鬧東京　第七回　包文拯天庭見玉帝》。

癸亥（大海水）【林下之豬】籤

天上聖母六十聖籤（●●●○●●）

癸亥

月出光輝本清吉
浮雲總是蔽陰色
內外用心再作福
當官分理便有益

楊六使斬子

求財	耕作	經商	歲君	六甲	婚姻
淡有	平平	後來有得	把方殺	先女後男	難得
家運	失物	六畜	築室	移居	墳墓
小吉	月光在	不得利了錢	不合按住	不可	地遊吉後得吉
出外	行船	凡事	治病	作事	功名
不可	有小利	拖就了錢	拖尾後痊癒	月光在	後科
官事	家事	求兒	求雨		來人
不畏	門庭平安	慢即好	不日到		月光到

屬：水利在冬天，宜其北方。
地山謙：謙者退也。兌金五世卦。
評曰：地中有山之課，仰高就下之象，物稱施平之意。
斷易大全：唐玄宗因祿山亂時卜得；乃知干戈必息也。
九月卦：春平、夏吉、秋吉、冬吉。
四季運：春食傷、夏財、秋印、冬比劫。
四季相：春休、夏囚、秋相、冬旺。
飛：癸亥水。　伏：丁酉金。

8 7 地山謙（坤上艮下）

謙：亨。君子有終。
初六：謙謙君子。用涉大川。吉。
六二：鳴謙。貞吉。
九三：勞謙君子。有終吉。
六四：无不利。撝謙。
六五：不富以其鄰。利用侵伐。无不利。
上六：鳴謙。利用行師。征邑國。

宣爐圖意：
終簽既得。請勿心慮。訟能自改。病可立除。福壽無限。財利有餘。諸神保護。安步當車。

酉金	亥水	丑土	申金	午火	辰土
━ ━	━ ━ 世	━ ━	━━━	━ ━ 應	━ ━
兄弟	子孫	父母	兄弟	官鬼 卯妻	父母

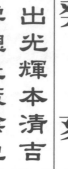

【楊六使斬子】

寓鼇頭紹仁堂編篡

真宗聞道士醫好六使，宣入帳中問曰：「汝願官職榮身，還是只圖重賞？」道士對曰：「貧道麋鹿之性，不願官職，亦不願旌賞。貧道此來，非但調理楊將軍，還要與陛下破此陣而去。此陣變化多端，一件不全，難以攻打。容臣指示宗保行之。」帝允奏，遂以鍾道士權授輔國扶運正軍師，除御營以下將帥，並依調遣，不必奏聞。道士謝恩而退，來見六使。六使拜謝不已。鍾道士曰：「尊恙幸得安痊，貧道當與令嗣破此陣圖。」六使即喚過宗保，拜鍾道士為師。道士曰：「軍中調遣，還要這幾人來用。令呼延顯往太行山，取得金頭馬氏，率所部來御營聽候。又差焦贊往無佞府，召八娘、九妹並柴太郡。再令岳勝往汾州口外洪都莊上，調回老將王貴。著令孟良往五台山，召楊五郎。」分遣已定，呼延顯等各領命而行。

卻說孟良前往五台山，來見五和尚，道知要破天門陣，乞下山相助之意。五郎曰：「北番有二逆龍，昔在漚州降伏其一，尚留蕭天佐在。除是穆柯寨後門有降龍木二根，得左一根，可伏其人。汝若能求得此木，與我作斧柄，則可成事。不然，去亦無益。」孟良即辭五郎，逕望穆柯寨來。恰遇寨主，乃定天王穆羽之女，小名穆金花，別名穆桂英，生有勇力，箭藝極精，曾遇神授三口飛刀，百發百中。是日正與部下出獵，射中一鳥，落於孟良面前。良拾得藏之。行未數步，忽有五六嘍囉趕來，叫聲：「好好將鳥還我，饒你一死。」孟良聽得，停住腳步。嘍囉近前，一齊發作，被良打得四分五裂而走。良又行得一望之地，嘍囉報與穆桂英，部眾追來。

良聞後面人馬之聲，知是賊兵趕來，取出利刃，挺身待之。一伏時，桂英大罵：「誅不盡的狂奴，敢來此處相鬧耶？」孟良更不答話，舞刀相戰。桂英舉槍迎之。孟良力怯，退步便走。桂英不趕，與眾人把住路口。孟良進退無計，謂嘍囉曰：「吾將射鳥還汝，開路放我過去。」嘍囉曰：「汝來錯路頭，誰不知要過穆柯寨者，要留下買路錢？汝著無時，一年也不得過去。」孟良自思有緊急事，只得脫下金盔當買路錢。嘍囉報與桂英，桂英令放路與過。孟良離卻此地，逕回寨來見六使，道知五本官要斧柄，穆柯寨主難敵，又將金盔買路事訴了一遍。六使曰：「似此如之奈何？」宗保曰：「不肖與孟良同走一遭。」六使曰：「恐汝不是其敵。」宗保曰：「自有方略。」即日引孟良，率軍二千，來到寨外索戰。穆桂英聽得，全身冠帶，部眾鼓噪而出。宗保曰：「聞汝山後有降龍木二根，乞借左邊一根與我，破陣事定之日，自當重謝。」桂英笑曰：「其木確有，贏得手中刀，兩根都拿去。」宗保大怒曰：「捉此賤人，自往伐取。」乃挺槍直奔桂英。桂英舞刀來迎。兩騎相交，桂英賣個破綻，拍馬便走。宗保乘勢追之，轉過山拗，一枝箭到，宗保坐馬已倒。桂英回馬殺來，將宗保活捉而去。孟良隨後救應，寨上矢石交下，不能近前，良曰：「汝眾人勿退，須待思量著計策，救出小本官。」眾軍依言，遂屯紮關下。

卻說穆桂英捉宗保入帳中，令嘍囉綁縛之，宗保厲聲曰：「不必用苦刑，要殺便殺。」桂英見其青年秀麗，言詞慷慨，自思：「若得與我成為夫婦，不在為人生一世。」密著嘍囉以是情通之。嘍囉道知宗保，宗保半晌自思道：「我要得他降龍木，若不應承，死且難免；莫若允其請，而圖大計。」乃曰：「寨主不殺於我，反許成姻，此莫大之恩也，敢不從命？」嘍囉以宗保之言回報，桂英大喜，親扶宗保相見，令左右整備酒醴相待。飲至半酣，忽寨外喊聲大震，人報宋兵攻擊。宗保曰：「既蒙寨主不棄，還請開關與部下知之，以安其心。」桂英依其言，令嘍囉開關說知，放孟良入帳中。良見宗保與桂英對席而飲，知是好事，乃曰：「小本官在此快活，眾人膽亦驚破。」宗保以寨主相顧之意道知。良曰：「軍情事急，當即回去，再得來會。」宗保欲辭桂英而行。桂英曰：「本待留君於寨中，既戎事倥傯，只得允命宗保逕出寨來，桂英直送至山下，似有不捨之意。宗保曰：「倘遇救應之處，特來相請。」桂英領諾而別。宗保率眾軍回見六使曰：「不肖交鋒，誤被穆寨主所捉。蒙彼不殺，又與孩兒成親，特來請罪。」六使大怒曰：「我為國難未寧，坐臥不安，汝尚貪私愛而誤軍情耶？」喝令推出斬之，左右正待捉之，令婆急來救曰：「我孫兒雖犯令，目下正圖大計，還當便宜放之。」六使曰：「遵母所言，權囚起於軍中，待事寧之後問罪。」孟良曰：「本官息怒，小本官結姻，誠不得已，特為降龍木之故，望赦其囚。」六使不允，逕將宗保囚下。

次日，良密入軍中見宗保曰：「適見鍾道士，言小本官該有二十日血光之災，在此磨折，只得忍耐。」

參考資料：小說《楊家將 第三十五回 孟良盜回白驥馬 宗保佳遇穆桂英》。

國家圖書館出版品預行編目資料

解靈籤：天上聖母六十甲子聖籤戲解／蔡振名著.
－－第一版－－臺北市：知青頻道出版；
紅螞蟻圖書發行，2012.5
面　公分－－(Easy Quick；121)
ISBN 978-986-6030-24-6（平裝）

1.籤詩

292.7　　101007312

Easy Quick 121

解靈籤：天上聖母六十甲子聖籤戲解

作　　者／蔡振名
發 行 人／賴秀珍
總 編 輯／何南輝
校　　對／楊安妮、周英嬌、蔡振名
出　　版／知青頻道出版有限公司
發　　行／紅螞蟻圖書有限公司
地　　址／台北市內湖區舊宗路二段121巷19號（紅螞蟻資訊大樓）
網　　站／www.e-redant.com
郵撥帳號／1604621-1　紅螞蟻圖書有限公司
電　　話／(02)2795-3656（代表號）
傳　　真／(02)2795-4100
登 記 證／局版北市業字第796號
法律顧問／許晏賓律師
印 刷 廠／卡樂彩色製版印刷有限公司
出版日期／2012年 5月　第一版第一刷
2022年 7月　第三刷(500本)

定價 320 元　港幣 107 元

ISBN　978-986-6030-24-6　　Printed in Taiwan